KB068821

출산율은
종합예술,

아니면 인구 증가는
이민밖에 답이 없다

출산율은 종합예술,

아니면 인구 증가는 이민밖에 답이 없다

PAUL BAE

박영사

머리말

　우리 한국인이 머리가 너무 좋다. 그렇다 보니 출산율도 세계 최저이다. 출산을 하는 것보다 하지 않는 것이 더 행복할 것 같기 때문이다. 또 출산을 하더라도 한 명이거나 많아야 둘이다. 너무 똑똑하면 똑똑한 게 아니라는 말이 있다. 출산을 하지 않는 것이 더 행복할 것 같아서 하지 않았는데, 나중에 더 큰 불행이 찾아온다. 나의 짧은 안목으로 아기를 가지지 않는 것이 더 행복할 줄 알았는데, 장기적으로는 아주 큰 불행으로 다가온다. 늙어서는 몸도 아파오기 때문에 더 많은 의료비가 필요하며 또 국민연금은 나의 생명줄인데 출산율이 줄어드니 고갈될 가능성이 크다. 조금만 지혜로우면 출산을 하지 않는 것이 얼마나 큰 불행으로 연결되는지 알 수 있는데, 그것을 모르는 국민들이 많다. 그래서 우리는 출산을 늘려야 한다. 그래야 우리가 산다. 그래야 너와 내가 산다. 그래도 출산율이 두 명을 넘지 않으면 우리는 이민을 받아야 한다. 너와 내가 살기 위해서 이민을 받아야 한다. 이 책은 너와 내가 같이 살기 위해서 인구증가가 필수적인데 그 전략과 방법에 대해서 기술한 책이다.

차례

01

인구 감소는 이미
현재 발생하고 있는 현실이다

2021년 1월 3일 자 연합뉴스에 "지난해 우리나라 주민등록인구가 2만여 명 줄어 사상 처음으로 감소했다. 출생자 수가 27만여 명으로, 역대 최저치를 기록한 데 비해 사망자 수는 30만 명을 넘으면서 인구가 자연 감소했다"라는 기사가 떴다.[1] 또 연간 기준으로 주민등록인구가 감소한 것은 이번이 처음이라고 한다. 드디어 걱정하던 일이 터졌다. 앞으로 한두 해 인구가 늘 수도 있겠지만 장기적으로 줄어드는 추세가 더 심해질 것으로 본다. 조만간 인구가 줄 것이라는 것을 알고는 있었지만 아직은 멀었을 것으로 생각하고 있었는데, 작년에 인구 감소가 실제로 발생했다고 하니 놀라울 따름이다. 사망자 수보다 출생자 수가 많은 소위 'dead cross'가 발생했다. 지난해 코로나로 인해 혼인 건수도 10% 줄었다고 하니 내년엔 출생자 수가 더 떨어질 것은 분명하고 그 여파는 향후 2-3년 동안 지속할 것으로 보인다. 정부도 2025년까지 196조를 투입한다고 하는데 지금까지도 비슷한 예산을 썼어도 악화일로였던 출산율이 이 예산을 쓴다고 해서 달라질 것 같지는 않다. 영국 옥스퍼드 인구 노령화 연구소(The Oxford Institute of population ageing)의 David Coleman도 한국의 출산율 감소와 빠른 노령화를 걱정하면서 한마디 던졌다. 지구상에서 가장 먼저 사라질 나라가 우리 한국이라는 것이다.

---

1) https://www.yna.co.kr/view/AKR20210103024000530?input=1195m

　　2월 24일 통계청이 발표한 "2020년 인구 동향조사 출생 사망 통계"에 의하면, 한국 출산율이 작년에 0.84명이라고 하는데 출산율이 0명대로 떨어진 나라는 한국이 유일하다고 한다. 그것도 다문화 가정의 영향으로 0.84명이나 되지 토종 한국인만으로 통계를 잡으면 이것보다 훨씬 낮은 0.7조차 되지 않을 수도 있다. 출산율이 낮다는 것은 정부에게도 상당한 부담이다. 세금이 적게 걷히는 것도 부담인데, 노인 인구도 늘고 있으니 노인 부양을 위해서 세금을 더 걷어야 한다는 말이다. 다시 말하면 인구는 적어지고 있는데 세금은 늘어나니 세율을 올리지 않을 수가 없다. 인구가 줄고 있으니 노동력이 부족해지고, 경제 성장률도 낮아질 것이며, 국민연금도 받을 사람은 많아지고 있는데, 진작 그 국민연금을 낼 사람이 부족해지니 국민연금도 이대로 가다간 부도가 날 가능성이 상당히 농후하다. 앞으로 한국 경제의 최대 위협은 인구 감소이다. 경제 전문가들은 2030년 전후로 한국 경제의 성장률이 마이너스로 떨어질 가능성이 있다고 한다. 지금도 1 − 2%이고 많아야 3% 정도이니 이것은 인플레이션(inflation)과 거의 비슷하다. 그런데 마이너스 성장은 심각하다. 시간이 얼마 남지 않았다. 고작 10년 정도이다. 이 10년 동안 전환점을 만들지 않으면 한국 경제는 하향 소용돌이에 빠질 가능성이 크다.

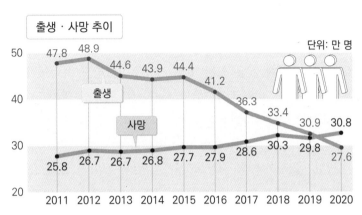

출생 · 사망 추이

단위: 만 명

2011	2012	2013	2014	2015	2016	2017	2018	2019	2020
47.8	48.9	44.6	43.9	44.4	41.2	36.3	33.4	30.9	30.8
25.8	26.7	26.7	26.8	27.7	27.9	28.6	30.3	29.8	27.6

자료: 행정안전부

2018년 OECD 국가 합계출산율 비교

단위: 가임 여자 1명당 명

이스라엘	3.09명	영국	1.68명	헝가리	1.49명
멕시코	2.13	에스토니아	1.67	오스트리아	1.48
터키	1.99	칠레	1.65	폴란드	1.44
프랑스	1.84	리투아니아	1.63	일본	1.42
콜롬비아	1.81	벨기에	1.61	핀란드	1.41
아일랜드	1.75	슬로베니아	1.61	포르투갈	1.41
스웨덴	1.75	라트비아	1.6	룩셈부르크	1.38
호주	1.74	네덜란드	1.59	그리스	1.35
뉴질랜드	1.74	독일	1.57	이탈리아	1.29
덴마크	1.73	노르웨이	1.56	스페인	1.26
미국	1.73	슬로바키아	1.54	한국	0.98
체코	1.71	스위스	1.52	'20년	0.84
아이슬란드	1.71	캐나다	1.5		

OECD 평균 1.63*

*OECD 평균은 37개 회원국의 2018년 자료를 이용하여 계산.

자료: OECD, Family Database

출처: 조선일보 https://biz.chosun.com/site/data/html_dir/2021/02/24/2021022400946.html

  멀고도 가까운 이웃 나라인 일본에서도 11년째 인구가 줄어들고 있다는 소식이다. 일본의 경제가 잃어버린 20년을 지나 이젠 30년이 되어간다. 그동안에 부동산이 폭락한 것은 물론 이려니와 주식시장도 폭락했다. 또 일본 국민의 연봉도 줄었고 디플레이션(deflation)으로 인해서 물가도 싸졌다. 다른 대부분의 먹고살 만 한 나라들은 경제가 확장하고 있는데, 일본은 30년 동안 경제가 수축하고 있다. 40 – 50년 전만 하더라도 일본은 우리가 따라가야 할 선진국이었고 일본 제품은 선망의 대상이었다. 필자가 20대 초반이었을 때 소니의 Walkman은 너무나 갖고 싶은 제품이었는데 너무 비싸서 사지 못하고 그 대신 삼성 MyMy를 사서 들은 기억이 있다. 우리가 이렇게 잘살게 된 것도 우리나라 근처에 일본이라는 잘사는 나라가 있어서라는 이유가 크다. 일본의 선진 시스템은 물론 이려니와 설비기계 및 여러 가지 장치 등을 가까운 일본에서 수입해서 우리가 가공해서 수출한 것도 있고, 많은 일본 엔지니어의 기술적인 도움을 많이 받아서 우리 것으로 만들면서 한국이 기술적으로 많이 발전한 것도 사실이다.

02

일본 경제의 잃어버린 30년도
인구 감소 때문?

그런데 이런 일본이 잃어버린 20년을 운운하더니 어느새 30년이 되었다. 인구가 줄고 있고 빈집이 늘고 있으며 일본 경제가 무너진다는 소리가 여기저기에서 들리고 있다. 부자가 망해도 3대는 간다는 말처럼 아직 70-80년대에 벌어놓은 엄청난 돈으로 해외에 많은 투자를 해서 그 돈으로 아직도 망하지 않고 있으며, 심지어는 무역수지가 적자가 되어도 해외에서 벌어들이는 이자와 배당금 등의 자산소득으로 경상수지는 계속 흑자가 될 가능성이 크다. 일본이 많은 사람의 걱정처럼 금방 망할 것 같지는 않지만 여러 경로를 통해서 들리는 그 소리가 점점 더 크게 들리고 더 많은 곳에서 터져 나오는 것을 보니, 문제의 양상이 점점 더 심해지는 것은 분명한가 보다. 게다가 작년에 코로나19가 일본의 경제를 더 악화시키고 또 도쿄올림픽에도 여파를 미쳐서 개최가 1년 연장되었음에도 불구하고 올해 치러질지 여부가 불투명하다. 1월 3일 기준으로, 어제 일본의 확진자가 3,247명이라고 하고, 지난 일주일 동안 계속 3천 명 이상이 나왔는데, 상황이 점점 더 악화하는 것으로 보인다. 현재 이 상황으로는 올림픽이 정상적으로 개최될 가능성이 작아 보이는데, 만약 그렇게 되면 악화일로의 일본 경제에 상당한 타격을 가할 것은 자명하다.

그렇게 강하던 일본이 이렇게까지 된 이유가 무엇일까? 패기가 사라진 일본인, 일본 안에서만 안주하면서 살려고 하는 일본인 등 여러 가지 이유가 있겠지만, 핵심적인 이유는, 여러분들도 잘 아시다시피 플라자합의로 인해서 일본의 엔화가 강세되다 보니 수출이 힘들어졌고, 일본 정부는 경제 및 기업을 살려보겠다고 이자를 엄청나게 내렸는데, 그 이자가 의도된 기업 등에 사용되지 않고 부동산으로, 특히 상업용 부동산으로 쏠리다 보니 부동산의 거품을 불러왔다는 것이다. 끝이 없이 오르던 부동산은 정부의 규제에 따라 하루아침에 폭락하기 시작한 것이 일본의 잃어버린 30년이 출발점이 되었다. 그 이후로 책임을 졌던 사람들이 자살로 인생을 마감하는 경우도 많았고, 몇십 년을 근무했던 그 회사에서 불명예로 퇴직하거나 하루아침에 쫓겨나는 사람들도 많았었다. 이 사태가 일본인들에게 트라우마가 되어서, 책임을 지지 않으려는 일본인들이 엄청나게 늘어나기 시작했고, 그 결과 일본 기업에서는 회의를 통해서 집단으로 의사결정을 하려는 문화가 생겼다. 회의를 통해서라도 의사결정이 되면 다행인데, 결정된 것도 아니고 안 된 것도 아닌 애매한 결정이 많은데, 그 이유는 만약에 나중에 문제가 생겼을 때 어떤 누구도 책임을 지지 않으려고 하기 때문이다. 직장인들이라면 잘 알겠지만, 어떤 일에는 R & R(Role and Responsibility)이라고 업무/권한의 범위와 책임이 있는데, 그 일은 나의 일이고 내가 권한이 있으며 잘못되면 책임은 내가 진다는 것이다. 이것이 명확하게 정의되지 않으면 일에 재미도 없고 일하기가 싫어지는 것이다. 이런 문화가 일본의 경제를 나약하게 만드는 가장 핵심적인 이유이다.

두 번째 이유는 일본 노동력의 감소인데, 일본은 세계 최고의 노령화가 진행되고 있다. 즉 일을 할 수 있는 노동력이 줄어들고 있다. 일본 대학생들의 최근 취업률이 90%가 넘는다고 한국 언론에서 말을 많이 하는데, 정확한 이유로는 기업체에서는 계속 젊은 인력을 뽑아야 하는 상황이기 때문이다. 가급적 능력이 있는 인력을 뽑고 싶지만, 젊은 노동력 자체가 부족하고 또 능력이 있는 인력을 뽑는 것은 한계가 있으니, 능력은 다소 없더라도 젊은 사람을 뽑을 수밖에 없고, 그러다 보니 대부분의 대졸자를 데리고 가니 취업률이 높은 것이다. 일본의 실력 있는 중소기업에서 기술을 전수할 인력이 부족해서 문을 닫아야 하는 중소기업이 늘고 있는 것도 같은 이유이다. 책임지지 않는 문화도 있지만, 다소 위험을 안고서라도 도전할 젊은 인력, 하루에 5시간만 자고 15시간 이상 일을 해도 건강에 전혀 문제가 없는 젊은 인력이 부족하기 때문이다. 일본의 전자업체가 무너진 것은 물론이고 그 강하던 일본의 조선 산업이 붕괴한 것도 끝까지 해결하려고 하면 체력이 뒷받침되어야 하는데 그 체력을 뒷받침할 젊은 노동력이 부족하고, 50-60대 인력은 그것을 지탱할 체력과 끈기가 없으니 끝까지 물고 늘어질 오기가 없기 때문에 대충하고 마는 것이다. 또 젊은 사람들은 젊기 때문에 모험해도 되고, 또 도전해도 된다. 실패해도 젊기에 회복할 시간이 충분하기 때문이다. 그러나 나이가 들면 들수록 더 안정 지향적인 삶을 살게 되니 도전과 모험이 급격히 줄어든다. 일본의 장인정신이 유명한데 그것도 젊어야 제대로 발휘될 수 있다. 사업가도 젊어야 장기적인 투자가 가능하다. 60대인 사장이 장기적인 안목을 가지고 투자하는 것은 힘들다. 살면 얼마나 산다고 그런 고생을 하나 하는 생각을 하기 쉽다. 필자도 50대 중반이다. 젊을 때는 끝까지 물고 늘어지던 그 끈기가 지금은 체력이 뒷받침되지 않으니 물고 있을 힘이 점점 떨어진다.

또 다른 이유로, 일본인의 성격이 집단적인 성격이 강하므로 소품종 대량생산을 하는 시대에는 아주 적합할지 모르겠지만 다품종 소량생산을 하는데는 다소 불리하다. 요즘은 나만의 제품 또는 내게 맞는 신발, 나에게 특화된 제품 등으로 주문 생산을 하다 보니 개인에게 맞춘 제품 몇 개만 생산한다. 그래서 다품종 소량생산을 하는 체제에는 맞지 않는다. 또 아날로그적인 제품에는 강하지만 디지털화되면서부터 일본이 도태하기 시작한 점도 있다. 지금도 팩스를 사용하고 결재 서류에 도장을 찍는다고 하는데 이것은 우리 한국이 80-90년대 했던 일이다. 팩스를 마지막으로 사용한 지 20년은 넘은 것 같고, 한국 회사에서 도장을 사용하지 않은 것은 90년대 중반부터로 기억한다. 팩스는 이메일로 대체되었고 도장은 이메일을 사용하다 보니 심지어 서명도 할 필요가 없어진다. 굳이 서명해야 한다면 도장 대신에 서명하면 된다. 도장을 아직도 사용하는 곳은 부동산을 사고팔 때나 관공서 등의 공식문서이다. 이젠 은행권에서도 서명으로 대체되고 있다. 또 일본은 정년도 보장했었는데, 특별한 사고만 치지 않으면 그 회사에서 평생을 먹고살 수 있었다. 지금까지는 이런 고용문화가 발전에 도움이 되었지만 한 치 앞을 볼 수 없고 불확실투성이인 지금의 기업 현실에 맞지 않는다. 또 정년을 보장하면 사람이 자기도 모르게 안전지향으로 흘러간다. 특별한 사고만 치지 않으면 정년이 보장되었기 때문이다. 이것이 혁신을 방해하고 있고 생산성을 떨어뜨린다.

우리 한국도 일본만큼은 아니지만, 집단적인 성격이 강하다. 조금만 튄다고 하면 끌어내리려고 난리다. 조금 튀는 옷을 입으면 주위의 또래들이 눈치를 주면서 외톨이로 만든다. 학교 교육도 마찬가지다. 조금만 공부를 잘하면 그냥 내버려 두지 않고 평준화한다. 그것도 상향 평준화가 아니라 하향 평준화로. 조금이라도 특이한 생각을 하고 있으면 이상한 놈이라고 치부해 버린다. 우리는 내 집, 나의 남편 또는 아내라는 말보다는 우리 집, 우리 남편 우리 아내란 말을 쓴다. 같이 사는 집이니 우리 집이란 단어는 그래도 이해가 된다. 우리 남편과 우리 아내는 외국인의 관점에서는 일부다처제이거나 일처다부제로 이해하기에 십상이다. 또 우리 남편 우리 아내 대신에 내 남편 내 아내라는 말부터 바꾸면 좋겠다. 우리도 이런 집단주의 경향을 더 줄일 필요가 있다. 소품종 대규모 생산에서는 집단주의가 시장에서 먹힐 수 있다. 그러나 앞으론 나만의 옷, 나만의 신발, 나의 개성이 가득 담긴 어떤 제품을 갖고 싶어 하는 경향이 짙어질 것이다. 서비스도 고객에 따라서 다른 서비스를 제공해야 살아남을 수 있다. 1%도 안 되는 천재 한두 명이 그 회사를 먹여 살리고 그 나라를 먹여 살린다. 다른 생각을 하는 사람들과 특이한 생각을 하는 사람들을 볼 때마다 그런 사람들의 생각을 존중해야 한다. 왕따시키거나 외톨이로 만들어서는 안 된다. 왜냐면 그 사람이 우리 한국을 먹여 살릴 천재일지도 모르기 때문이다. 애플의 창업자 스티브 잡스도 성격이 굉장히 괴팍한데 이걸 아는 사람은 많지 않다. 친여동생을 시켜서 친부가 어디서 어떻게 사는지 파악은 다 하고 있으면서도 한 번도 찾아가지 않았다. 그러나 이 성격 이상한 사람도 스마트폰이라는 혁신적인 제품을 출시함으로써 지금 발생하고 있는 4차산업의 기폭제가 되었음은 부인할 수 없다. 성격이 그렇게 더럽고 괴팍해도 쓸모가 있는 것이다. 스마트폰이 없었으면 지금의 수많은 혁신도 없었을 것이다. 그런 성격 이상한 사람도 다른 면에선 얼마든지 천재적인 자질을 보여서 혁신적인 발전에 도움이 되기도 한다.

아래 도표는 일본의 인구 피라미드인데, 2015년부터는 절대 인구수가 줄고 있을 뿐만 아니라, 노령화는 심화하며, 젊은 사람의 인구 비중도 줄고 있고 출산율도 감소 추세이다. 2021년 출산율은 1.31명으로 0.84명인 한국보다는 훨씬 좋고 또 최근에 출산율 자체는 조금 증가하는 것 같지만 워낙 아기를 낳는 엄마의 비중이 작아서 인구 자체는 계속 줄고 있다.

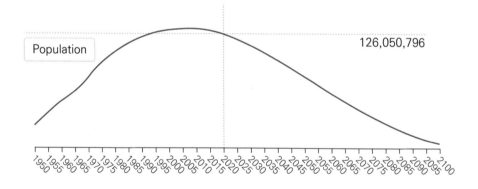

출산율은 종합예술, 아니면
인구 증가는 이민밖에 답이 없다.

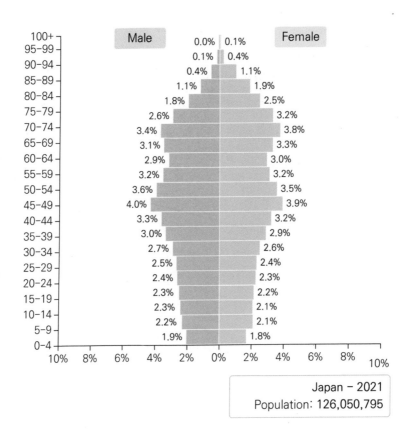

03

향후 40년 동안 한국경제의
가장 큰 위협은 인구 감소?

　　그럼 우리 한국은 어떤가? 모든 면에서 일본을 20년 차로 따라간다고들 하는데 우리 상황은 다른가? 첫 번째 이유인 책임지지 않으려고 하는 문화는 우리에게는 거의 없는 것으로 보인다. 물론 몇몇 정치인들이 모르쇠 등으로 일관하고 무책임한 발언을 하는 경우는 가끔 있지만, 최소한 기업에서 그런 문화는 거의 없는 것 같다. 그럼 두 번째 이유인 노동력의 감소는 어떠한가? 2021년에 수능 지원자 수는 49만 3천 433명으로 2020학년도 수능(54만 8천 734명)보다 10.1%(5만 5천301명) 감소하며 처음으로 40만 명대를 기록했다고 한다. 이것뿐인가? 출산율은 최근에 0.84명으로 떨어졌다고 한다. 부부 한 쌍이 낳는 자녀 수가 최소한 2명은 되어야 현상 유지인데, 0.84명이면 급속한 속도로 인구가 붕괴하는 것은 자명하다. 이 출산율도 인구가 먼저 줄기 시작한 일본보다 더 낮은 수준이다. 행안부 자료에 출생아 숫자는 2017년에 처음으로 40만 명이 무너졌는데, 불과 3년 만에 30만 명 선마저 무너졌다. 우리 한국인의 특성이 빨리빨리인데, 인구 감소와 노령화 속도도 '빨리빨리'를 유감없이 발휘해서 세계 최고이다. 인구가 줄어드는 속도가 더 가속화될 수밖에 없다. 게다가 자살률도 세계 1위다. 인구 감소에 필요한 모든 요소를 다 갖춰간다. 다시 말하면 나라 발전에 가장 장애가 되는 요소인 인구 감소의 모든 조건을 수렴시키는 추세이다. 이런 식이면 한국은 다 같이 망하는 것이다. 한마디로 공멸하는 것이다.

향후 40년 동안 한국의
인구 피라미드

다음 도표는 2020년부터 향후 10년간 한국의 인구변화를 보여준다.

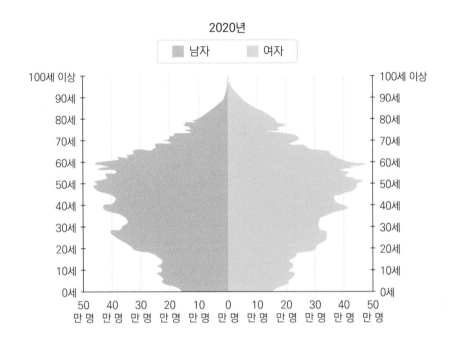

2020년

2020년도 합계정보

1999년 이전 데이터는 80세 이상, 2000년 이후 데이터는 100세 이상까지 있다.

총인구	51,780,579명
• 남자 인구	25,945,737명
• 여자 인구	25,834,842명
성비(여자 1백 명당)	100.4
평균연령	42.8세

출산율은 종합예술, 아니면
인구 증가는 이민밖에 답이 없다.

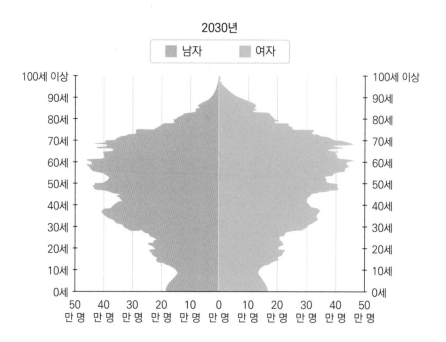

2030년도 합계정보

1999년 이전 데이터는 80세 이상, 2000년 이후 데이터는 100세 이상까지 있다.

총인구	51,926,953명
• 남자 인구	25,943,315명
• 여자 인구	25,983,638명
성비(여자 1백 명당)	99.8
평균연령	47.6세

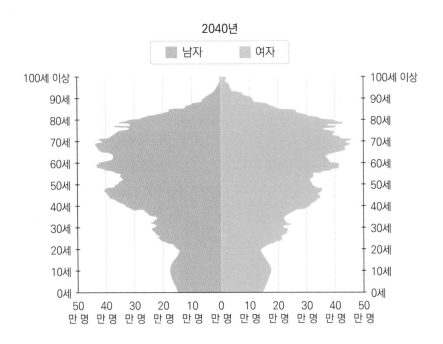

2040년도 합계정보

1999년 이전 데이터는 80세 이상, 2000년 이후 데이터는 100세 이상까지 있다.

총인구	50,855,376명
• 남자 인구	25,293,158명
• 여자 인구	25,562,218명
성비(여자 1백 명당)	98.9
평균연령	51.4세

출산율은 종합예술, 아니면
인구 증가는 이민밖에 답이 없다.

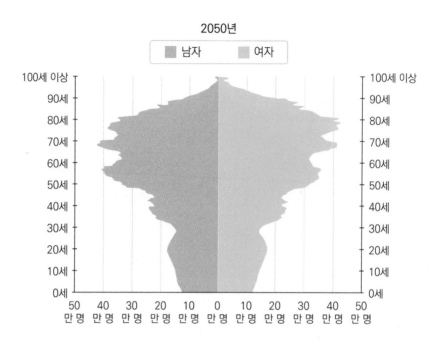

2050년

2050년도 합계정보

1999년 이전 데이터는 80세 이상, 2000년 이후 데이터는 100세 이상까지 있다.

총인구	47,744,500명
• 남자 인구	23,639,485명
• 여자 인구	24,105,015명
성비(여자 1백 명당)	98.1
평균연령	54.4세

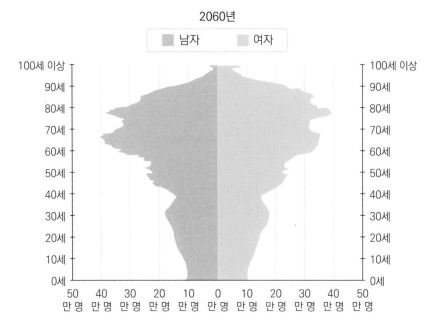

2060년

■ 남자　　■ 여자

자료출처: 통계지리정보서비스

2060년도 합계정보

1999년 이전 데이터는 80세 이상, 2000년 이후 데이터는 100세 이상까지 있다.

총인구	42,837,900명
• 남자 인구	21,194,288명
• 여자 인구	21,643,612명
성비(여자 1백 명당)	97.9
평균연령	56.4세

향후 40년 인구 변화를 보면, 총인구수도 2020년 5천2백만 명에서, 2060년 4천2백만으로 천만 명이 줄지만, 평균연령도 42.8세에서 56.4세로 증가하는 전형적인 노령화 인구 변화이다. 이 그래프를 보면, 내년에는 수능 지원자 수는 더 줄 것으로 보이고, 내후년, 3년 후에는 더 줄 것으로 보인다. 태어나는 아기 숫자도 시간이 가면 갈수록 급격히 떨어질 것을 충분히 예상할 수 있다. 서울대 조영태 교수의 "정해진 미래"에서 미래를 거의 정확하게 예측할 수 있는 유일한 학문이 인구학이라고 하는데, 굳이 어려운 말을 동원하지 않아도, 평범한 두뇌를 갖고 있어도, 심지어 초등학교 지적 수준으로도 10년 후에 인구 구조가 어떨지 예측하는 것은 어렵지가 않다. 2060년의 인구 구성도를 보면 한국이라는 나라의 존립 자체가 위험하지 않을까 싶을 정도로 출산율이 충격적이다.

05

인구가 줄면 좋은 것 아닌가?

어떤 사람은 인구가 줄면 오히려 좋은 것 아니냐고 하는 사람들도 있다. 불과 20-30년 전만 하더라도 둘만 낳아서 잘 기르자는 구호에서 보듯이 인구 밀도가 너무 높은 것이 문제였으니 인구가 줄면 좋은 것 아니냐는 것이다. 이 논리는 여러 가지 면에서 문제가 있다. 첫째 인구가 많았다가 갑자기 줄어들면, 그 인구에 맞춰져 있는 사회 구조와 경제 구조에 충격을 가하는데, 짧은 시간에 사회와 경제는 그것을 감당하지 못한다. 급변하는 사회에 여러 가지 문제가 생길 것이고 국가 경제도 제대로 돌아가지 못한다. 사회적인 문제의 대표적인 경우로는 벌써 한국이 겪고 있는 빈집의 증가이다. 빈집은 범죄의 온상이 되기 쉬우며 사람이 살지 않으면 집이 빨리 노후화되기 때문에 쥐들의 번식처가 되며 여러 가지 위생의 문제를 야기시킨다. 국가 경제적인 측면에서는 노동력이 부족해서 일할 사람이 없으니 기업체는 생산성이 많이 떨어지게 되고, 결국 그 사업은 접거나 아니면 다른 나라로 옮겨야 한다. 또 국내 소비자 수가 떨어지니 대외 의존도가 커진다. 내수 시장이 충분하다면 대외 환경에 크게 휘둘리지 않아서 안정적인 성장이 가능하다. 두 번째로 출생률은 엄청 낮은 데 비해, 사람들은 이전보다 훨씬 더 오래 살고 있으니 인구 구조가 급격히 노령화가 되고 있다는 것이다. 젊은 사람들은 세금을 내니까 국가 경제를 떠받치지만, 은퇴한 노인은 세금을 축내기 때문에 국가 경제에 부담이 된다. 의료보험을 예로 들면, 젊은 사람은 의료보험을 운영하는 데 있어서 비용을 많이 부담하지만, 실제 쓰는 비용은 적다. 다시 말하면 비용 부담은 많이 하는데, 실제로 사용은 많이 하지 않으니 의료보험 운영이 영속할 수 있게 해 주는 주된 계층이라는 것이다. 세 번째로 인구가 줄어들더라도 전 계층이 일률적으로 줄어들면 그래도 문제가 덜한 편인데, 아기들과 젊은 층만 줄어든다는 것이다. 젊은 층과 아기들은 소비 자체도 많이 하지만, 대부분 생산적인 소비하는 데 비해, 노인들은 나이가 들수록 소비 자체도 많이 줄지만, 소비를 한다고 하더라도 비생산적인 소비의 비중이 높아지기 시작한다. 대표적으로 세금 부담이 많은 의료비이다. 소비가 준다는 것은 기업의 수익이 준다는 말이고 수익이 주는 기업은 사업 규모를 축소할 수밖에 없으며 그 과정에서 해고는 불가피하다. 이처럼 인구가 준다는 것은 사회적으로나 국가적으로 경제적으로나 사회적으로나 악순환을 일으키는 계기가 된다. 가정이나 사회나 국가나 사람이 핵심 구성 요소이기 때문이다.

06
인구 감소로 인한 문제

　인구가 줄면서 이미 지역, 경제, 기업 곳곳에 여러 가지 문제가 생기고 있다. 대학 입학자가 줄다 보니 대학들이 인원을 채우는 데 상당한 어려움을 겪고 있는데 특히 지방 대학은 사활의 문제로까지 확대되고 있다. 대기업은 아직은 큰 문제가 없어 보이지만 중소기업 쪽에는 젊은 인력의 부족으로 외국 노동자로 채워진 지 오래되었으며, 서울/경기 지역을 제외한 지방에서는 '지방 소멸'이라는 단어가 많이 들리는데, 특히 강원도 및 전라도에서는 그런 지역이 급격히 늘고 있다. 이런 추세가 계속된다면 국민연금 수령자는 급격히 늘어나는데 납입자가 급격히 줄어드니 국민연금도 고갈이 날 것이고 그러면 어떤 세대는 본인은 열심히 납입을 했는데, 정작 수령은 하지 못하는 미치고 팔짝 뛸 경우도 발생할 것이다. 만약 그렇게 된다면 사회적 혼란은 상당할 것이며 그로 인한 정부의 신뢰도 급격히 하락할 뿐만 아니라 심지어 국가의 존립 자체도 문제가 될 수도 있다. 앞으로 한국의 경제에 가장 큰 악영향을 끼치는 것이 출산율 저하이다. 정부도 심각성을 인식해서 큰 노력을 하고 있지만 그런 노력에도 불구하고 계속 악화일로이며, 국민은 심각하게 생각하지만 당장 먹고살기 바빠서 신경 쓸 겨를이 없다. 인구가 줄어드니 세수가 줄 것이고, 세수는 줄어도 기존 인프라는 계속 제공해야 하니 정부의 부담은 더 커질 수밖에 없다. 세수가 더 부족해지면 외국에서 돈을 빌려야할 것이고 그러다 보면 재정건전성은 하락할 것이고, 또 그게 국가의 부채율과 부도율을 올릴 것이니, 외채에 대한 이자가 올라가는 등 악순환이 시작될 것이다.

　국민 개개인에게는 무슨 문제가 생길까? 요즘 코로나19로 식당이나 카페 등에서 사회적 거리 준수 때문에 장사가 되지 않아 개인 사업자가 죽을 맛이라고 하는데, 인구가 줄면 당연히 장사는 되지 않을 것이다. 식당이나 카페는 주요 손님이 직장인이나 대학생일 텐데 인구가 줄어들어 직장인 및 대학생 숫자가 줄면 당연히 이런 곳의 매출도 줄 수밖에 없다. 편의점 손님도 줄 것이고, 슈퍼마켓 손님도 줄 것이다. 옷 가게를 운영하는 사람들은 어떨까? 학생 수가 줄다 보니 교복 매출이 급감하고 있어서 이 분야도 심각해지고 있다. 주변에 옷 가게를 운영하는 사람들의 얘기를 들어보면 옷 가게 주인들이 죽는다고 아우성치고, 심지어 남대문에서도 매출이 이전보다 많이 줄었다고 한다. 출생률이 줄고 있으니 기저귀의 매출도 급감하고 있고, 분유 및 우유 회사도 사정은 별로 다르지 않다.

　학교도 마찬가지이다. 초중고에서도 학생이 줄어들어 한 반에 학생 수가 줄고 있으며, 시골의 초등학교는 폐교가 많이 되고 있는데, 이 추세 또한 증가할 것이다. 그 학교 주위에서 학생들이 손님으로 형성된 상권은 무너지고 있고 폐교가 되면 그 사람들은 먹고살기 힘들어진다. 학생 수가 줄어드니 선생 수도 주는 것이 당연하다. 대학교도 예외가 아닌데, 지방대학에서는 부족한 학생 모으기에 혈안이 되어 있다. 지금도 지방대학의 폐교 숫자가 증가하고 있지만, 앞으로 추세는 더 가속화될 것이고, 조만간 광역시 및 도별로 한두 개의 대학만 살아남고 대부분 폐교가 되지 않을까 한다. 그러면 거기에 고용된 직원과 교사 및 교수들은 어디로 갈 수 있을까? 이런데도 교육대의 학생 수는 증가해 왔었다. 학교에서 학생들은 줄고 있는데 선생이 되겠다는 교육대생은 늘어왔으니 미래를 보지 못한 근시적인 정책이다. 사교육을 담당하고 있는 학원은 어떨까? 영어, 수학, 미술 등의 여러 학원이 수능 덕분에 먹고사는데, 학생 수가 감소하고 있으니 이 사람들도 운영이 힘들어지기 시작한다.

　정부에서 전통시장 살리기 위한 여러 정책을 펴고 있지만 젊은 사람들은 주차가 편리하고 여름엔 시원하고 겨울엔 따뜻한 백화점이나 이마트 등 대형 슈퍼마켓을 가니 전통시장은 더 어렵기만 하다. 전통시장은 사양산업처럼 앞으로 매출이 더 줄어들 분야인데 표를 얻기 위해 억지로 살리겠다는 정치인들의 모습을 보면 진짜로 그렇게 하면 살릴 수 있다고 생각하는 건지, 아니면 가식인지 분간이 안 된다. 보험업에 종사하는 사람들도 제법 되는데, 보험업도 마찬가지이다. 암보험 생명보험 등도 젊은 사람 자체가 줄고 있으니 앞으로의 추세는 하향이다. 나이 든 사람은 암도 많이 걸리니 잘 받지 않으려고 하고, 또 죽을 날도 얼마 안 남았으니 생명보험도 들기가 힘들다. 인구가 줄어서 소비시장이 줄고 있으니 기업도 힘들기는 마찬가지이고 그 회사에 일하는 직장인도 어렵다.

개인들이 많이 투자하는 주식시장과 부동산시장은 어떨까? 인구가 준다고 하면 소비자가 준다는 것이고, 이 말은 내수시장이 준다는 말이다. 또 이말은 대외의존도가 커진다는 말이고, 또 이것은 기업이 가장 싫어하는 불확실성이 커진다는 말이다. 다행히 우리 한국 기업들이 해외 시장 발굴에 더 적극적이어서 시장이 더 확대되고 있는 것은 긍정적이지만, 해외 시장을 개척하지 못하거나 제품이 해외 시장에 적합하지 못한 기업은 어려움에 부닥칠 수 있다. 그러나 내수시장이 더 안정적이고 또 경쟁에서 우위를 차지할 가능성이 크니 기업의 안정적인 경영에 더 중요한 시장인 것은 틀림없다. 그래서 내수시장이 준다는 것은 기업의 실적에 부정적인 영향을 끼칠 가능성이 커진다. 부동산도 크게 다르지 않다. 수도권에는 일자리도 많고 문화시설도 집중되어 있어서 인구하락과 관계없이 서울 경기 지역은 집값이 계속 오를 것이고 또 최근에는 정부의 헛발질하는 정책으로 오히려 너무 많이 올랐지만, 지방에서는 부동산의 가치 하락이 뚜렷하다. 농사를 짓는 사람의 대부분이 70을 넘기는 노인들인데 앞으로 10년 후에는 이분들마저도 농사를 짓지 못할 가능성이 크니 노는 논과 밭이 늘어날 것이다. 당연히 수요가 줄고 있으니 땅값은 하락세를 면치 못한다.

의사와 변호사도 남의 일이 아니다. 지금까지도 많은 부모가 자식이 의사나 변호사 혹은 검사가 되기를 바란다. 아마존을 만든 베조스 같은 기업인들은 전혀 고려 대상이 아니다. 베조스같이 멋지고 큰 기업을 만들어서 많은 사람을 고용하고 혁신을 일으키며 사회를 변화시키는 사람은 쳐다보지도 않는다. 첫 번째도 안정이고 두 번째도 안정이다. 사업은 너무 위험하단다. 그러나 현실을 보면 그렇게 녹록지가 않다. 의사는 정년이 없으니 죽을 때까지 의사 일을 할 수가 있어서 의과 졸업 후 새로 사회에 진출하는 신규 의사는 자리 잡기가 쉽지 않다. 의사도 실력 있고 경험 많은 의사들에게 환자가 몰린다. 변호사도 마찬가지인데 의사와 마찬가지로 정년이 없으니 죽을 때까지 한다. 로스쿨 졸업자 수는 계속 증가하고 있어서 신규 변호사가 사회에 많이 진출한다. 웬만한 변호사 월급이 중소기업 직원보다 못하다는 소리를 들은 지가 오래다. 변호사도 실력 있고 경험이 많은 사람에게 몰린다. 게다가 인구도 줄고 있으니 앞으로는 더 어려워질 것이 확실하다. 안정을 상당히 좋아하는 부모들 때문에, 자녀들이 공무원에 많이 응시한다. 자녀의 안정적인 생활을 위해서 부모가 이렇게 말하는 것을 이해하지 못하는 것은 아니지만, 이 세상을 변화시킨 대부분의 일은 부모 말을 듣지 않아서 발생했다. 비행기를 발명한 라이트 형제의 엄마인 수잔이 비행기를 만들다 잘못되어서 떨어지면 죽을 수 있으니 위험하다고 말렸을 텐데, 그 말을 들었으면 비행기 발명은 시간이 좀 더 걸렸을 것이다. 스페이스X를 만들고 있는 일론 머스크의 엄마가 우주선을 만들다가 떨어지면 죽을 수 있으니 그거 하지 말고 공무원이 되라고 했으면 지금의 스페이스X도 없을 것이다. 이순신 장군 엄마가 전쟁에서는 사람들이 많이 죽으니 장군 하지 말라고 (말한 적도 없겠지만) 했다면 우리 한국은 지금 일본의 한 도성이 되어 있을 것이다.

　하나 생각해야 할 문제가 부모는 그들의 시각으로 세상을 본다. 이때는 죽을 날이 얼마 남지 않았으니, 안정 지향적인 삶을 추구하는 나이인데, 모험과 도전으로 가득해야 할 자녀들에게 부모의 시각인 이 안정적인 삶을 살라고 하는 것은 상당히 모순적이다. 부모가 해야 할 것은 자녀들이 젊으니 자기가 하고 싶은 일을 마음껏 하게 내버려 두는 것이다. 그게 설령 상당히 위험한 일이라도 자기가 하고 싶다고 하면 내버려 둘 필요가 있다. 안정적인 삶만 추구한다면 역사의 발전은 전혀 없었다. 이슬람권 국가가 쇄국하는 바람에 비단길이 막혔고, 그로 인해 아시아와 무역이 힘드니 배를 타고서라도 아시아로 달려왔던 그 서양인들의 노력 때문에 대항해 시대가 시작되었고, 식민이라는 아픈 역사도 있지만, 이 항해 시대 때문에 세계 무역이 활성화된 것은 부인할 수가 없다. 배를 타고 처음 가보는 지역을 항해한다는 것은 목숨을 건 일이다. 식량과 물 부족으로 죽을 수도 있고 또 풍랑을 만나서 죽을 수도 있다. 실제로도 많은 사람이 바다에서 죽었다. 한 번씩 보트로 바다로 나갈 때마다 서양인들은 이 무서운 바다를 어떻게 항해했을까 하는 존경심이 생긴다.

특히 문제가 되는 것은 국가 운영의 기본이 되는 세금이 줄어든다는 것이다. 지금 정치인들이 포퓰리즘에 편승해 세금을 퍼붓는 정책을 하고 있다. 코로나로 좋은 핑곗거리가 생겼으니 저지할 사람도 별로 없다. 많은 국민이 이런 정책을 얘기하는 정치인에게 표를 줄 모양이다. 세금을 남발하다 보니 국가 부채는 증가하고 있는데, 정작 세금을 낼 젊은 사람은 줄고 있으니 학교는 줄고 있는데 선생이 되겠다는 학교의 학생 수는 늘어왔던 것과 똑같이 모순적인 상황이 발생하고 있다. 의료비도 마찬가지이다. 나이 든 사람들은 하루가 다르게 증가하고 있는데, 정작 그 의료비를 부담할 젊은 사람들은 줄고 있으니 세금 부담이 커지고 있다. 대부분의 국민이 세금은 내 돈이 아니라고 생각을 해서 혈세를 낭비하는 것에 대해서 크게 개의치는 않는다. 언론에서 종종 기사화하지만 실제로 내 돈이 아니니 피부에 와닿지 않는다. 돈을 쓰는 방법에는 크게 네 가지가 있다. 내 돈으로 나에게 쓰는 돈, 내 돈으로 남에게 쓰는 돈, 남의 돈으로 나에게 쓰는 돈, 마지막으로 남의 돈으로 남에게 쓰는 돈이다. 앞의 두 개는 현명한 소비를 하는 경향이 있지만, 뒤의 두 개는 현명하지 못한 소비는 물론이고, 특히 세 번째 세금의 경우는 많은 사람이 반기는 소비이다. 세금으로 실업수당을 받는 것이 대표적인 예이다. 결국 내가 세금으로 낸 돈인데도 내 돈이라고 생각하지 않고 남의 돈으로 생각을 한다. 정치인들도 남의 돈으로 인식을 해서 포퓰리즘이라고 생각할 정도로 세금을 물 쓰듯이 하고 있다.

곳곳에서 의료비가 새고 있으며 중국에서 한국에 들어와 거의 공짜로 치료를 받는 중국인이 제법 된다. 특히 국민연금은 향후 사회적 문제가 될 가능성이 상당히 크다. 노인은 증가하고 있는 데다 지금 국민연금을 받는 사람은 죽을 때까지 받는다고 한다. 65살에 받기 시작하면 평균 90은 살 가능성이 있으니 25년을 받을 것이다. 이 한 사람에게 연금을 지급하기 위해서 몇 명의 젊은 사람이 필요할까? 계산은 안 해 봤지만 지금 10명이 이 한 명을 부양한다고 하면, 10년 후엔 8명이, 20년 후엔 5명이 부담해야 할 것이다. 그러면 국민연금은 내는 인구수는 줄어들고 있는데 받을 사람은 늘고 있으니 10−20년 후엔 반드시 국민연금 총액이 줄 수밖에 없다. 그래서 국민연금이 고갈한다는 얘기가 신문에 종종 보인다. 공무원과 군인을 제외한 대부분의 국민은 국민연금이 강제사항이라 안 들 수도 없다. 내 월급에서 자동으로 빠져나가는데 금액이 적지는 않지만, 나의 노후를 위한 것이라고 하니 크게 불만은 없다. 내가 노후에 나이가 들어서 찾아 쓸 금액이고 또 국가가 시행하니 안정성에서도 크게 걱정도 하지 않는다. 설마 국가가 연금을 떼먹겠냐는 생각에서다. 우리는 은행에서 돈을 빌리거나 친구, 친척들에게서 돈을 빌리고는 갚지 못해서 돈거래 못할 사람으로 낙인찍히거나 신용불량자로 등록이 되는 경우를 자주 본다. 이 사람들이 돈을 집에다 쌓아놓고 갚지 않는 것이 아니고 돈이 없으니 갚지 못하는 것이 대부분이다. 기업도 회사를 경영하는 과정에서 은행에 돈을 많이 빌리는데, 그 빌린 돈을 갚지 못해서 또는 만기가 된 어음을 갚지 못해서 부도가 난다. 국가도 별반 다르지 않은데 국가가 부도가 나면 '모라토리엄'이라는 거창한 단어를 사용해서 그렇지, 쉽게 얘기하면 기업이 부도난 것처럼 국가도 부도가 나는 것이다. 마찬가지로 국민연금도 얼마든지 이런 상황이 발생할 수 있다. 그리고 우리 한국의 인구 감소 추세를 볼 때 발생할 가능성이 제법 된다. 국가가 강제한 사항이고 국가가 보증한 연금인데 이게 고갈된다고 하면 이 사태는 상당한 사회적 이슈가 될 것이다. 내 월급에서 떼어서 30-40년 동안 부었는데, 돈을 받지 못한다는 것은 심각한 문제이다. 게다가 나는 나이가 들어서 일도 할 수 없고, 심지어 나는 몸 여기저기가 아파지기 시작해서 의료비가 많이 든다. 자식들도 먹고살기 바쁘며 애들 뒤치다꺼리하느라 여윳돈도 없다. 지금도 한국의 자살률은 OECD 최고인데, 이 자살의 반 이상이 노인 자살이라는 신문 기사를 본 적이 있다. 노인 빈곤율이 세계 최고인 50%와 밀접한 관련이 있을 것이다. 돈은 없는데 몸은 아프고, 사회적으로도 외톨이가 되고 있고 또 상실감도 상당히 크다. 또 자식도 잘 찾아오지 않아서 외로운데 먹는 것도 부실해서 이는 다 빠졌고, 힘도 없다. 음식을 해 먹는 것도 힘들어서 매일 라면으로 때운다. 그러나 보니 영양부족으로 몸은 더 망가진다. 아픔과 외로움을 이기기 위해 소주를 찾는다. 이러다 보니 우울증은 더 심해지고 살아야 할 이유가 하나둘씩 없어진다. 이것이 우리 한국이 자살률 세계 1등인 이유가 아닐까? 이렇듯이 나이 들면서 국민연금의 유무는 아주 중요하다. 이 연금이 고갈되는 것은 심각한 문제이다.

국제정치는 힘의 논리이다. 우리 한국이 일본의 식민지가 된 것은 무능한 왕도 있었지만 가난하고 힘이 없는 나라였기 때문이다. 한국전쟁 이후 북한이 남한을 재침하지 않은 이유도 미군이 주둔하고 있으니 미국과는 싸울 수 없어서이다. 미군 주둔의 가장 큰 역할은 전쟁을 예방하는 목적이 가장 크다. 인구가 줄면 한국의 경제 규모가 줄고 또 국방을 담당하는 군인도 줄 수밖에 없다. 젊은 사람들이 줄어서 입대할 남자가 줄어드니 이젠 의무병제가 아니라 모병제로 하자는 얘기도 들린다. 만약 모병제로 한다면 한국에는 치명적인 단점으로 작용을 할 것이다. 멀리 볼 필요 없이 일본을 보면, 일본의 자위대는 의무제가 아니라 모병제이다. 실력 있는 사람은 당연히 군대 가서 고생하고 싶지 않을 테니 당연히 지원을 안 하고 있는데, 그러다 보니 실력 없고 능력 없는 사람이 사회에서 할 게 없으니 자위대를 지원하는 사람들이 대부분이다. 또 젊은 사람들은 가지 않고 뒤늦게 자기 능력을 깨닫는 사람들이 가니 평균 연령도 상당히 높다. 또 출퇴근제로 하니 퇴근 후엔 거의 민간인이다. 실력 없는 사람들이 가니 제대로 훈련도 안 되고 효율도 상당히 떨어진다. 둘 다 민주주의 국가이니 실제로 발생할 가능성은 거의 제로이지만, 만약 한국과 일본이 전쟁한다면 누가 이길까? 라는 질문에 답하는 것은 어렵지 않다. 어떤 사람들은 일본의 막강한 해군력을 동원하면 한국이 질 것이라고 하는데, 실제로 오늘 전쟁이 벌어지면 일주일 내로 전쟁이 끝이 나고 승자는 일본이 아니라 한국이 될 것이다. 전쟁이 발발하면 한국은 수천 개의 미사일로 일본을 쑥대밭으로 만들어놓고 모든 함선은 미사일로 파괴한다. 부산에서 출발해서 일부는 대마도에 대부분은 일본 본토에 몇 시간 내로 착륙한다. 중간에 병력 손실 없이 대부분의 병력이 일본 본토에 도착하는데, 도착하는 순간 일본은 지옥으로 변한다. 전쟁에서 민간인은 죽이면 안 되지만 그런 기준이면 자위대도 죽이면 안 된다. 자위대는 군인이 아니라 공무원 같은 일반인이기 때문이다. 자위대가 한국군을 공격해 올 텐데 그 자위대를 죽이지 못하는 것은 말이 안 된다. 그래서 자위대를 죽일 수밖에 없는데, 문제는 자위대를 죽이기 시작하면 일반 민간인을 죽이는 것도 크게 차이가 나지 않으며 또 다른 문제는 자위대인지 민간인인지 구별이 안 된다는 것이다. 그래서 조금이라도 의심이 되는 민간인을 다 죽일 가능성이 크다는 것이고 그렇게 되면 일본은 지옥이 된다. 우리 한국 군인의 실력과 능력은 탁월하다. 대부분 쇠도 씹어 먹을 나이인 20대 초반에 간다. 일본은 30 이상이다. 또 한국 군인은 군대에서 먹고 자면서 하는 일이라곤 훈련밖에 없다. 자위대는 6시 되면 퇴근이다. 누가 이기겠는가? 어떤 사람은 얘기한다. 우리 한국이 일본에 미사일을 쏠 때 일본은 가만있냐고? 맞는 말이다. 그러나 한국의 미사일 실력은 세계 최강이다. 거리에서나 폭팔력에서나 탁월한데 대부분 미사일이 일본의 방패막이를 뚫을 것이고 또 동시에 몇백 개의 미사일을 쏜다면 일본은 막을 수가 없다. 마찬가지로 일본자위대의 운용능력은 상당히 뒤떨어진다. 최근에 잠수함이 바다 위로 떠오르다가 일반 상선과 부딪혔는데 안테나가 모두 망가져 무선망이 전혀 작동하지 않아서 휴대폰으로 통신했다는 웃지 못할 일도 있었다. 그래서 무기도 중요하지만, 그것보다 더 중요한 것은 그 무기를 운용하는 군인의 능력이다.

마찬가지로 한국의 군인 수가 줄어서 국방이 어려워지거나 모병제로 해야 한다면 국방은 더 힘들어진다. 작년에 출생아가 27만 2천 4백 명이라고 하는데, 대략 28만 명으로 잡으면 절반이 남자이니 14만 명이다. 현재 사병의 복무기간은 육군과 해병대가 18개월, 해군이 20개월, 공군이 21개월이다. 육군과 해병대를 기준으로 하면, 모든 남자가 입대한다고 가정하더라도 18개월 동안 근무할 병력은 최대 21만 명 정도이다. 2020년 한국의 총병력이 56만이라고 하는데, 이 숫자의 반도 안 된다. 군대를 유지하기 위해서는 최소한 30만 명이 필요한데 21만 명이면 최소 필수 인원도 안 된다. 지금 당장도 장비와 기계 사용이 많은 해군과 공군에서는 병력 부족 현상이 이미 심각하다. 이러니 조만간 남자처럼 여자도 군대 가야 할 가능성이 커지고 있다. 지금 가임기의 여성들에게 군대 갈래 아니면 아기 낳을래라고 물어보면 아기 낳을래 할 가능성이 클 것 같은데, 군대에서 2년 정도 복무하기가 쉽지 않기 때문이다. 이런 추세로 출산율이 감소하면 북한에 먹히지 않을 수가 없다. 복무기간도 북한이 훨씬 길지만, 군인 수 또한 남한이 줄어들 수밖에 없다. 남침으로 적화통일이 되는 것이 아니라 군인 수 감소로 적화통일이 되는 것이다. 내부의 적에 의해서 붕괴하는 것도 아니고 우리 개인의 행복 추구가 우리를 자충수에 빠뜨리는 것이다. 또 남한 주도로 통일을 하면 많은 군인이 필요하다. 치안도 유지해야 하지만 북한 국민에게 음식도 배분하고 생활도 많이 지원해야 한다.

이런 상황인데, 어떤 정치인들은 모병제를 검토해야 한다고 말한다. 의무제로 해도 병력이 모자라는 상황인데 모병제로 하면 병력이 남을까? 게다가 모병제로 하면 더 심각한 문제가 있다. 일본처럼 능력 없는 사람들이 군대에 갈 가능성이 크고, 또 월급을 많이 줘야 하니 국방비가 월급으로 많이 지출될 것이다. 그러면 무기를 최신 사양으로 유지하는 것은 어려워질 것이다. 이렇게 되면 또 일본이나 중국 또는 러시아에서 한국을 침략할 수 있다. 일본은 섬나라라서 한국의 육지가 부러우며, 러시아는 블라디보스토크라는 부동항이 있지만 그래도 더 많은 부동항을 원한다. 중국의 영토 욕심은 두말할 필요도 없다. 지금도 엄청난 땅을 소유하고 있지만, 남중국해 대부분이 중국 바다라고 우기고 있다. 한반도의 위치는 상당히 전략적으로 되어 있다. 중국의 베이징이 멀지 않고, 일본도 근거리에서 공격할 수 있고 또 러시아와도 국경을 접하고 있다. 이 세 나라의 입장에서는 너무 차지하고 싶은 땅이라 기회만 되면 침략을 하고 싶어 한다.

평화를 원하면 힘을 기를 수밖에 없다. 힘이 없으면 주위의 강국들에 먹힌다. 최근에 한국 정부가 전쟁보다는 평화가 낫다고 했는데, 주위의 세 나라가 침입을 하면 전쟁을 해서 이 나라를 지켜야 한다. 조선이 일본에 총 한 방 쏘지 않고 식민지가 된 것처럼 평화를 원하기 때문에 전쟁하지 않고 이 땅을 그냥 줄 수는 없는 것 아닌가? 만약 한국이 먹힌다면 남자들도 희생되지만, 여자의 피해는 남자들보다 훨씬 크다. 나라가 어려우면 항상 여자가 훨씬 더 손해를 입어왔던 것은 역사에서 여러 번 증명이 되었다. 강력한 힘이 평화를 만든다. 약하면 전쟁에 휘말린다. 또 아시아에서 패권을 유지하고 싶은 미국 입장에서도 한국의 위치는 너무 좋다. 중국, 러시아 및 일본을 통제하기에 너무 좋은 위치이기 때문이다. 그리고 미국은 주위의 세 나라와는 달리 한국의 영토에는 별로 욕심이 없다. 그러니 미국과는 얼마든지 협력할 수 있다. 국방력을 키우기 위해서도 인구의 감소는 절대적으로 막아야 한다.

07

3포 세대

　요즘 젊은 세대들은 3포 세대라고 한다. 즉, 취업 포기, 결혼 포기 및 자녀 포기이다. 취업도 너무 힘드니 취업도 포기하고, 취업을 못 하니 결혼할 돈도 없어서 결혼도 포기하며, 결혼도 못 하니 아기도 낳을 수 없어 아기도 포기한다. 여기에는 친기업 정책을 펴지 않는 정부의 탓도 크지만, 이유 중의 하나는 대학 졸업자가 너무 많은 탓이라고 본다. 어느 나라나 어떤 사회나 대졸자를 수용할 수 있는 비율은 30 - 40% 정도이다. 그런데 한국은 대졸자의 비율이 70%나 되니, 나머지 30% 정도는 취직할 곳이 없는 것이다. 다시 말하면 대학 진학률이 40% 미만이라고 하면, 청년 실업률이 이렇게 심각하지는 않았을 것이다. 만약 고졸자라고 하면 학위가 필요 없는 중소기업 등에 취직했을 것이기 때문이다. 실력은 떨어지나 학위가 있으니 고졸자들이 가는 그런 곳에는 취직하고 싶지 않은 것이다. 즉 실력은 없어서 좋은 회사에는 취직을 못 하는데 또 학위는 있으니 고졸자가 취직하는 곳은 일하기가 싫은 것이다. 그러다 보니 이 대졸자들이 청년실업자의 주요 계층이다. 이 사람들이 취업도 포기하고 직업이 없으니 결혼도 포기하며 결혼을 못 하니 자녀는 당연히 낳을 수도 없는 것이다. 그럼 이 사람들은 어떻게 하면 좋을까? 본인들의 인생이니 본인들이 알아서 해야 할 일이지만, 나이가 20살이 넘었으면 자기 생활비는 자기가 벌어야 한다. 그래서 그게 무슨 일이든 간에 일을 해야 한다. 중소기업은 사람이 부족한 상황이니 거기서 일을 하는 것도 좋고, 아니면 무슨 알바를 하더라도 생활비는 벌어야 한다. 성인이 되어서도

부모에게 손을 벌리는 것은 하지 말아야 하기 때문이다. 또 어떤 일을 하든
간에 하다 보면 경험도 생기고 또 그 경험으로 장사나 사업을 시작할 수 있
다. 또 그 경험으로 다른 회사로 옮길 수도 있다. 처음부터 좋은 회사를 들
어가려고 욕심을 부리니 청년 실업률이 높은 것이다. 요즘은 대학 졸업장이
필요 없는 직업이 상당히 많고, 또 서구 선진국처럼 사회 경험이 학위보다
더 중요해지고 있다. 그러니 하루라도 빨리 직장을 잡아서 경험과 경력을 쌓
는 것이 아주 중요하다.

08

결혼을 안 하는 이유

결혼을 안 하는 중요한 이유 중의 하나가 부모랑 살아서 그렇다. 부모만큼 잘해주는 사람이 없으니 삶이 편하다. 밥도 해주고 빨래도 해주고 잠도 재워주니 불편함이 없다. 집도 큰 편이고 겨울에 보일러도 따뜻하게 틀어준다. 우리 아들 우리 딸 그러면서 이뻐 죽는다. 그래서 부모랑 사는 삶이 좋고 행복하다. 그래서 꼭 결혼해야 하나? 생각도 하고 또 결혼하더라도 빨리하고 싶은 생각이 없다. 나이가 들면 그제야 부모의 성화가 나오기 시작한다. 만나는 여자는 있니? 있으면 집에 데리고 와라, 결혼은 언제 할 거니? 등등. 그러나 이미 늦었다. 여자는 30을 넘어가고 있고 남자는 35를 넘어가고 있다. 여자 나이가 30이 넘어가면 난자의 80%가 사라진다고 하는 기사를 읽어본 적이 있다. 부모의 역할은 자녀가 20살 넘으면 삶을 아주 불편하게 하거나 아니면 내쫓아서 독신생활이 힘들다는 것을 알게 해줘서 결혼하게끔 하는 것이다. 인류가 개발한 가장 좋은 시스템이 결혼이다. 남녀 역할이 다르고 잘할 수 있는 것도 다르다. 여자와 남자가 혼자 살면 비용도 각각 발생하니 거의 두 배가 드는데, 결혼하면 방은 두 개가 아니라 한 개만으로 되며, 밥도 어차피 하는 김에 숟가락 하나만 더 얹으면 되고, 빨래도 세탁기에 넣는 김에 물과 비누만 조금만 더 넣으면 된다. 비용 절감이 상당하니 결혼하는 것이 경제적으로도 많이 도움이 된다.

여성의 경우는 엄마의 인생을 보면서 내 인생의 미래를 보는 것 같아 씁쓸하다. 남편 뒤치다꺼리에다 항상 자녀 걱정에 마음 편할 날이 없다. 지지고 볶고 사는 것도 그렇고, 여자가 항상 참아야 하는 그런 인생을 보면서 나도 결혼하면 그렇게 살 것 같은데, 이런 인생을 살고 싶지는 않으니 결혼을 해야 하나 고민이 많다. 결혼도 하고 싶지도 않으니 당연히 아기를 낳는 것은 더 엄두가 안 난다. 우리 엄마의 인생은 쉽지 않았기 때문에 이해가 가는 부분도 있다. 그러나 결혼을 안 한 사람들 얘기를 들어보면 결혼해서 아기 낳고 사는 사람을 속으로는 부러워하는 경향이 있다. 남의 떡이 더 커 보여서 그럴지도 모른다. 결혼은 해도 후회, 안 해도 후회한다고 하는데, 남들 다 하는 결혼, 해보는 것도 괜찮다. 결혼을 안 한 사람을 보면, 물론 이유야 다양하지만, 능력이 없어서 못 한 것으로 보이기도 하는데, 실제로 저소득층에서의 미혼율이 중상층 이상보다 높다. 재력이 부족해서 결혼도 힘들어지는 것이다. 그러나 이혼을 했다고 하면, 당당해 보이기도 하고 또 자신감이 커서 이혼을 한 것으로 보이기도 한다. 다시 말해서 무능하거나 모자라면 이혼을 못 했을 것이기 때문에, 내가 혼자서도 먹고 살 능력과 그만큼의 재력이 있는 것처럼 보인다. 그리고 설령 이혼했다고 하더라도 이혼 후에 다시 결혼하면 되고, 또 자녀가 있으면서 이혼을 했으면 혼자서 자식 키우면서 살아도 되고 또 살다 보면 좋은 사람 만나서 재혼할 수도 있다. 그리고 이전 엄마의 시대와 지금 나의 시대는 확연히 다르다. 한국이 너무 빨리 발전하는 바람에 엄마 시대에는 여성의 권리가 상당히 적었지만, 앞으로 가면 갈수록 여성의 권리가 더 커지며 또 여성의 역할도 훨씬 더 커질 것이다. 그래서 너무 엄마의 인생이 곧 나의 인생이라고 동격화할 필요도 없고, 또 내 인생을 거기다 투영시킬 필요도 없다. 다만 내가 지혜롭게 살면 된다.

한국에서는 결혼도 비용이 많이 드는 행사이다. 보통 한 시간, 길어야 두 시간 만에 결혼식은 끝이 나는데 비용이 너무 많이 든다. 웨딩드레스도 평생 한 번 입는 옷이고, 또 신부의 날이라 좀 더 많은 신경을 쓰다 보니 비싸지는 부분도 충분히 이해된다. 반대로 얘기하면 한 번 입고 버리는 옷이니 충분히 빌릴 수도 있고, 또 알뜰한 젊은 부부는 대여도 많이 한다. 옷을 사는 경우 주로 50만 원에서 3백만 원 정도로 지출하는 것 같은데, 종종 그 이상의 옷도 구매하는 것 같다. 아무리 한 번뿐인 결혼식이라고 하지만, 그래도 5백만 원 이상은 사치가 아닐까? 결혼식장도 빌리는데 최소 1-2백은 들고, 대관료보다 더 비싸지는 게, 사진 찍고 폐백 등의 부대비용도 만만치 않으며 또 손님들 식사 등을 포함하면 기본 천만 원은 들고 2-3천만 원도 종종 보이는 것 같다. 또 손님을 초대하는 것도 가족 친지는 물론이고, 회사 동료, 동호회 등 신랑 신부가 아는 모든 사람에게 청첩장을 돌린다. 그 이유 중에는 물론 중요한 날이니 축하받으려는 마음도 크겠지만, 부조금을 받으려는 목적이 크다. 그러나 우리 한국이 사람이 죽었을 때 화장하는 관습이 이젠 자리를 잡은 것처럼 결혼 문화도 상당히 줄일 필요가 있다. 호주나 서구에서는 대부분 결혼을 가족 친지들만 초청해서 조촐하게 한다. 우리 한국은 아는 사람 전체에게 청첩장을 주는데, 그걸 받은 사람은 참 부담스럽다. 받았는데 안 가기도 그렇고 가자고 하니 부담스럽고. 부조 금액도 얼마를 해야 할지, 다른 사람에 비해서 너무 적은 금액은 아닌지 고민하게 된다. 또 가더라도 얼굴만 비치고 가는 경우도 많다.

결혼식은 젊은 부부의 새로운 출발이니 정말 축복받아 마땅하다. 그러나 다소 간소화할 필요가 있다. 초청객을 가족과 친척으로 국한하고, 결혼식도 교회나 성당 아니면 절에서 하면 비용이 거의 안 든다. 끝나고서 조금만 사례를 하면 된다. 사진은 친구에게 부탁하면 되고, 초청객이 얼마 안 되니 식사도 간소하게 또 하객도 몇 명 안 되니 부담이 없다. 필자의 딸이 한국 결혼식을 본 후에 하는 말이, 결혼식이 너무 재미가 없단다. 부케 받는 사람을 미리 정해서 그 사람에게 던지는 것이 너무 우습단다. 서로 받으려고 경쟁을 해야 재미있지 정해 놓고 던지는 것이 무슨 의미가 있냐는 거다. 결혼식도 왜 식장에서 하며 또 그렇게 빨리 끝내냐고 한다. 결혼식도 한두 시간에 번갯불에 콩 볶아 먹듯이 할 것이 아니라, 아침 10시쯤 시작해서 점심 식사도 같이 하고, 5시까지 온 종일 하는 것도 좋다. 가족이나 친척들이 덕담도 많이 하고, 식사도 같이하면서 결혼 생활을 경험도 공유하면 좋다. 부조금도 물론 좋지만, 가치 있는 선물을 준비해서 의미 있는 결혼식이 되게 하는 것도 좋다. 지금 한국은 전쟁이 난 것처럼 후다닥 하고 결혼식을 해치운다. 결혼식을 했다는 것뿐이지 어떻게 했는지에 대한 기억은 없다. 사진을 보면서 아, 이랬구나 정도이다. 손님들도 얼굴도장만 찍고 부조금 내고는 바로 밥 먹으러 간다. 당사자에게는 평생에서 가장 소중한 예식이니, 여유롭게 결혼식을 즐기고 또 축복을 받으면 좋다. 또 이렇게 절약한 돈으로 냉장고를 더 고급으로, 또 주방 기구 하나 더 사는 것이 훨씬 결혼 생활에 도움이 되지 않을까?

결혼은 사람의 가장 이기적인 행위이다. 결혼하기 전에 여러 사람을 만나보면서 따져본다. 이 남자와 결혼하면 평생 나를 잘 먹이고 고생시키지 않을 놈인지, 오랫동안 연애도 하고 같이 자보기도 하고 심지어는 같이 살아보기도 한다. 그래도 불안해서 사주를 보고, 또 궁합도 맞춰본다. 그것도 불안해서 남자에게 술을 실컷 먹여본다. 술을 먹으면 본성이 나온다고 하면서, 집안도 따져보고, 대학도 졸업했는지, 또 어떤 대학을 졸업했는지, 키는 큰지, 또 다른 이상한 병은 없는지? 요즘은 DNA까지 검사해 보는 여자도 있다고 한다. 요즘 한국에서는 남녀가 결혼하는 게 아니라 조건과 조건이 결혼하는 것 같다. 직장은 좋은지? 집안에 돈은 있는지? 돈을 잘 버는지? 등등 자세한 조건을 본다. 사랑한다고 하면, 이런 조건을 보지 말고 그냥 결혼해야 하는데, 이런 조건을 다 따지고 결혼하면서 사랑해서 결혼한단다. 이런 조건을 따져가면서 결혼을 하기에 이혼율이 증가하는 것이다. 왜냐면 조건은 항상 변하기 때문이다. 사랑한다고 하면 그 사람 자체가 좋아서 그냥 결혼하면 되는데 말이다.

09

배우자 선택 기준

그럼 어떤 기준으로 배우자를 골라야 하는가? 첫째는 성적 매력을 가장 최우선으로 하면 좋을 것 같다. 보고만 있어도 좋고 그 사람에게는 왠지 끌리는 것이 성적 매력이다. 이혼의 사유를 보면 성격 차로 이혼을 한다고들 하는데, 실제로는 성(性) 격차로 이혼하는 경우가 많다고 이혼 전문 변호사가 얘기한다. 3월 11일 자 The Guardian에 아주 재미있는 기사가 떴다. 프랑스 신부 40명이 들은 고해성사를 책으로 출간을 했는데, 그 내용이 파격적이다. 고해성사의 70% 정도가 성과 관련된 문제인데, 주로 바람피운 얘기, 매춘부와의 성관계, 포르노의 중독 등이라고 한다. 남편과의 관계에서 만족하지 못해서 밖에서 다른 남자를 통해서 만족을 느끼는 여자의 경우를 예로 들면서 여자도 상당히 많다고 한다. 서양 사람들이 성적으로 다소 강하긴 하고 특히 프랑스 사람들은 성적으로 상당히 개방적이다. 그러나 우리 한국도 프랑스보다 덜 하긴 하지만 성 문제는 부부 사이에서 상당히 중요하다.

두 번째는 생활습관 및 식습관이다. 결혼은 혼자 살다가 한 방에서 같이 산다. 그래서 잠을 자는 습관이 달라서 문제 되거나 먹는 음식이 달라서 힘든 경우를 종종 본다. 신랑은 야행성인데 신부는 초저녁잠이 많아서 일찍 자고 일찍 일어나는 사람이라면 잠버릇 때문에 싸울 가능성이 커진다. 음식도 마찬가지이다. 고기나 생선을 좋아하는 사람은 채식성 사람과 같이 살기 힘들다. 요리를 두 번 세 번 해야 하니 하루 이틀은 지낼 만하지만, 1년 10년은 힘들어진다. 부부가 싸우는 것은 사소한 일로 싸운다. 치약을 중간부터 짜는 남편을 끝에서부터 짜는 아내는 이해를 못 한다. 말로 해도 그때뿐 지나면 또 그런다. 이런 작은 일로 싸움을 시작해서 나중에는 큰 싸움이 된다. 세 번째는 성격이다. 요즘 젊은 사람들은 유머 감각이 있는 사람을 좋아하는데, 재미있는 사람이 옆에 있으면 대화도 자연스럽고 불편하지 않고 편안하다. 이상한 성격을 가졌거나 너무 말이 없거나 하면 삶이 재미없다. 그다음이 조건이다. 이 조건이 맨 마지막이어야 하는데 맨 처음에 고려하는 것이니 순서가 뒤바뀌었다. 미혼인 젊은 사람 중에는 나와 차이가 크게 나는 사람과 결혼하고 싶어 하는 경우를 종종 본다. 경제적으로나 교육 등에서 집안 차이가 크게 나는 배우자와 결혼하는 경우이다. 이런 결혼은 불행한 결혼이 될 가능성이 높다. 내가 너무 꿀리기 때문에 재력에 눌려서 내가 숨 한번 제대로 못 쉬고 산다. 주위에는 이런 분들을 종종 본다. 그래서 결혼은 비슷한 조건을 가진 사람과 하는 것이 제일 좋다.

조건을 따져가면서 결혼하는 이유는 요즘 결혼이 점점 늦어지고 있기 때문이다. 70년대만 하더라도 여자는 20대 초반에, 남자는 20대 중반에 대부분 결혼을 했다. 그때는 사랑만으로도 좋았다. 왜냐면 많이 순수하기 때문이다. 그런데 나이를 먹어가면서 사랑만으로는 살 수 없다는 것을 깨닫는다. 나이가 들면 들수록 더 돈이 필요하다. 사랑을 표현하려고 해도 돈이 필요하고 자식을 키우는 데도 절대적으로 필요한 것이 돈이다. 돈이 사랑을 살 수 없다고 이전엔 말했는데 지금은 돈으로 사랑도 사는 것 같다. 이렇게 돈이 좋은 줄 아는데도 한국 가정에서는 돈에 대해서 거의 가르치지 않는다. 이렇게 중요한 것이 돈인데도 집에서 돈에 대해서 가르치지 않는다. 공산주의 나라에서는 권력을 중심으로 하면 모든 문제를 해결할 수 있고, 민주주의 나라에서는 돈을 중심으로 보면 모든 문제를 해결할 수 있다. 공산주의 나라에서는 모든 사람이 평등하다고 하면서 정작 본인은 권력을 쥐고 있으며 국민들, 아니 인민들 위에서 군림한다. 자가당착이며 자기모순이다. 또 모든 부정부패는 그 권력으로 해서 부정부패는 말도 못 한다. 또 요즘은 민주주의 나라의 핵심인 돈맛도 알아서 권력과 돈을 둘 다 좇는다. 민주주의 나라는 돈만 보면 그 사람이 어떤 사람인지 알 수 있다. 돈거래가 깨끗한 사람은 좋은 사람이다. 돈을 빌려서 갚지 않거나 돈거래가 더러운 사람은 피해야 할 사람이다.

10

부모가 가르쳐야 하는 세 가지 교육

　부모가 자식에게 가르쳐야 할 세 가지 교육이 있다. 학교 교육, 직업 교육 그리고 돈 교육이다. 학교 교육은 최소한 고등학교는 마치게 해줘야 하는 것이고, 직업 교육은 가급적 빠른 나이에 직장을 갖게 하거나 알바를 시켜서 돈을 번다는 것이 얼마나 힘들고 또 보람된 일인지를 가르쳐 주는 것이다. 한국 부모의 대부분은 일찍부터 직업 교육을 하는 것에 굉장히 부정적이다. 가난한 집안 자식이야 일찍부터 생활전선에 뛰어들어 알바나 일을 시작하지, 조금 살 만한 집안에서는 가급적 일을 안 시키려고 한다. 얼마 번다고? 라고 하면서. 그러나 많이 벌고 적게 벌고가 중요한 게 아니고 벌기 시작했다는 것이 중요하고 또 버는 방법을 터득해 가는 것이 중요해서 시키는 것이다. 누가 알랴? 그걸 통해서 훌륭한 제품을 만들 좋은 사업 거리를 발견할 수도 있다.

　호주에는 14살 9개월이 되면 일을 할 수 있다. 그래서 나는 딸 아들 둘 다 이 나이가 되자마자 맥도날드에 가서 일을 구하라고 시켰다. 친구 중에서도 맥도날드에 일하는 친구가 있다고 하면서 한두 달 후에 구해서 일을 시작했다. 기특했다. 맥도날드 일이 그렇게 힘든 일은 아니지만 어떤 일이나 돈을 번다는 것이 쉬운 일이 아니다. 참고로 여자애들은 캐셔를 보거나 판매 등을 많이 하고 남자애들은 힘든 일, 고기를 굽는 등 버그를 만드는 일이나 청소 등을 한다. 먼저 큰 애가 딸이라 딸부터 맥도날드에 일하게 되었다. 첫 일 주일 정도는 할 만하다고 했다. 대부분 교육이었으니 할 만했겠지. 그러나 2주일 지나더니 맥도날드에서 생긴 일을 저녁 먹는 동안에 얘기한다. 딸내미는 주로 캐셔를 했다. 이상한 고객들도 많고 미친놈들도 많단다. 거의 다 먹은 버그를 갖고 와서는 맛이 이상하다고 새로 해달라는 미친놈들도 있는데, 맛이 이상하면 처음부터 이상했을 테니 먹자마자 이상하다고 들고 와야 하는 게 아니냐는 거였다. 맞는 말이다. 그래서 분명히 이상한 놈이어서 좀 따지려고 했는데, 이미지 나빠질까 봐, 매니저랑 얘기해서 바꿔준 얘기, 먹다가 토해 놓고 가서 그 역겨운 것을 청소해야 했던 얘기 등 수많은 얘기를 들었다. 나는 아이고 그랬어? 그랬구나? 힘들었지? 등등 딸내미 편에서 계속 편들기만 하면서도 나는 속으로 쾌재를 불렀다. 내가 직접 가르쳐야 할 것을 맥도날드에서 잘 가르쳐주고 있었기 때문이다. 한두 달 지나더니 행동에 조그만 변화가 생겼다. 돈 버는 게 힘들다는 투로 한 번씩 얘기하더니, 이전에는 그렇게 관심 있지는 않았던 공부에 더 관심이 커진 것이다. 머리 나쁘면 그렇게 힘들게 돈을 버는 것이고 머리 좋으면 쉽게 돈 벌 수 있다며, 또 남이 못 하는 일을 내가 할 수 있으면 돈을 많이 벌 수 있다고 내가 말을 해왔기 때문이다. 아들내미는 남자라 버그 만들고 청소하고 딸내미보다 더 힘든 일을 했다. 아들도 한 달 정도 지나더니 짜증 난다고 투정이다. 역시 나는 기뻤다. 나를 대신해서 열심히 가르치고 있구면 하면서. 아들이 20살이 되어서 올해부터 집세와 생활비를 받기 시작했다. 1주일에 250불씩 한 달이면 천 불이 조금 넘는 금액이다. 한국 돈으로 하면 지금 환율로 한 달에 85만 원 정도이다. 250불에 방세, 전기세, 수도세, 음식값 및 인터넷 비용도 포함되어 있다. 친구랑 나가서 살고 싶은데 나가면 이거보다 훨씬 더 든다. 그러니 안 나가고 집에 붙어 있는 것이다. 2주에 한 번씩 받는데 2주가 왜 이렇게 빨리 오냐고 불평이다. 사업가의 느낌을 조금 알겠지? 라고 내가 한마디했다. 사업가는 한 달이 금방 간다. 어제 월급을 준 것 같은데 또 오늘이 월급날이란다.

우리 한국인은 돈을 버는 첫 일을 너무 늦게 시작한다. 우리 아들과 딸은 15살에 일을 시작했는데, 한국은 여자가 23살, 남자는 27 정도에 시작한다.

더 늦어 석사도 하고 심지어 박사도 하면 30살이 넘는다. 이때까지 돈을 벌어본 적이 없는 경우가 많다. 15살에 돈을 벌기 시작한 사람과 30살 넘어서 벌기 시작하는 사람과는 엄청난 차이가 있다. 물론 남자는 병역의 의무 때문에 2-3년 늦어지는 것 충분히 안다. 그렇다고 하더라도 27이나 30살에 처음 돈을 벌기 시작한다는 것은 너무 늦다. 부모들의 역할은 어릴 때부터 일을 시작하게 하는 게 매우 중요하다. 이런 일을 함으로써 철도 빨리 들지만, 적성에 맞는 다양한 일을 해 볼 수도 있다. 20-30년 전만 하더라도 대학 졸업장이 중요했지만, 이제는 사회가 많이 고도화됨에 따라 대학 졸업장이 필요 없는 일이 많이 늘고 있다. 아직도 의사나 변호사를 좋아하는 부모들은 모르겠지만, 컴퓨터나 바이오 및 나노 등 첨단 산업에서는 대학 졸업장이 점점 덜 필요해지고 있고 또 대학 졸업 후에 시작하면 너무 늦는 경우가 많다. 대학 교육이 기업에서 필요한 교육보다 훨씬 뒤떨어지고, 훨씬 늦으며, 또 교육의 깊이도 훨씬 낮아서 기업체에서 새로 교육을 해야 하는 경우가 너무나 많다. 그래서 미국에서는 대학을 중퇴하고 미니대학이나 마이크로 대학에서 전문과정을 수료 후 직장을 잡는 경우가 많아지고 있으며, start-up을 시작하는 경우도 많다.

기업에서는 대학에서 하는 정형화된 교육을 받은 사람도 필요하지만, 특이하고 다른 생각을 하고 아주 엉뚱한 생각을 하는 사람이 많이 필요하다. 이런 특이한 아이디어는 정규대학에서 주입식 교육을 받은 사람에게는 별로 보이지 않는다. 한국이 이젠 다양한 사회가 되었으니 부모의 역할은 자녀를 대학에 보내기 위해 노력을 할 것이 아니라 자식이 집중할 수 있고 또 잘할 수 있고 또 좋아하는 일을 할 수 있도록 환경을 만들어 주는 게 중요하다. 어떤 일에 집중할 수 있어야 좋은 생각과 좋은 결과가 나오는데, 이 일이 자기가 좋아하는 일이어야지 집중할 수가 있다. 애들이 만화나 게임을 할 때는 집중을 한다. 마찬가지로 자녀가 집중할 수 있는 분야가 뭔지 유심히 보면서 그걸 해주게 하는 안목이 필요하다. 향후 10년 동안에는 4차 혁명이라고 할 정도로 많은 변화가 예상되는데, 부모가 하는 대학교육이 오히려 자녀를 망칠 가능성도 상당히 크기 때문에, 요즘 부모는 자녀가 뭘 집중해서 할 수 있는지 자세히 관찰할 필요가 있다. 지금까지 한국은 선진국의 기술을 모방하면서 거의 선진국의 수준에 와 있지만, 앞으로는 모방할 나라가 없으니 이제는 창조하면서 새로운 길, 아무도 가보지 않은 길을 가야 하는데, 그러기 위해선 창의적이고 다른 생각을 하는 사람이 많이 필요하다. 부모의 역할도 이것을 키우는 쪽으로 방향을 맞춰야 한다. 무조건 대학만 보내면 되는 그런 시대는 끝났다. 아래의 그림은 Howard Gardner가 주장한 다중지능이라는 이론인데 사람은 수학이나 공부를 잘하는 재능도 있지만, 그 외에도 사람을 잘 사귀는 지능, 말을 잘하는 지능, 운동신경이 발달한 운동을 잘하는 지능, 회화에 우수한 지능, 공간 지각력이 뛰어난 지능 등 다양한 재능을 갖고서 태어난다는 것이다. 굳이 깊게 설명 안 해도 주위에 이런 사람들이 많다. 그래서 공부만 시킬 것이 아니라 타고난 개인의 그 지능을 개발하게 해주는 것이 부모의 역할이다.

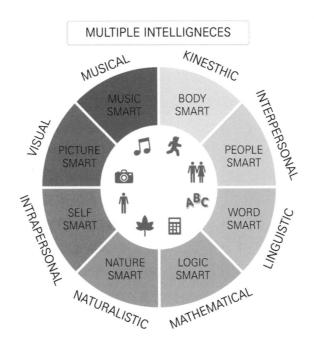

　　마지막으로 가장 중요한 돈에 대한 교육이다. 한국 부모는 돈에 대해서 거의 가르치지 않는다. 돈이 얼마나 소중하며 돈이 없으면 얼마나 비참하게 살게 되는지 가르치질 않는다. 한국에는 부자가 3대 가기 힘들다는 말이 있다. 이유는 간단하다. 자기가 부자이다 보니 자식도 부자로 키워서 그렇다. 자식을 가난하게 키울 필요가 있다. 서구에서 돈 좀 있다고 하는 사람들은 어릴 때부터 돈의 소중함을 가르친다. 어릴 때부터 일도 시키고 돈벌이가 얼마나 힘든지 가르친다. 그래서 이 사람들은 몇십 대 째 계속 부자이다. 한국 부모 입에서는 맨날 나오는 소리는 공부해라이다. 공부도 맨날 국·영·수만 하란다. 국영수 못해도 사는 데 전혀 문제없지만, 돈이 없으면 당장 밥을 굶게 되고 잘 곳이 없어서 길가에서 자게 된다. 이렇게 중요한 것을 가르치지 않는다. 국·영·수보다 훨씬 중요한 교육에 돈에 대한 교육이다. 국영수 과목과 마찬가지로 돈 관리라는 과목이 따로 있어야 한다. 직업이 뭐든 간에 돈 관리는 모든 사람이 반드시 알아야 한다. 예술가들이 가난하게 사는 경우가 많은 건 돈 관리에 대해서 잘 모르기 때문이다. 버는 돈보다 쓰는 돈이 더 많은 것도, 버는 것보다 쓰는 것을 더 좋아하는 것도 돈 관리에 대해서 모르기 때문이다. 또 돈을 어떻게 벌고 어떻게 써야 하며, 돈 관리는 어떻게 하며 좋은 소비가 뭔지 나쁜 소비가 뭔지 등 자세히 가르쳐야 한다. 나쁜 소비는 최대한 줄이고 좋은 소비는 최대한 늘리는 것 등 기본 경제 교육을 해야 한다. 다들 알겠지만, 나쁜 소비는 소비 시점부터 가치가 떨어지는 소비이다. 예를 들어 옷이나 자동차 등이다. 옷은 사자마자 중고가 되어서 가치가 내려간다. 자동차도 내 이름으로 등록만 되어도 20-30%의 가격이 떨어진다. 음식도 나쁜 소비인데 안 먹고 살 수는 없으니 소비는 해야 하긴 하지만 가능하면 줄이면 좋다. 좋은 소비는 사는 순간부터 가격이 올라가거나 올라갈 가능성이 많은 소비이다. 부동산이 될 수도 있고 주식이 될 수도 있다. 채권이 될 수도 있고 고미술품일 수도 있다. 물론 내려갈 가능성도 있지만 오를 가능성이 훨씬 큰 소비들이다. 좋은 주식은 장기적으로 투자를 하면 대부분 올랐으며, 좋은 부동산도 장기적으로 보면 대부분 올랐다. 채권도 일정 수익을 보장한다.

어릴 때부터 이런 소비 관념에 대해서 가르쳐야 한다. 버는 한도 내에서 소비해야 하는 것을 가르쳐야 하고 가능하면 신용카드는 쓰지 않으며 쓰더라도 쓴 만큼 바로 갚아야 한다. 가급적 신용카드보다는 체크카드를 쓰면 돈이 있는 한도 내에서 쓰게 되고 더 쓸 수도 없다. 얼마나 많은 자식이 이런 기본적인 교육을 몰라서 경제적으로 힘들고 파탄에 빠지는 줄 모른다. 지름신이 강림해서 갚을 능력보다 더 큰 소비를 한다. 특히 한국인은 남의 눈치를 많이 본다. 돈은 얼마 벌지도 못하는데, 명품 가방을 들어야 하고, 명품 옷으로 둘러야 한다. 돈이 있는 사람이 이런 소비는 권장할 만하다. 한 달에 순수익으로 천만 원을 벌며, 부동산은 5개 정도 있으며 은행 계좌에 현금으로 1억 정도 있고 주식으로 10억 정도를 갖고 있으면 명품 가방을 사고 명품 옷을 구매해도 된다. 오히려 이런 분들은 이런 소비가 더 권장된다. 부자가 소비를 해야 중산층이나 서민들이 이익을 보기 때문이다. 그러나 이런 분들이 아니면 명품 가방을 살 게 아니라 그냥 보통 가방을 사면 되고, 명품 옷을 살 게 아니라 편하고 이쁜 싼 옷을 사면 된다. 명품 백이 아니라 그냥 보통 가죽 백도 명품만큼 이쁜 가방이 많고 또 오래 쓸 수 있다. 명품 옷이 아니더라도 요즘 이쁘고 편하지만 비싸지 않은 옷이 많다. 명품 백을 살 능력이 안되는 분들이 사면서 하는 말이, 명품 백은 폼이 나고 사람이 달라보여서 산단다. 또 오래 쓸 수 있어서 장기적으로 이익이란다. 폼이 나고 사람이 달라 보이려면 명품 백을 드는 것보다 날씬하고 건강한 몸매를 유지하는 것이 훨씬 낫다. 오래 쓸 수 있다는 것도 같은 가죽인데 왜 쓰는 기간에 차이가 나는지 모르겠다. 비슷한 단추에 비슷한 쇠고리를 사용하는데 말이다. 한 달에 200만 원도 못 벌면서 소비는 천만 원 이상 버는 사람들처럼 하는 사람들이 있다. 그런 사람들의 미래는 가난하게 살거나 불행한 삶일 가능성이 크다. 누구나 소비하고 싶다. 그러나 지금 만 원을 소비 안 하면 그 만원이 10년 후에는 백만 원이 될 수도 있고 천만 원이 될 수도 있다. 누구나 consume now와 consume later를 고민한다. 부자들은 consumer later를 선택하고 가난한 사람들은 consume now를 하는 차이뿐이다.

졸부들은 다소 나쁜 소비 좋은 소비 구분하지 않고 흥청망청 쓰는 경우를 종종 보는데, 생각 있는 부자들은 이런 나쁜 소비를 가급적 줄인다. 물론 돈도 있으니 이런 소비를 해도 되고 또 해야 하는 사람들이다. 그래도 돈의 소중함을 알기에 가급적 나쁜 소비를 줄인다. 이케아 창업자 잉바르 캄프라드는 돈을 그렇게 많이 번 후에도 야채는 꼭 가게가 문 닫을 시간에 사러 갔다고 한다. 그러면 떨이로 살 수 있어서 싸게 많이 살 수 있기 때문이라고 한다. 이건 좀 극단적인 경우이고 나도 이렇게까지 할 필요가 있을까 생각할 정도로 이런 부자가 이렇게 하는 소비는 바람직하지 않다고 본다. 이 사람은 야채 가게 주인보다 훨씬 부자이니 야채 가게에 가서 비싸게 구매를 좀 해줘야 가난한 야채 가게가 돈을 더 잘 벌어서 좀 여유로워지지 않을까? 한국 여성들도 시장에서 콩나물 깎을 생각은 해도 명품 제품을 사면서 깎을 생각은 하지 않는 것 같다. 명품을 깎는 것이 훨씬 큰 절약임에도 불구하고. 시장에서 콩나물 파는 사람은 콩나물 판매 수익이 전부일 수 있지만, 명품 백을 파는 사람은 그 수익이 극히 일부일 수가 있다. 또 콩나물은 깎아봐야 1-2천 원이지만, 명품 백은 몇십만 원 혹은 몇백만 원 차이가 난다.

그럼 이렇게 절약한 돈으로 무엇을 할 것인가? 젊은 사람은 가급적 좋은 소비를 많이 하면 된다. 주식이라든지 ETF라든지 부동산이라든지 채권 같은 것 말이다. 많은 사람이 주식은 위험하다고 하는데 주식이 위험한 게 아니라 주식을 하는 사람들이 위험하게 주식투자를 해서 그렇다. 운전이 위험하니 집에 매일 있어야 하는 것인가? 운전이 위험한 게 아니라 운전을 위험하게 해서 그렇다. 좋은 주식과 좋은 부동산은 장기적으로 투자를 하면 대부분 이익을 본다. 그것도 몇 배 또는 몇십 배로 말이다. 어떤 주식이 좋은 주식이고 어떤 부동산이 좋은 부동산인지는 공부를 해야 한다. 쉽게 생각을 해도 삼성전자는 좋은 주식이고 강남에 30평 아파트는 좋은 부동산이다. 10년 전과 비교했을 때 삼성전자 주식은 엄청 올랐고, 10년 전과 비교했을 때 강남 아파트는 엄청 많이 올랐다. 조금 더 공부하면 어떤 주식이 장기투자로 좋은 주식인지 어떤 부동산이 장기적으로 좋은 부동산인지 알게 된다.

나이가 좀 든 사람들은 어떡하면 좋은가? 다소 보수적인 투자가 좋을 수 있다. 주식을 하더라도 고위험 주식을 하는 것보다 저위험 안정적인 주식이 좋고, 부동산을 하더라도 전통적으로 고수익을 주는 부동산이 신개발단지보다는 나을 수 있다. 요즘 뜨는 바이오 관련 주식이나 AI 주식보다는 한국의 엘지전자가 10년 내에 망할 가능성은 거의 없으나 성장 가능성이 크니 이런 주식이 좋을 수 있다. 바이오 관련이 분명 미래가 있는 주식이긴 하고 AI 관련 주식이 요즘 뜨는 주식이긴 하지만 돈을 벌어주기에 시간이 더 걸릴 수 있다. 이런 주식은 나이가 있는 사람보다는 젊은 사람들에게 좋을 수 있다. 젊은 사람은 기다릴 수 있기 때문이다. 또 이런 돈으로 노후 준비를 더 착실히 더 빨리 그리고 더 안정적으로 해야 한다. 요즘 유행하는 말로 재수 없으면 100살까지는 기본적으로 산다고 하는데, 60에 은퇴를 해서 40년을 더 살려고 하면 많은 돈이 필요하다. 나이가 들면서 아파지기 때문에 쓸 돈이 더 많아진다. 한창 일할 시기인 40대나 50대보다 더 돈이 필요할 수 있다. 그러니 노후 자금을 충분히 준비해야 한다.

앞으로는 자식에게 기댈 수도 없다. 자식이 이젠 노후 보장이 아니란 것은 이젠 모든 부모가 다 안다. 왜냐면 자식도 하루 이틀이지 100살까지 사는 부모를 재정적으로 지원하는 너무너무 길고 또 힘들다. 아픈 부모에 7년 효자 없다고 했던가? 부모가 오래 사니 아들도 지겹기도 하고 아들도 자기 자녀들 키워야 하기 때문에 부모에게까지 쓸 돈이 없다. 아들도 자기 자녀들을 돌볼 책임이 있으니 자기 자녀들에게 돈을 먼저 지출하다 보면 부모에게 쓸 돈이 부족하다. 또 자식에게는 부모의 의무를 져야 하지만 부모를 모셔야 하는 것은 의무가 아니다. 한국은 효의 개념이 강해서 부모에게 효도해야 한다고 하지만, 이 효도는 가급적 최대한 하면 좋지만, 꼭 해야 하는 의무 사항은 아니다. 그리고 자식 돈을 받아서 써본 사람은 안다. 자식 돈은 치사하고 더럽다는 것을. 그래서 자식 이쁘다고 자식에게 살아있을 동안에 명의를 변경하거나 재산을 줄 이유가 전혀 없다. 또 그래서도 안 된다. 왜냐면 한번 자식에게 간 돈은 자식 돈이지 내 돈이 아니고 돌려받는 것은 거의 불가능하다. 또 자식은 부모 돈을 자기 돈으로 생각을 하고 당연시한다. 자식에게는 죽고 나서 주면 된다. 아니 줄 것도 없다. 내가 죽고 나면 살아있는 자식들이 알아서 나눠 가진다. 그래서 살아있을 동안에 실컷 쓰고 죽으면 된다.

11

집값도 한 몫을 한다

집값이 비싼 것도 결혼이 줄어드는 중요한 이유 중의 하나이다. 최근에 문재인 정부의 시장 논리에 반하는 부동산 정책으로 집값이 폭등하고 있다. 신문을 보면 서울 아파트가 일주일 만에 일억이 올랐다는 기사도 종종 본다. 아직도 한국의 집이 다른 선진국에 비해서 특별히 아주 비싸다고 보지는 않지만 그렇다고 싼 것도 아니다. 선진국에서는 젊은 부부들은 대부분 월세 혹은 주세로 집을 구하지만, 한국에서는 대부분 전세나 집을 부모가 사준다. 왜 부모가 집을 사주는지는 차치하고라도 전세 자금을 마련하기도 쉽지가 않다. 정부에서 전세 자금을 빌려준다고는 하지만 빌린다는 얘기는 이자도 그렇고 원금도 갚아야 한다. 다른 선진국은 다 월세나 주세로 집을 구하는데 왜 한국만 월세 비중이 절대적으로 낮은가? 그 이유는 월세에 사는 사람들은 돈이 정말 없는 몹시 가난한 사람으로 간주하기 때문이다. 남의 눈치와 시선에 신경을 많이 쓰는 우리 한국인으로서는 월세에 산다는 것이 남에게 가난하게 보이는 것이 자존심이 상한다. 실제로 월세로 사는 분들은 전세 자금도 마련하지 못하는 가난한 사람의 비중이 전세보다 좀 많은 것 같기는 하다. 그러나 조금만 생각해보면 이게 상당히 비합리적이란 생각이 든다. 왜냐면 선진국 사람들은 대부분이 월세로 살기 때문이다. 선진국 사람들은 부모가 집을 사주거나 아니면 전세로 살지 왜 월세로 집을 구할까? 선진국인데 돈이 없어서 그런가? 아니면 말만 선진국이지 실제로는 선진국이 아닌가?

한국은 어떤가? 대학비도 웬만하면 부모가 대준다. 졸업하면 전세 자금도 부모가 대준다. 결혼하면 결혼 자금도 부모가 대준다. 돈이 없는 집만 대학비도 전세 자금도 결혼 자금도 본인이 직접 마련한다. 대견하고 자랑스럽다. 이러는 사이에 부모는 큰 집에서 작은 집으로 줄여서 혹은 서울에서 살다가 경기도로 이사를 한다. 또는 대학비, 전세 자금 및 결혼 자금 대주느라고 가난해지고 심지어는 빈털터리가 된다. 한국 노인의 빈곤율이 세계 최고라고 2년 전쯤에 호주 신문에 났다. 50% 정도로 기억이 난다. 물론 자녀들이 용돈도 주고, 또 정부에서 전화로만 수입이 있었는지 물어보니, 정부 돈 받으려고 거짓말도 많이 할 것이기에 50%는 과장되었을 것으로 보지만, 보수적으로 봐도 30% 정도는 아닐까 한다. 이것도 다른 OECD 나라들과 비교해서 상당히 높다. 앞으론 이 자녀들이 대학비도 전세 자금도 결혼 자금도 대준 부모에게 용돈 주는 게 힘들 것 같다. 왜냐면 본인들도 먹고살기 힘들기 때문이다. 부모에게 용돈을 못 주니 죄책감도 커지기 시작한다. 이러니 자식을 낳는 것도 용기가 나지 않는다. 자식을 낳아도 내가 겪고 있는 이 상황을 다시 밟을 것 같아 부담스럽다. 자식에게 이런 전철을 밟게 하느니 차라리 낳지 말자고 결심한다.

부모의 역할은 자녀를 하루라도 빨리 독립을 시켜 사회로 내보내는 것이다. 호주만 하더라도 자녀가 대학을 들어가면 거의 독립을 한다. 대학비는 정부에서 적은 이자로 빌리고, 알바를 통해서 대부분의 자기 생활비를 번다. Full-time으로 공부를 하면 정부에서 어느 정도 생활비도 지원한다. 20살이 넘어서도 부모랑 사는 것이 이상하다고 생각할 정도로 자식들도 빨리 독립을 하고 싶어 한다. 그래서 부모가 자식에게 쓰는 비용은 거의 없다. 자식에게 들어가는 돈이 거의 없으니 이젠 이 돈으로 노후준비도 하고 인생을 즐기는 데 사용한다. 자녀들도 이제 막 부모에게서 독립을 했으니 모아놓은 돈은 당연히 없다. 부모가 도와주지도 않고 자녀도 기대도 안 한다. 그러니 돈이 있는 게 이상하다. 모든 자식이 다 그렇다. 물론, 있는 집안에서는 조금 지원하는 경우도 있다. 그러나 대부분의 부모는 그러지 않는다. 어쩌면 못하는지도 모른다. 그 사람들도 이젠 노후를 좀 더 본격적으로 준비를 해야 하기 때문이다.

　자식들의 독립은 부모의 집을 떠나 집을 구하는 것부터 시작한다. 대학생들은 학교 근처에서 친구들과 셰어하우스를 하거나 이미 집을 구한 친구 집에서 방을 하나 얻는다. 지금 시드니에서는 일주일에 방 하나에 호주 달러로 200-300불 정도 한다고 한다. 거기다 음식비, 교통비 및 통신비 등 여러 가지 비용이 드니, 일주일에 500불 정도는 벌어야 한다. 알바도 하고 또 정부에서 지원하는 돈으로 생활이 그렇게 힘들지는 않다. 이렇게 대학을 마치고 졸업하면 취직을 한다. 취직하면 직장 근처나 아니면 시내로 출근이 편한 곳으로 집을 구한다. 이것도 월세 혹은 주세이다. 직장생활로 어느 정도 돈을 모으면 결혼을 하거나 아니면 동거를 한다. 호주도 다들 결혼 시기가 늦어진다. 돈도 모아야 하지만, 결혼을 늦게 하려고 하는 경향이 있다. 결혼할 때도 부모에게 손 벌리는 일이 없다. 둘이서 모은 돈으로 부모 및 친구들을 불러서 교회에서 한다. 교회에서 하니 한국처럼 예식장 빌리는 돈이 필요 없다. 같이 살 집도 월세로 구한다. 부모에게 손 벌릴 이유도 없고 또 손 벌리지도 않는다. 거의 모든 집은 월세/주세로 구한다. 이런 선진국처럼 우리 한국도 차츰 월세의 비중이 급격히 늘 것이다. 내가 보기엔 한국도 10년 내에 전세가 대부분 없어질 것이라고 본다. 부모가 전세 자금을 지원하지 않으면 말이다.

　선진국에서는 거의 월세인데 유독 한국만 월세 비중이 상당히 낮다. 근데 한번 생각해 볼 필요가 있다. 오늘 날짜 신문에 서울의 아파트 평균 가격이 10억이 넘었다고 한다. 전세가는 70% 정도일 테니 7억을 전세 기준 가격을 잡아보자. 먼저 7억을 전세를 구하는 용도로 돈이 있는 젊은 부부가 얼마나 될지도 일단은 의문이다. 한국 일 인당 GDP가 3만 불 정도이니 연봉으로 3천5백만 원, 둘이서 하나도 안 쓰고 모으면 이자가 거의 바닥이니 10년에 모을 수 있는 돈이다. 남자는 평균 27살 정도에 첫 직장을 가질 텐데 10년이면 37살이다. 결혼이 늦어지는 이유가 여기서 단적으로 보여진다.

　일단 7억이 있다는 가정하에 계산해보자. 재작년에는 0.4%, 작년에는 0.5%라서 그렇지만 보통 1년에 물가가 2% 정도는 오른다. 7억이 1년 후에는 인플레이션을 고려해서 계산하면 1년에 1천4백만 원의 가치가 증발했다. 2년이 지나면 단순하게 단리로 계산을 해도 2천8백만 원이 증발했다. 1년 기준으로 봤을 때 1천4백만 원/12개월＝1,166천 원, 즉 한 달에 1,166천 원의 월세로 지출하는 것과 동일하다. 게다가 전세자금을 빌리면 이자를 지급해야 하는데 전세금 7억 중 50%, 3억 5천만 빌린다고 하더라도 이자는 최소한 2% 이상은 될 테고 또 계산을 편하게 하기 위해 2%로 하면, 이자로 나가는 돈은 일 년에 7백만 원이다. 전세 자금 빌린 돈에 대한 이자 지출비와 나의 돈 3억 5천만 원에 대한 물가 상승치를 더해서 12개월로 나누면 한 달에 1,166천 원이다. 즉, 7억의 전세를 구하는데 3억 5천을 빌린다고 하면 한 달에 기회비용으로 나가는 금액이 1,166천 원이란 말이다. 전세를 주는 사람의 관점에서는 7억의 전세는 월세로 하면 1,166천 원으로 변환이 가능하다. 전세를 주는 사람 입장에서도 은행이자가 거의 바닥이니 월세로 받는 것이 훨씬 이득이다. 전세금을 받아서 2년 후에 돌려줘야 하는데 주식에다 투자할 수도 없지 않은가? 다른 부동산을 사기에도 부족한 시간이다. 7억짜리 전세 아파트가 백만 원 월세로 하면 전세를 주는 사람은 월세 수익이 이자수익보다 훨씬 높으니 좋고, 전세를 얻는 사람도 전세보다 비용이 훨씬 적게 드니 좋다. 둘 다 이익인 누이 좋고 매부 좋은 경우이다. 이런 논리가 조만간 한국에도 전세가 대부분 월세로 바뀔 것이라는 근거가 된다. 물론 아파트 전세가 워낙 비싸서 전세금 마련도 힘들지만 이건 서울의 경우이고 경기도로 가면 전세금도 줄 테고 그에 비례해서 월세도 줄 것이다. 서울의 반 정도로 월세를 구한다고 하면, 한 달에 월급 3백 정도 받아서 월세로 백만 원 이하로 낸다고 하면 나쁘지 않다. 또 맞벌이라면 더욱더 덜 부담스럽다.

지금 정부에서 임대주택을 늘리겠다는 말을 많이 한다. 어떤 지역은 신청자가 부족해서 20-30%가 비어 있다는 신문 기사를 본 적이 최근에 있다. 집 상태를 보니 그 이유를 알 만하다. 우리 한국도 이젠 소득이 높아짐에 따라 자동차에 대한 눈높이도 많이 올라갔지만 집에 대한 눈높이도 엄청 올라갔다. 이전엔 연립주택에 사는 것도 크게 문제 삼지 않았으나 이젠 그런 데는 공짜로 살라고 하면 살까 돈 내고는 살지 않을 사람이 대부분이다. 아파트도 일정 이상의 평수가 나와야 하고, 또 아파트의 상태도 중요하다. 깨끗해야 하는 것은 물론이고, 부엌의 수준도 어느 정도 고급이어야 하고, 도시가스나 인덕션은 최소한 되어야 하고, 단열도 잘 되어있어서 외풍도 없고 난방비도 많이 들지 않아야 하고, 에어컨은 기본적으로 설치되어 있어야 하며, 보일러도 기름이나 가스로 작동되어야 하고, 이중창은 이제 기본이며, 여기다 전망도 좋은 곳을 많이 선호한다. 이런 조건을 임대 주택이 충족시킬 수 있을까? 지금도 재개발이 되지 않는 1970년대 아파트인 은마아파트를 1로 하고, 강남의 비싼 아파트인 타워팰리스를 10으로 한다면, 아무리 신혼이고 돈이 없는 젊은 부부라고 하더라도 최소한 5 정도 이상의 아파트에 눈이 가지 그 이하의 아파트에는 관심이 없을 것이다. 그러면 임대아파트가 5 이상의 조건을 만들어 줄 수 있냐? 라고 물어봤을 때 답은 아니올시다의 가능성이 크다. 그래서 20－30%의 임대아파트가 비어있는 것이다. TV에 나온 상태를 보니 아무리 좋게 보더라도 2－3으로밖에 보이지가 않는다. 신혼부부는 평수가 그렇게 넓지 않아도 되니, 평수는 20평 정도로 하더라도 내부 사양을 예쁘게 하고 또 고급화할 필요가 있다. 그래서 정부가 임대주택도 지을 때, 수준을 최대한 높여야 한다.

우리 한국인이 문제가 없는 것도 아니다. 지나치게 남의 눈치를 보고 지나치게 남의 시선을 신경 쓰는 사회이다 보니, 임대 주택에는 죽어도 살고 싶지 않다는 사람들이 다소 된다. 옷은 자기 몸에 맞고 어울리기만 하면 되는데, 돈도 잘 벌지도 못하고 그럴 능력도 안 되는데 지나치게 유명 브랜드 옷을 걸치는 젊은 사람들이 있는 것처럼, 월급도 얼마 되지도 않고 모아놓은 돈도 없는데, 지나치게 고급 사양을 찾는다. 누구나 욕심이 없는 것이 아니니 조금의 욕심은 귀엽게 봐줄 수 있다. 그러나 지나친 욕심은 짜증이 난다. 강남에 직장이 있는 것도 아니면서, 월급도 2백만 원밖에 못 받으면서 강남의 30평 아파트를 찾는 것은 좀 지나치다.

12

일자리 부족은 친기업 정책을
펴지 않고 대기업을 규제를
너무 많이 한 정부 책임

　한국에 청년 실업률이 슬슬 올라가고 있다. 졸업 후에도 취직을 못 하고 있다. 취직도 못 했으니 부모랑 같이 살며, 돈벌이도 없는 그 부모의 돈을 타서 용돈을 쓴다. 캥거루족이라고 한다던데 호주 캥거루가 한국에도 수입이 많이 되었나 보다. 사람을 포함해서 모든 동물은 먹거리는 직접 해결하는 것이 기본이다. 모든 동물은 어미로부터 독립하면 직접 먹을 것을 구한다. 어미에게 먹을 것을 달라고 하지 않는다. 근데 청년 실업률이 증가한다는 얘기는 돈을 벌지 않고 놀고먹는 사람이 늘고 있다는 방증이다. 한국에 그렇게 일자리가 없나? 그건 분명 아닌 것 같다. 중소기업에는 외국인들로 채워지고 있으며, 대부분 중소기업에서 사람을 구하지 못해서 힘들다고 한다. 그런데도 놀고먹고 있는 청년들은 뭔가? 부모에 등쌀에 타고 앉아서 돈도 못 버는 부모의 돈을 뜯어먹는 것보다 중소기업에서 일하는 것이 훨씬 떳떳하지 않나? 일단 밥벌이를 하다 보면 좋은 기회가 나올 수도 있고 중소기업에서 일한 것도 경력이다. 중소기업에서 일하다가 좋은 아이디어가 있으면 창업할 수도 있고, 또 그 경력으로 대기업으로 취직할 수도 있다. 놀고먹는 것보다도 훨씬 더 보람된 일이다. 취직도 못 했으니 결혼은 엄두도 못 낸다. 특히 남자들은 결혼하기가 더 힘들다. 일도 안 하는 능력 없는 사람을 어떤 여자가 결혼하고 싶어 하겠는가? 결혼도 못 하니 당연히 출산도 없다.

취직을 통해서 돈을 버는 것도 좋은데, 젊은 사람들은 젊으니 사업을 하는 것도 좋다. 졸업 후에는 너무 경험이 없으니 중소기업이든 대기업이든 일단 들어가서 3년 정도의 경험을 쌓는다. 3년이면 회사가 어떻게 돌아가는지 비즈니스가 어떻게 운영이 되는지 경험할 수 있는 충분한 시간이다. 그 회사의 경험을 토대로 또는 그 회사에서 혁신할 것이나 개선할 것이 있으면 그것으로 사업을 하는 것도 좋다. 어차피 능력이 탁월하거나 머리가 굉장히 좋은 사람들은 회사에 남아있으려고 하지도 않고, 또 현실적으로 이런 사람들은 회사에 없다. 머리 좋고 능력 있는 사람들 대부분은 자기 사업을 한다. 아무리 훌륭한 사업 아이디어라고 하더라도 처음 사업을 하면 대부분 실패한다. 젊어서 사업을 하니 당연히 경험도 부족하고 또 사업자금도 부족해서이기도 하며, 또 어차피 사업이란 게 성공 확률이 본래 엄청 낮다. 은퇴자들이 하는 식당같이 흔한 사업도 5년 내에 95%가 망한다는 기사는 다들 봤을 것이다. 그런데 이 세상의 대부분의 부자가 주로 사업을 해서 돈을 벌었다. 사업이 잘되어서 IPO를 통해서 주식 가치가 상승하거나, 또 회사의 지분을 판매하거나 아예 회사 자체를 넘기는 것을 통해서 돈을 번다. 그러나 월급쟁이들은 기업가들이 연명할 만큼 주는 월급으로 생활을 하기에 부자가 되기엔 아예 틀렸다. 게다가 한국 기업은 주식 옵션도 거의 없고 또 직장인들도 주식 옵션에 별로 관심도 없다. 개인이 별도로 주식투자를 하지 않으면 부자가 되는 것은 더 힘들다. 최근에 젊은 사람들이 주식에 투자를 많이 하는 것은 상당히 바람직한 현상이다. 투자라기보다는 너무 단기 이익에만 집중하는 단기거래를 하는 것이 조금 아쉽기는 하지만.

한국에서 사업해서 성공하기가 너무 힘들다고 한다. 그 이유는 간단하다. 창업주가 혼자서 북치고 장구 치고를 다 해야 하기 때문이다. 비즈니스 모델을 만들고 사업 구상에만 전념해도 모자라는 시간에 회계일도 처리해야 하고 법률적인 문제도 해결해야 한다. 이러니 24시간을 꼬박 새워도 시간이 모자란다. 미국과 호주에서는 창업주는 비즈니스 모델과 사업구상에만 전념할 수 있도록 주위에 모든 시스템이 만들어져 있다. 좋은 사업 아이템과 창업주가 신용만 있다고 하면 법률적인 문제, 회계 업무, 마케팅 업무, 투자를 받는 팀, 로지스틱 문제 등의 모든 문제를 주위에서 도와줄 수 있는 시스템이 있다. 그러니 한국보다 훨씬 더 성공 가능성이 높다. 그래서 이 세상의 거의 모든 혁신은 미국에서 발생하고 있다. 어차피 사업은 모험이니 위험이 많다. 열심히 했는데도 망하면 한국처럼 사회에 매장되거나 그런 것도 없다. 툴툴 털고 새로 시작할 수 있다. 오늘까지 인간이 만든 가장 좋은 비즈니스 운영 방식인 '기업' 혹은 '법인'이라는 것 때문이다. 기업은 유한책임을 지는 체계 라고 흔히들 얘기하는데 쉽게 얘기하면 내가 투자한 만큼 이익이 발생하면 이익을 나누는 것이고 손실이 발생하면 그만큼만 손실이 발생하는 것이다. 한국에도 미국만큼은 잘 되어있지는 않지만 중소벤처기업진흥 공단 등에서 이런 비슷한 시스템이 있으니 협의해서 창업하는 것을 고민해 볼 필요가 있다. 요즘은 개천에서 용 나기가 힘들다고 말하는 사람들이 있다. 자기는 흙 수저라 계층 상승이 힘들다는 사람도 있다. 그러나 조선 시대 사대부가 했던 것처럼 다른 사람들 위에 올라타는 검사 자리만 생각하면 그럴 수 있다. 그러나 이제 한국은 너무 다양한 산업과 다양한 직업이 있다. 사업을 할 수 있는 기회도 너무나 많다. 좀 더 모험하고 좀 더 도전하기만 하면 엄청 많은 기회가 늘려 있다. 내가 흙수저라고 기회가 없다고 말하지 말자. 찾지 않는 내가 문제이다.

월급쟁이들은 사업을 통해서 돈을 번다는 것이 얼마나 힘든지를 모른다. 경영주가 얼마나 많이 고민하고 있는지, 얼마나 밤에 잠을 못 자고 생각하고 있는지 모른다. 지난주에 월급을 준 것 같은데 벌써 이번 주가 월급날이란 다. 구멍가게도 한번 운영해 본 적이 없는 대부분의 국회의원이 이 기업가의 마음을 10%라도 이해할 수 있으면 이렇게 반기업적인 정책을 쏟아놓지는 않을 것이다. 직원을 한두 명이라도 둔 가게를 경영해 본 경험이 없는 사람 은 속된 말로 철이 없는 사람들이다. 근로자들은 월급을 올려 달라고 매년 요구를 하지만, 월급을 올려 달라고 하기 전에 내가 그만큼의 역할을 하느냐 하는 생각을 해 볼 필요가 있다. 예를 들어, 1억의 연봉을 받는 사람이 있다고 가정을 해보자. 그럼 회사는 이 사람에게 1억의 연봉을 지급하기 위해서 드는 경비만 그 두 배인 2억이 든다. 그 사람을 위한 사무실 경비, 국민연금, 퇴직금 및 세금 등이다. 즉 그 직원이 1억을 받기 위해서는 그 회사에 2억의 순익을 줘야 손익분기가 된다. 제조업의 순이익이 10% 미만이니 2억의 순익을 내기 위해서는 20억을 팔아야 2억이란 순익이 생긴다. 즉 내가 20억 이상의 역할을 해야 그 회사는 손해를 보지 않는다는 말이고, 회사는 당연히 수익이 생겨야 하니 최소 30억 이상의 역할을 해야지 그 직원을 고용한 가치가 생기는 것이다. 월급을 5% 올려달라는 말은 그 직원이 5천만 원 이상의 매출을 늘려주겠다는 약속이 되어야 한다. 또 생산성이 그만큼 올라가야 하는데, 생산성 증가 없는 월급 인상은 경쟁력을 떨어뜨리기 때문이다. 사업을 한다는 것은 이 세상이 어떻게 돌아가는지, 인생의 깊은 맛도 안다. 혁신을 통해서 사회에 기여함은 물론이고 돈도 많이 벌 기회가 있고 또 철도 드니 정말 해 볼만한 것이다. 비록 실패한다고 하더라도 젊으니 얼마든지 회복할 시간이 있다. 100세 인생이라고 하니.

밝은 미래도 국가가 감당해야 할 부분이다. 지금도 살 만하지만, 앞으로는 더 희망적이고 더 잘살 수 있다는 미래를 안겨줄 수 있는 나라가 되어야 출산이 증가할 것이다. 판도라의 상자에 마지막으로 남은 것은 희망이라고 했던가? 아무리 오늘이 힘들어도 내일이 희망적이라면 얼마든지 견딜 수 있다. 그러나 아무리 오늘이 좋아도 내일이 희망적이지 않다면 아기를 낳고 싶은 생각은 줄어들 것이다. 한국의 장래는 밝다. 일본이 쪼그라들고 있고, 중국도 미국이 많이 견제함에 따라 어려워질 것으로 보인다. 그러면 미국, 독일 다음으로 세계 3번째 제조 강국이 될 것으로 보인다. AI 시대에 일자리가 줄어든다고 언론에서 호들갑을 떨고 있는데, AI 시대가 되면 일자리가 훨씬 더 늘어난다. 단적으로 예를 들어보자, 1960년대까지만 하더라도 한국에서 농업에 종사하는 사람의 비율은 거의 70% 이상이었다. 그러나 이제는 5%도 되지 않는다. 농경사회에서 산업화 사회로 변화되어도 새로운 산업에서 다양하고 수많은 일자리가 생겨서 우리는 더 잘살게 되었다. 마찬가지로 AI 시대가 되어도 AI와 관련된 다양하고 수많은 일자리가 생겨날 것이다. 그것을 준비하는 사람은 더 좋은 기회를 맞을 것이고 그렇지 못하는 사람은 힘들어질 것이다. 국가가 최대한 기회를 만들려고 노력은 하고 있고 앞으로도 할 테지만, 그 기회를 활용하는 것은 전적으로 개인에게 달려있다. 국가는 국민 대다수 이익을 위해서 노력을 하지 소수를 위해서 정책을 펼 수는 없다. 미래를 혁신적으로 바꾸는 큰 틀 하에서 국민 대다수 권익을 위해서 존재하는 것이 국가이다. 그 안에서 기회를 잡는 사람은 좋은 일이고, 설사 도태한다고 하더라도 그건 국가의 책임이 아니라 개인의 책임이다. 먹고사는 것에 대해서 기본적인 책임은 개인에게 있다. 개인이 노력하고 열심히 일해서 번 돈으로 먹고사는 것이다. 국가가 복지를 통해서 할 수 있는 범위는 상당히 제한되어 있다. 요즘 국가가 책임지기를 바라는 국민이 늘고 있는 것 같아 안타깝다.

조만간 남한과 북한도 통일이 될 텐데 그러면 날개를 달은 듯 통일된 한반도는 훨씬 더 잘살 수 있다. 첨단화된 기술과 막강한 자본력을 가진 남한과 풍부한 자원과 저렴하고 단련된 북한의 노동력이 합치면 최고로 좋은 시너지가 생길 것이다. 일본과 중국이 통일을 바라지는 않지만, 방해와 훼방을 놓기에는 앞으로 제한이 많을 것이고 통일과정을 눈 뜨고 볼 수밖에 없는 상황이 전개될 것이다. 미국이 한국의 통일을 위해서 앞으로는 좀 더 적극적으로 움직일 것으로 보는데 그 이유로는 중국의 패권 도전에 가장 도움 되는 위치에 한반도가 있기 때문이다. 미국은 북한이든 남한이든 미국 편이기만 하면 된다. 그러나 미국이 북한을 통해서 한반도를 통일시키기에는 지금까지 구축해온 미국의 이미지와 이념과는 너무 많이 차이가 있다. 남한을 통해서 통일시키기가 훨씬 쉽고, 또 미국의 국익에도 훨씬 도움이 된다. 북한이 맨날 "우리민족끼리"라는 말을 하는데, 남북이 분단된 것도 우리 민족끼리 해서 분단된 것이 아니고, 아직까지 통일도 우리 민족끼리 할 수가 없어서 아직까지 이러고 있다. 우리 민족끼리 통일을 하기에는 남북한은 경제적으로나 국력으로나 아직은 상대적으로 약하고 작은 나라이다. 세계에서 10

등 정도는 하니 작은 나라라고 볼 수는 없는데, 중국, 일본 및 러시아 게다가 미국 등 덩치로 세계에서 1등에서 4등까지 하는 나라들이 한국을 둘러싸고 있으니 한국이 상대적으로 약해 보이고 작아 보인다. 그래서 북한이 주장하듯이 우리 민족끼리는 할 수 있는 게 별로 없다. 그러나 미국이 한반도를 통일시키는 것은 미국의 국익과도 부합되니 미국이 실행할 가능성이 크다. 독일이 미국의 강력한 도움으로 통일을 한 것처럼. 그래서 우리 한반도의 장래는 엄청 밝다.

13

게다가 이혼도 증가하고 있다

요즘 한국에서는 10쌍이 결혼하면 한두 쌍 정도가 이혼한다고 하는데 주된 이유는,

1. 배우자에게 부정한 행위가 있었을 때
2. 배우자가 악의로 다른 일방을 유기한 때
3. 배우자 또는 그 직계존속으로부터 심히 부당한 대우를 받았을 때
4. 자기의 직계존속이 배우자로부터 심히 부당한 대우를 받았을 때
5. 배우자의 생사가 3년 이상 분명하지 아니한 때
6. 기타 혼인을 계속하기 어려운 중대한 사유가 있을 때라고 한다.

30-40년 전만 하더라도 1번에서 5번이 주요 이유였다고 하는데, 요즘은 성격 차이, 가치관 차이, 대화가 안 됨, 사랑이 없음 등 다소 터무니없는 원인으로 이혼을 하는 경우가 늘고 있다고 한다. 성격 차이 중에도 정말 성격 차이도 있지만, 성적인 문제로 이혼하는 부부도 많고, 가치관 차이로 비슷한 목표로 비슷한 길을 가야 하는데, 너무 차이가 난다는 것이고, 이런저런 문제로 대화가 되지 않고 또 더는 사랑도 하지 않으니 이렇게 사느니 차라리 이혼하자는 것이다.

다른 각도에서 이혼 사유를 보면 돈이 큰 비중을 차지하는 것 같다. 어떤 분들은 월급이 남편을 통해서 아내에게 가는 게 아니라 계좌이체로 바로 입금이 되니 남편의 노력을 아내가 잘 모르기 때문에 늘었다고 얘기한다. 일리

가 있는 말처럼 들린다. 혹은 여성의 권리도 늘었을 뿐만 아니라 여성이 돈을 벌기 시작하면서 굳이 남성에게 경제력을 의지할 필요가 적어서 그렇다고도 한다. 이전에는 거의 남자가 밖에서 돈을 벌어오면 아내는 그 돈으로 살림도 하고 자식도 키웠다. 그러나 이제는 능력 있는 여자도 많이 늘어서 심지어 남편보다 더 잘 버는 아내도 많다. 그래서 이전에는 돈 때문에 참았는데 아내도 돈을 벌 수 있으니 굳이 남편에게 경제적으로 의지할 필요가 없다고 한다. 이것도 일리 있는 말이다.

14

이혼은 쌍방 책임이다

　내가 생각하는 이혼 증가의 본질적인 이유는 아내가 남편을 가장으로서 존경을 하지 않기 때문이고, 동시에 남편이 아내를 사랑하지 않기 때문이다. 남편은 아내를 사랑해야 하고 아내도 가장으로서 존경을 해야 그 가정이 행복한 가정이 된다. 누구 한 명이 잘못해서가 아니라 둘 다 잘못이다. 이혼한 부부를 보면 둘 다 문제가 있다. 그 비율이 5:5이거나, 7:3이거나 하는 비율 차이는 있을지 몰라도 둘 다 잘못이 있기에 이혼을 하는 것이다. 남편이 아내를 엄청 사랑하는데 여자가 이혼하자고 할 이유가 있을까? 여자는 남편에게서 사랑을 받으면 남편에게 잘한다. 여자는 그것밖에 바라는 게 없다. 오로지 사랑만 받으면 된다. 아내가 남편을 존경하는데 남편이 아내에게 이혼하자고 할 이유가 있을까? 아내는 남편을 가장으로서 존경하면 남자는 그 여자를 위해서 죽는 줄도 모르고 열심히 일한다. 여자도 단순하지만 남자도 단순하다. 서로가 서로의 사랑과 존경을 바라는 것이다. 어찌 보면 부부사이에서 사랑과 존경은 같은 말인지도 모르겠다. 남편이 아내를 존경하고 아내가 남편을 사랑하는 것처럼 말이다. 누가 먼저 이혼 사유를 시작한 것인지 모르겠지만 암튼 둘 다 이혼 사유의 책임이 있다. 비율만 차이 있고 누가 시작했냐 그 차이뿐이지 부부 문제는 양방 책임이다.

　또 다른 이유는 요즘 기대수명이 80-90이고 더 오래 살면 100살이다. 이전에는 결혼을 20살에 했다고 가정을 하면 보통 환갑 전후로 죽었으니 한 사람과 30-40년만 같이 살면 되었다. 게다가 죽기 전 마지막 5-10년 정도는 병으로 앓다가 혹은 병 수발하다가 죽었다. 그러나 요즘은 결혼을 평균 30살에 한다고 가정하면, 한 사람과 최소 50-60년을 같이 살아야 한다. 한 사람과 50-60년을 같이 산다는 것이 말처럼 그렇게 쉽지가 않다. 50줄을 넘어가면서는 자식도 다 커서 이혼에 대해서 큰 부담이 없다. 자식도 다 키웠으니 자신을 다시 찾고 싶은 생각이 많이 든다. 그래서 황혼 이혼이 증가하고 있다. 앞으로는 한 번 이혼은 기본이고 두세 번 이혼도 많이 증가할 것으로 본다. 다만 자식이 아직 어리다면 이혼을 하더라도 잘 키울 수 있는 대안을 만들어놓고 이혼을 하든지 해야 할 것이다.

당사자의 문제 외에도 부모나 친척이 부부 사이를 틀어지게 만드는 경우도 종종 본다. 부모도 간섭하지만, 시동생 및 시누이 등이 부부 사이에 끼어서 감내라 배내라 한다. 때리는 시어머니보다 말리는 시누이가 더 밉다고 시누이나 다른 시집 식구가 둘만의 부부 문제에 개입을 한다. 서양에서 보는 결혼은 둘만의 관계로 보는 경향이 있는데, 비해 한국의 결혼은 집안의 관계로 보는 경향이 짙다. 이전에는 부모가 배우자가 골라줬지만, 이제는 당사자가 대부분 고르고 또 결정한다. 그러니 이젠 둘만의 문제로 인식을 해서 시댁 식구나 친정 식구들이 개입하지 않는 것이 좋다. 부부의 문제는 부모나 친척도 모르는 둘만의 문제가 있을 수 있다. 부부의 성 문제를 그렇다고 부모에게 털어놓을 수는 없는 것 아닌가? 부부 사이의 문제는 제3자는 관여하지 말아야 한다. 친정어머니도 딸에게 맡겨야 하고, 시댁의 어머니도 아들에게 맡겨야 한다. 그래서 결혼하자마자 분가를 해서 사는 게 좋다. 사람의 특성이 같이 살면 장점보다 단점이 더 잘 보이고, 또 부딪히기도 쉽고 싸우기도 쉽다. 한 가정에서 우두머리는 하나여야 하는데 시부모랑 같이 살면 머리가 두 개 달린 고양이같이 일관성이 없고 혼란스럽다. 또 시어머니와 내가 한 남자를 갖고 경쟁하는 것도 좀 우습다. 시어머니는 자기 아들이니 관여하고 싶다. 그러나 결혼을 하면 내 아들이 아니라 옆집 아저씨처럼 대하는 것이 맞는지도 모른다. 왜냐면 내 아들을 주인은 며느리이기 때문이다. 시아버지가 돌아가시고 시어머니만 있는 경우는 이게 좀 더 심해진다. 혼자 외로이 살아야 하는 것은 아쉽지만 같이 살면 더 문제가 많아지고 골치가 아프다. 시어머니는 외로우면 결혼한 아들 주위에 기웃거리는 것보다 새로 남자친구를 구하는 것이 훨씬 더 좋다. 과부 사정은 홀아비가 잘 안다고 사정이 비슷해서 더 이해하면서 살 수 있다.

어떤 부부는 돈이 없어서 시부모와 같이 산다고 얘기하는 걸 본 적이 있다. 주위에 월세도 요즘은 많다. 단칸방에서부터 시작하면 재산이 늘어나는 재미도 느낄 수 있고 또 나이 들어서는 좋은 추억이 된다. 따로 살면서 자주 찾아뵙는 것은 좋지만, 같이 사는 것은 가급적 피해야 한다. 우리 한국의 전통적인 효도 관점에서 보면 이런 불효자식도 없지만, 어차피 인생은 부부를 중심으로 돌아가야 한다. 그럼 언제 같이 살면 좋을까? 가급적 죽을 때까지 같이 살지 않는 게 좋다. 병으로 눕거나 쓰러졌다고 하더라도 같이 살면서 보살피는 것보다 각자의 집에서 살면서 보살피는 것이 좋다. 5분 정도의 거리에 살면서 아침 점심 저녁으로 방문해서 보살펴도 된다. 같이 살면 나의 가정이 혼란스럽고 또 내가 온종일 부모 시중에 매달려야 하기 때문이다. 요즘에 아픈 사람을 전문적으로 돌봐주는 시설도 많고, 또 요양 시설도 많다. 금전적인 부담이 안 된다면 그런 데 보내고 자주 찾아뵙는 것이 훨씬 더 효과적이다. 부모가 다소 외롭겠지만 어차피 인생은 혼자의 여행이다. 덜 외롭도록 자주 찾아뵈면 된다. 또 부모도 자식에게 부담되고 싶지도 않고 또 자기 때문에 자식이 불행해지는 것을 바라지도 않는다. 만약 부모를 모시는 것 때문에 자식이 불행해진다면 오히려 이것이 불효인지도 모른다.

결혼해서도 돈 관리를 시어머니가 하는 경우를 보고 종종 놀란다. 결혼하면 가정이라는 독립적인 경제단위가 생기는데 결혼 후에도 당사자가 아닌 그 외의 사람이 돈 관리를 하는 것은 그 부부의 인생에 다른 사람이 개입할 가능성을 열어놓는 것이다. 그리고 내 가정의 돈은 부부가 책임지고 관리하는 것이 맞다. 결혼하면 부모의 돈도 남의 돈이고 자식의 돈도 남의 돈이다. 내 돈은 나와 아내가 버는 돈이다. 둘이 열심히 벌고 관리해서 재산을 증식하는 것도 두 사람이 해야 할 일이다.

15

이혼을 감소시키는 방법

  그럼 어떻게 이혼율을 감소시킬 것인가? 이혼한 사람의 90%가 이혼을 후회한다고 한다. 그리고 재혼 후에도 거의 90%가 다시 이혼한다. 첫 번째 이혼 사유가 재발할 우려가 상존하는데 정작 나는 바뀌지 않고 그대로 있기 때문이다. 다시 이혼하는 대부분 이유가 첫 번째 이유와 동일하다. 사람의 본성은 거의 변하지 않는다. 나는 바뀌지 않고 그대로 있는데, 재혼해도 첫 번째 이혼 사유가 다시 발생한다. 그러니 또 이혼하는 것이다. 대부분 이혼할 때의 생각은 이혼이 유일한 답이라고 생각하기 때문이다. 그러나 90%가 이혼을 후회한다고 하는데, 그럼 자기를 다시 돌아봐야 한다. 90%가 후회하는 이혼을 이혼 전에 깨달으면 얼마나 좋을까? 물론 이해도 된다. 그 문제에 사로잡혀 있을 때는 이혼밖에 답이 없는 것으로 생각된다. 그럴 땐 조금 떨어져서 시간을 갖거나 감정을 정리할 필요가 있다. 왜냐면 시간이 지나면 조금 차분하게 생각을 할 수 있기 때문이다. 그래서 이혼 전에 숙려기간을 갖는데 이것은 좋은 시스템이다. 그럼 지금 문제가 있는 부부는 어떻게 이런 문제를 해결할까? 쌍방 책임이니 누군가가 먼저 그렇게 된 사유를 풀어보려고 시작을 해야 한다. 남편이 마음을 고쳐먹고 아내를 대하는 것이 달라지든가, 아니면 아내가 먼저 남편을 가장으로서 존경하는 마음을 가져야 한다. 근데 이게 마음처럼 쉽지가 않다. 가장 먼저 할 수 있는 것은 서로 대화를 하는 것이다. 가장 좋은 방법이고 가장 쉬운 방법이다. 대화하면 대부분 다 풀 수 있는 문제들이다. 사람이 다른 동물과 달리 가장 좋은 능력은 말하는 능력이다. 말로서 다 풀 수 있고 말로 다 해결할 수 있다. 이혼하는 이유가 가정마다 달라서 일률적으로 말할 수 없다. 그러나 말로서 풀고 다 이해하기 시작하면 대부분 풀릴 것이다. 대화를 통해서 문제점이 무엇인지도 파악을 하고 또 해결책을 찾아야 하며 서로가 사과할 것은 사과하고 이해할 것은 이해하고 재발 방지를 위한 약속을 해야 한다. 이혼은 대화를 통해서만 해결할 수 있고 대화를 하지 않으면 답이 없다. 꼴 보기도 싫어 만나기도 싫지만 그래도 만나서 속을 터놓고 대화를 해야 한다. 또 대화하면 내가 몰랐던 상대방을 더 이해하게 되고 또 그 원인이 내가 유발한 경우도 종종 있다. 그래서 상대방이 잘못해서 이 지경이 되었는데 알고 보니 나의 잘못이다. 이렇게 되면 내가 잘못을 했으니 당황스럽고 우스운 상황이 되어버린다. 미리 대화를 했으면 얼마든지 미연에 방지할 수 있었던 일이 이 꼬락서니가 된 것이다. 이혼은 작은 이유가 발단되는 경우가 많다. 또 사소한 오해가 더 크게 발전해서 걷잡을 수 없을 상태로 빠지는 경우도 종종 본다. 다른 환경에서 살아온 사람들이 어느 날부터 같이 살면서 부딪히지 않을 수가 없다. 젓가락질하는 것부터, 집 안에서 옷 입는 것, 심지어는 치약 짜는 것 가지고도 다툰다. 아내는 치약은 끝부분부터 말아서 짜면서 써왔는데, 남편은 중간부터 짜서 쓰니 아내가 일일이 끝부터 말아서 또 해야 한다. 중간부터이건 끝부터이건 그건 너무너무 사소한 일이다. 결국엔 끝에서부터 말아와야 다 쓰게 되니 그렇게 하게 되어있다. 아무것도 아닌 것으로 싸우는 것이다. 상대방 입장에서 생각해보면 이건 아무것도 아니다. 배려심이 부족하니 싸우는 것이고, 또 내 생각만 하고 있으니 싸우는 것이다.

　나의 집사람은 4녀 1남의 셋째 딸이다. 셋째 딸은 보지도 않고 데리고 간다고 해서 그 말만 믿고 결혼했다. 너무 이런 말만 믿을 것은 못 되는 것 같다. 돌다리도 두드리면서 건너라고 두드려 보고 결혼을 해야 하는데 하는 심정이었다. 지금은 돌아가셨지만 먼 친척 중에 사주를 보는 사람이 있었다. 신혼 때 놀러 가서 이런저런 얘기 하다가, 결혼했으니 마누라 사주를 보자고 해서 집사람 생년월일을 줬다. 이 사람이 하는 첫마디가 "사람이 짜증이 많네"라는 말이다. 나는 본래 사주 같은 것을 믿지 않는 사람이라 재미로 봤지만, 그 말을 듣고 웃을 수밖에 없었다. 집사람이 짜증이 많기 때문이다. 집사람이 아기였을 때 집안 식구들이 짜증을 많이 내면서 살았다는 방증이다. 가족들의 짜증이 집사람 몸에 배였던 것이다. 거의 30년 결혼 생활에 3번 크게 싸웠는데, 다 집사람의 짜증이 원인이다. 그냥 웃으면서 할 얘기도 짜증을 내면서 한다. 짜증이란 말도 입에 달고 산다. "에이 짜증나" 또는 "짜증나게 왜 이래" 등. 자식들이 다 성장하기 전에는 대부분을 내가 이해하면서 살았다. 그러나 이젠 자식들이 다 크다 보니, 재판관 역할을 하는 경우가 많다. 객관적으로 들어보면 대부분 내 말이 맞는다고 한다. 그런데도 항상 내가 져가면서 30년을 살아왔다. 속은 다 문드러지고 헤어져서 거의 다 쪼그라들었다. 그래도 결혼식 때 한 결혼 서약 때문에 아직도 이러고 살고 있다. 자식들이 엄마의 짜증은 물려받지 않아서 다행이라고 생각하면서.

부부 사이가 틀어지기 시작할 때, 크게 두 부류의 부부가 있다. 이혼을 답으로 정해놓고 풀기 시작하는 부부와 이혼하지 않기로 답을 정해놓고 진행하는 부부이다. 이혼을 답으로 정한 부부는 이혼을 하기 위한 시각으로 이유와 논리를 찾을 것이기 때문에 이혼할 가능성이 월등히 높다. 그러나 어떻게 하면 이혼하지 않을까 하는 시작에서 보는 부부는 이혼하지 않을 근거와 논리를 찾기 때문에 이혼하지 않을 가능성이 훨씬 크다. 우리 한국인 부부의 대부분이 이혼하지 않기로 답을 정해놓고 대화를 통해서 해결하기를 바란다. 그리고 아무리 남녀가 평등해지고 여성 상위시대라고 하지만, 아직도 사회적으로는 여자가 이혼하면 불리한 면이 많다. 현실을 직시할 필요가 있다. 그래서 여자가 더 이해해야 할지도 모른다.

16

90%의 부부가 이혼 후에 후회한다?
재혼해도 90%가 다시 이혼한다?

이혼한 사람의 90%가 이혼을 후회한다고 하는데 이유가 뭘까? 먼저 여자부터 보자. 가장 힘든 것이 돈벌이라고 한다. 게다가 남편이 자녀에 대한 경제적인 지원까지 안 한다면 더 힘들다. 게다가 애들은 집에 두고 돈을 벌러 나가야 한다면 더더욱 힘들어진다. 두 번째는 여자가 이혼한 것이 알려지면 남자들이 쉬운 여자로 본다는 것이다. 이혼한 자유로운 몸이니 남자들이 밤에 전화해서 술 한잔하자는 둥, 성가시게 한다는 것이다. 대부분의 남자가 이상한 의도를 갖고 전화를 하니 화가 난다고 한다. 세 번째는 자녀의 모임에 부부가 나타나야 하는데, 이혼했으니 혼자 가야 하니, 그때 자기 자식이 아빠 없는 애들처럼 보일 때라고 한다. 본인은 참을 수 있어도 자녀가, 사랑하는 자녀가 아빠 없는 불쌍한 애들처럼 보일 때 후회한다고 한다. 또 이혼으로 문제가 해결되어야 하고, 또 거기에서 단절이 되어야 하는데 이혼으로 문제가 더 복잡해진다. 이혼 후에는 새로운 시작과 출발을 해야 하는데, 이전 문제로 그게 마음대로 안 된다. 지금 당장은 이혼만이 문제의 해결이라고 생각하지만, 이혼 후에 무슨 일이 발생할지 또 그 문제를 해결할 수 있을지 등에 대한 충분한 고민이 있어야 한다.

남자는 가장 우선적으로 의식주가 힘들다고 한다. 밥도 혼자하고, 혼자 먹고 또 혼자 설거지한다. 옷도 직접 다려야 한다. 집엔 혼자 덩그러니 있으니 적적하고 쓸쓸하다. 두 번째로 밤에 여자 생각이 난다고 한다. 이혼했으니 성적인 욕구를 정기적으로 해결할 수가 없다. 이혼 전에는 옆에 있으니 그래도 정기적으로 했다. 혼자가 되었으니 그럴 사람이 없다. 여자보다 훨씬 동물적인 이유로 후회한다. 남자들이 이렇다. 그러니 여자들이 큰아들 키우듯이 살아야 할 이유이다. 여자들이 남자보다 더 이해하고 살아야 할 이유이다. 더 똑똑하고 더 성숙한 사람이 더 이해해야 하는 것 아닌가?

불가피하게 이혼을 해야 한다면, 아기는 엄마가 맡아서 키우는 게 맞다. 남자는 돈벌이는 할 수 있어도 애들을 키우는 데는 자신이 없다. 여자들처럼 음식도 잘하는 것도 아니고, 애들을 잘 돌볼 줄도 모른다. 남자가 애들을 맡게 되면 집은 개판이 된다. 빨래를 안 해서 애들은 거지꼴이고, 밥은 매일 라면이나 아니면 3분 카레이다. 집 안 청소를 안 하니 쥐들이 좋아하게 되었다. 거지도 이런 상거지가 없다. 이걸 보는 엄마는 기절한다. 아빠도 문제가 있다는 것을 안다. 애들도 거지이고 자기도 거지인 것을 잘 안다. 여자의 손길이 필요하다. 이혼하더라도 애들은 엄마가 맡고 양육비를 아빠에게서 받는 게 훨씬 현명하다. 그리고 아빠가 보고 싶어 하면 정기적으로 만나면 된다.

17

양육비도 국가가 개입을 해야 한다

이 양육비도 엄마와 아빠만이 협의해서 해결할 게 아니라 국가도 개입해서 받을 수 있도록 해야 한다. 이전 남편에게서 양육비를 받지 못해서 힘들어하는 엄마들이 많다. 호주의 경우는 양육비 받는 방법이 크게 3가지이다. 첫 번째는 self management라고 해서 둘이서 금액과 날짜를 합의해서 하는 것이다. 한국이 대부분 이런 식인데, 합의가 된다면 큰 문제는 아니다. 두 번째는 private collect라고 해서 국가나 복지부가 개입해서 금액을 결정하고 둘이서 지급 방법과 날짜를 협의하는 것이다. 양육비를 연체하면 국가가 개입해서 최대 3개월까지 소급해서 받을 수 있고, 정말 예외적인 경우는 최대 9개월까지 소급해서 받아준다. 세 번째는 child support collect라고 해서 국가가 개입해서 금액을 정하고 국가가 직접 양육비를 받아서 이체해준다. 한국에서는 아빠가 양육비를 안 주면 엄마가 그 문제를 직접 해결을 해야 하는데 호주는 국가가 개입해서 해결해 주는 방법도 열려 있다. 물론 가장 좋은 방법은 둘이서 협의해서 합의하는 것이 제일 좋다. 그러나 합의가 안 되는 경우도 많고, 또 지연되는 경우도 많아서 국가가 개입하는 경우도 제법 된다. 여기서 한 가지 중요한 것은 엄마가 양육하면 엄마가 양육비를 받게 되는 것이고, 아빠가 양육을 맞게 되면, 엄마가 아빠에게 양육비를 지원해야 한다. 한국의 엄마는 조금 놀랄 수도 있으나 호주는 아기를 맡은 사람이 돈을 받게 되어 있다. 아빠가 양육하면 제대로 양육이 안 될 가능성이 많은 데다, 엄마가 양육비까지 아빠에게 지불해야 하니, 엄마가 양육을 맞는 게 좋은 방법이다. 미국이나 서구 유럽도 이런 방식으로 양육비 문제를 해결하는데 한국도 빨리 도입해야 할 제도이다.

18

출산율을 어떻게 늘릴 것인가?
출산은 종합예술

　출산율 감소는 국가나 사회에 큰 위협이다. 인구는 사회와 국가가 존속하기 위한 가장 기초적인 요소이기 때문이다. 사회와 국가가 지속하기 위해서 가장 기초적인 요소인 인구증가를 위해서 국가와 사회는 물론이고 개개인이 사활을 걸고 노력을 해야 한다. 지역소멸이 당면과제라 지자체에서 출산율을 증가시키기 위해서 수많은 정책을 내고 있지만, 지자체에서 내어놓는 정책은 단편적이고 한계가 많이 있다. 예를 들어서 창원에서 내놓은 결혼드림론을 예를 들면 3명을 낳아서 돈을 다 받은 다음에 5년 후 서울로 이사를 온다면 창원은 돈만 쓰고 효과는 전혀 보지 못하게 된다. 거주의 자유가 있으니 다른 곳으로 이사를 못 하게 막을 수도 없다. 그래서 출산율 증가를 위한 계획의 주체는 국가가 되어야 한다. 국가가 정책을 수립하되 단편적이지 않고 종합적인 대책을 내놓아야 한다.

　대체적으로 후진국은 출산율이 상당히 높고, 중진국으로 가면서 출산율이 줄어들고 선진국은 출산율이 급격히 줄어든다. 이유는 간단하다. 후진국은 피임 없이 생기는 대로 낳고, 중진국이 되어가면서 피임률이 증가하기 때문이다. 또 후진국의 노동집약적인 산업에서 두뇌집약적인 산업으로 옮겨가기 때문이다. 또 선진국으로 가면 갈수록 출산율이 떨어지는 이유는 단순히 먹고사는 것에서 보다 훨씬 다양한 삶의 기회가 있는 데다 인생을 더욱더 풍족하게 해주는 다양한 고급 욕구가 충분히 존재하고 또 이를 만족시킬 수 있는 여건도 만들어져 있기 때문이다. 다시 얘기하면, 선진국으로 가면 갈수록, 직업의 종류도 다양해지고 또 세분화되며, 그 일의 깊이도 상당히 깊어서 그 일로 인한 만족감이 증가한다. 물론 이로 인해서 스트레스도 상당하지만. 또 취미 생활이나 자기가 좋아하는 일이 다양하게 있어서 그 즐거움을 찾으려고 노력하다 보니 자연스럽게 아이를 키우는 것에 대한 비중이 줄어든다. 또 아이를 낳아도 5-6명보다는 1-2명으로 만족을 한다. 왜냐면 5-6명 키우는 즐거움이나 1-2명 키우는 즐거움이나 즐거움이란 측면에서는 큰 차이가 없기 때문이다.

한국의 출산율이 줄어드는 이유도 우리 한국이 잘살다 보니 선진국과 별반 다르지 않다. 이유를 한마디로 얘기하면 우리 한국 사람들이 머리가 좋아서 그렇다. 여러 학자가 어려운 말로 여러 가지 이유를 설명하지만, 쉽게 요약하면 우리 한국 사람들이 현명하기 때문이다. 다시 얘기하면 아기를 낳으면 내 인생이 더 좋아지고 더 행복해지는 것이 아니라 더 힘들어지고 더 불행해질 것 같아서 안 낳는 것이다. 매슬로의 욕구 5단계를 굳이 들지 않고 쉬운 말로 해도, 아기를 낳음으로써 더 행복해지고, 더 고급 욕구가 충족되며, 더 인생이 풍요로워지고, 자식을 키우는 보람이 더 커지며, 자녀를 낳는 것이 더 이익이 되고 그래서 궁극적으로 자녀가 더 필요하면 아이를 낳을 가능성이 더 크다. 좀 더 자세히 분석해 보면, 첫 번째, 아기를 낳으면 돈이 많이 든다는 것이다. 요즘은 애를 낳는 것부터 키우는 것까지 모든 것이 돈이다. 두 번째는 취업도 어려운 데다 취직을 해도 언제 해고될지 모르는 고용의 불안정성이다. 인공지능으로 단순 노무직이 감소할 가능성이 크고 또 정규직보다는 계약직과 시간제 일이 많이 늘고 있어서이다. 세 번째로는 아기를 낳고 키우는 것이 거의 전적으로 여자의 몫이기 때문이다. 임신하는 것도 여자의 몫이고 출산도 여자의 몫이며 육아도 여자의 몫이다. 이러니 머리 좋은 우리 한국 여자가 아기를 낳으면 더 불행해질 것 같은 가능성이 크니 안 낳는 것이다.

70-80년대만 하더라도 우리 한국은 아파트로 입주하는 것만으로도 너무

나 큰 행복이었으며, 90년대는 my car 시대로 자동차를 소유하는 것이 큰 즐거움이었다. 지금은 한 집에 최소 한 대를 갖고 있으며, 두세 대를 가진 집도 제법 있다. 한국이 더 풍족하게 됨에 따라 물놀이에 대한 욕구가 증가하고 있다. 카누를 즐기는 사람이 많으며 수상스키나 제트스키를 타는 사람도 많다. 소득이 좀 더 많은 사람은 요트를 즐긴다. 소득이 더 늘게 되면 고급 보트에 대한 욕구도 곧 증가할 것이다. 나도 보트 라이선스가 있는데 보트의 즐거움은 자동차의 즐거움에 비할 바가 못 된다. 보트를 타고 시드니 하버를 지나 바다로 나갈 때 얼굴을 스치는 촉촉한 바람기가 미스트를 뿌리는 것 같다. 또 바다에 나가서 잡아 올리는 물고기의 손맛은 짜릿하다. 한국도 보트 인구가 증가 일로에 있으며 이 추세는 더해질 것이다. 스포츠를 즐기는 인구가 늘고 있는 것뿐만 아니라 종류도 엄청 다양하다. 가난할 때는 축구가 국가 대표 운동이었다. 월드컵 축구가 있는 날에는 아파트 전체가 울렁거렸다. 특히 한일전 때에는 TV를 보면서 하도 뛰어서 아파트가 무너질 것 같았다. 그러나 이젠 스포츠 종류가 너무 많아서 종류를 세는 것도 힘들다. 다양한 악기를 즐기는 사람도 많고, 댄스를 즐기는 사람도 많아졌다. 카바레에서 약간 음침하게 즐기던 그런 문화에서 스포츠댄스라고 불릴 정도로 양지로 많이 나왔다. 나도 차차차를 배우고 있는데 너무 재미있다. 특히 음악을 즐기다 보니 음악도 즐기고 댄스도 즐기는 꿩 먹고 알 먹기다. 다니는 댄스홀의 음향시설이 좋다. 보스 스피커에 앰프도 보스라서 깔리는 베이스와 짱짱한 중음, 고음 영역도 깔끔해서 옆에서 누가 바이올린을 켜고 있는 것 같다. 여성들이 사교댄스를 더 좋아하는 이유를 알겠다. 걸어서 5분 정도 거리에 다양한 커피숍이 있다. 출근할 때나 아침 산책을 할 때마다 향기로운 커피 냄새가 코를 자극한다.

시드니는 진정한 다문화 사회이다. 세계 모든 음식이 즐비하다. 본국의 맛부터 조금 현지화된 음식까지 다양하다. 현지 호주인들도 다양하고 풍부하고 독특한 향이 있는 아시아 음식을 많이 좋아한다. 하기야 이전 영국에서는 베이컨과 계란 또는 피시앤칩스 등 우리가 흔히 아는 맛없고 짠 음식들을 주로 먹었다. 고기를 많이 먹었는데 오래 보관하니 딱딱해지고 또 맛이 너무 없다 보니 향을 넣기 위해서 후추를 사용했고, 그 후추 한 움큼 값이 웬만한 집보다 비싼 적도 있었다. 그렇게 맛없는 음식을 먹고 살았는데, 아시아의 그 다양한 음식을 먹어보니, 이건 이 세상맛이 아니다. 90년대는 주로 중국 음식이 인기가 있더니 2000년대로 오면서 태국 음식으로 또 최근에는 일본 스시가 건강식으로 알려져 인기가 많다. 또 요즘엔 한식도 많은 인기를 끈다. 금방 구운 빵은 촉촉해서 먹을 만하지만, 하루만 지나면 많이 건조해져 딱딱해지기 쉽다. 그래서 맛이 덜하다. 그러나 쌀의 촉촉하고 부드러운 맛을 본 호주인들은 그 맛에 반하고 있다. 특히 일본식이나 한국식으로 밥을 하면 너무 맛있다고 한다. 따뜻하고 촉촉하며 적당히 달콤한 맛이 이 사람들 입에도 맞는 것 같다. 여행도 요즘 한국인들이 많이 하고 또 좋아한다. 비행기를 타고 여행하는 것도 좋지만 나는 크루즈 여행도 개인적으로는 좋아하는 여행이다. 뱃멀미가 무서워 큰 바다에는 못 나가고 시드니 항 주위나 멜버른으로 가는 크루즈는 부담도 없다. 이처럼 선진국에는 인생을 즐길 기회가 너무나 많다. 그래서 선진국으로 가면 갈수록 출산율이 감소하고 있다.

아이를 낳고 키우는 것은 여자의 전적인 책임이다. 흔히 하는 말로 독박이다. 그러니 너무 힘들다. 이런 역할을 하는 여자가 아기 키우는 데 편하게 해야 한다. 나는 남자로서 임신 10개월이 얼마나 힘든지도, 또 출산의 고통이 얼마나 큰지도 모른다. 살이 5킬로만 쪄도, 햅쌀밥이 너무 맛있어 평소보다 조금만 더 먹어도 배불러서 불편해 죽겠는데, 배가 빵빵한 풍선처럼 곧 터질 것 같은 배를 갖고 5-6개월을 산다는 것이 얼마나 불편할까? 임신 말기에는 바로 누워도 힘들고 옆으로 누워도 힘들다. 허리 굽히는 것도 힘들고 화장실에서 일을 보는 것도 힘들다. 또 방광을 누르고 있으니 자주 가기도 한다.

출산의 고통도 크다. 어떤 남자의 얘기가, 여자의 출산 고통은 남자가 고환을 야구공으로 맞은 것과 비슷할 것 같다는 얘기를 듣고 엄청 웃은 기억이 있다. 여자는 고환이 없으니 고환을 야구공에 맞은 경험도 없고, 남자가 출산 고통을 경험한 적이 없으니 어떤 것이 더 고통스러운 건지 객관적으로 비교하기가 불가능하지만, 어느 정도 객관적인 얘기를 들은 적이 있다. 아기도 세 번 낳아봤고, 요로결석이 생겨서 죽다가 살아났다는 여자분이 있는데 이분 얘기로는 출산의 고통이 조금 더 세다고 한다. 요로결석이 생겼을 때, 새벽에 돌이 요도관을 막아서 모르핀 맞고 응급실 가서 헛구역질과 구토하고 결국 파쇄술로 분쇄를 해서 꺼냈다고 하면서 저승사자가 보일 때쯤에 살아났다고 한다. 출산 고통은 자궁이 열리면서 처음 10cm까지 밀어내는 게 너무 고통스럽고 힘들었다고 하면서 출산 고통이 좀 더 힘들었다고 한다.

나는 지금은 물을 많이 마시려고 노력을 하지만, 20-30대에는 물을 많이 마시는 축에 속하지는 않았다. 게다가 요플레를 좋아해서 하루에 심하면 2-3개도 먹곤 했었다. 30대 초반에 종합검진을 할 때 담석이 있다고 하면서 크기가 작지는 않으니 주의 관찰이 필요하고 또 주기적으로 검사할 필요가 있다고 의사가 주의를 줬다. 그런데도 별로 모르고 살았는데, 20년쯤 지나고서 식사 후에 한 번씩 오른쪽 갈비뼈 바로 밑이 아프기 시작했다. 아파 죽을 정도는 아니었고, 20kg 정도의 바위가 누르는 듯이 욱신거리게 아팠다. 참을 만한 고통이 30분 또는 1시간 이상 지속하였다. 먹은 게 잘못되었나? 혹은 체했나 싶다가도 1시간 정도 지나면 씻은 듯이 나아서 그런가 보다 하고 지났다. 어느 날 많이 아파서 병원에 가니 의사가 담석이란다. 그때도 심하지 않아서 진통제 먹고 견뎠고 또 한 시간 지나니 안 아파서 일상으로 돌아왔다. 그런데 어느 날, 그때 서울에서 근무하고 있을 때였는데, 밤 10시쯤에 입이 궁금해서 과자를 하나 먹으려고 뒤져보니 과자가 전혀 없다. 그 대신 라면이 하나 있었다. 그래서 생라면을 으드득 부숴가면서 먹었는데 맛있었다. 그런데 한 시간 후에 또 거기가 아프기 시작했다. 2시간 후에는 못 참을 정도이다. 응급차를 불렀다. 차를 기다리는 동안 속으로 욕했다. 이놈의 차는 왜 이렇게 안 와? 라고 하면서. 그리고 조금 이따 차가 왔다. 얼마나 걸렸나 보니, 7분 정도 걸렸다. 차가 늦게 온 게 아니라 내가 너무 아프다 보니 1초가 여삼추였다. 담석의 고통도 엄청 아프다. 결국 수술로 제거를 해서 지금은 없지만, 그 고통은 기억한다. 출산 경험이 있는 분들이 담석과 출산을 비교하는 사람이 거의 없는 것을 보면 비교 대상도 아닌가 보다.

정말로 아프다는 요로결석 얘기를 해보자. 그때 나이가 40 정도였을 것이다. 저녁 식사 후에 30분이나 지났을까? 갑자기 오른쪽 뒤쪽 등짝이 아프기 시작했다. 그러더니 10분도 안 돼서 엄청 아파진다. 응급차를 불렀다. 6분 정도 걸렸던 것 같다. 5분 후에 병원에 도착했다. 들것에 실려 직행으로 응급실에 도착했다. 그전부터 기다리고 있던 환자들이 보였다. 새치기하는 것 같아서 미안했다. 그러나 나는 저승사자가 근처에서 오락가락하고 있었기에 미안함은 잠시뿐, 의사가 살펴보더니 하더니 요로결석이란다. 아파서 고래고래 소리를 질렀다. 간호사가 조용히 하란다. 그러나 나는 저승사자가 보이는데 조용히 하라는 말이 안 들린다. 세 번의 출산 경험이 있는 그 여자가 경험한 같은 저승사자일 것이다. 내가 죽는다고 응급실이 떠나가도록 소리를 지르니, 의사가 한마디한다. 모르핀을 준비하라고. 간호사가 주사기를 들고 온다. 오른쪽 팔에 무식하게 찌른다. 신기하게도 안 아프다. 정확하게는 안 아픈 게 아니라 요로결석의 고통에 비해선 너무나 경미한 고통이었으니 못 느꼈을 것이다. 주사기를 빼자마자 이상하고 처음 느껴보는 기운이 핏줄을 타고 흐른다. 그 약 기운인가 보다. 팔에서 시작해서 심장으로 가는 느낌이 너무 생생하다. 곧 심장에서 온몸으로 쫙 퍼지는 느낌이 전해져 온다. 1분이 지났을까? 신기하게도 저승사자가 흐릿하게 보이기 시작한다. 그렇게 또렷하게 보이던 저승사자가 말이다. 바로 오른쪽 뒤쪽 등짝이 덜 아프기 시작한다. 차츰 고통이 준다. 5분 정도 지났을까? 아~ 이젠 살 만하다. 죽지는 않나 보다. 옆에 있던 의사와 간호사가 위대하게 보인다. 우리 자식들도 의대에 보낼걸! 하고 후회를 해본다. 아니 그 정도의 실력이 아니어서 보내지도 못했을 것이다. 물론 그 당시는 보내고 싶지도 않았지만… 의사가 한마디한다. 물을 많이 마시라고, 그러면서 물을 1리터 정도를 준다. 이유를 물어보니 오줌으로 내려가는지 보자고 한다. 물을 수시로 마셨다. 30분쯤 후에 또 오른쪽 뒤쪽 등짝이 더 아파지기 시작한다. 또 아프기 시작한다고 간호사에게 말했다. 아픈 이유

는 신장에서 오줌을 걸러서 내려보내기 때문이란다. 좋은 신호이니 참으라고
또 계속 물을 마시라고 한다. 불안했지만 좋은 신호라고 하니 계속 마셨다.
1시간 정도 지났을까? 오른쪽 뒤쪽 등짝에서 시작해서 방광 쪽으로 찢어지는
고통이 30초 정도 계속되었다. 또 저승사자가 보인다. 이놈의 저승사자는 간
줄 알았는데. 30초 후에 고통이 거짓말처럼 멈췄다. 처음 시작할 때만큼의 고
통은 아니었지만, 꽤 심한 고통이었다. 처음 고통이 10이라면 7 정도의 고통
이었다. 나중에 의사에게 그건 어떤 고통이냐고 물어봤다. 의사 얘기가, 신장
과 방광을 연결하는 조그만 관이 있는데 그 돌이 신장에서 방광으로 지나가
면서 그 좁은 관의 내벽을 긁는 고통이란다. 그 고통은 정말 어마어마한데
모르핀의 약 기운으로 그렇게 크게 느끼지는 못했을 것이라고 한다. 또 웃으
면서 그게 여자들의 출산 고통보다 더 심하다고. 웃으면서 첫 출산을 축하한
단다. 그 순간 엄마가 떠오른다. 엄마가 나를 낳으면서 이렇게 아팠구나. 대
부분의 여자가 출산 때 이런 아픔을 겪는구나. 새삼 여자가 존경스럽다. 애를
3명 낳으면 이런 고통을 세 번씩이나 겪는다는 소린가? 내가 여자라면 첫 번
째 출산 후에 자궁을 묶어버릴 거다. 남자들이 정관 수술하는 것처럼. 첫 번
째는 몰라서 그렇다 치더라도 두 번째 아이를 절대로 안 낳을 거다. 바보도
아니고 그 고통을 알면서 또다시 같은 고통을 겪을 남자는 없다. 다음 날 아
침에 의사가 말한다. 그 관을 지나갈 때 그렇게 아픈 이유가, 그 돌이 우리가
흔히 별사탕 모양 또는 요즘은 여러분들도 너무 잘 아는 코로나 모양이래서
그렇단다. 그런데 끝이 아주 칼끝같이 날카롭단다. 그래서 돌의 뾰쪽한 날카
로운 끝부분이 관을 지나가면서 긁는 그 고통이 그렇게 아프단다. 출산 시에
자궁이 열리면서 아이관을 지나가는 그 고통과 흡사하다고 하면서.

또 입덧은 어떠한가? 내가 비위가 약하다. 자다가 이를 가는 버릇이 있어
서, 잘 때는 스플린트(플라스틱으로 만든 이 덮개로 이를 갈더라도 이끼리 부딪치
는 것을 방지한다)를 끼고 잔다. 아침에 일어나면서 빼려고 하면 꼭 헛구역질
한다. 맥주 한 짝 어깨에 메고는 못 가도 마시고는 간다는 한창때 술을 너무
많이 마셔서 토한 적이 제법 된다. 유쾌한 기억은 아니다. 입덧이 이런 불편

함 아닐까? 술 먹고 토하면 토할 게 있으니 그래도 덜 불편하지 입덧은 아무 것도 토할 게 없는데 토하는 경우도 많다. 술 먹고 토하는 경우도 다 토하고 나면 더 나올 게 없으니 위액이 나온다. 속에 메스껍고 토한 위액을 보면 정말 더 구역질 난다.

임신중독증은 또 어떤가? 멀쩡하던 몸이 임신 하나로 몸이 이상해진다. 정상적이던 몸이 임신 하나로 다리가 붓고 이상한 알레르기도 많이 생긴다. 주위에 임신중독증으로 목숨도 위험한 경우를 몇 번 본 적이 있다. 또 피부 트러블은 어떤가? 임신하면서 호르몬의 변화가 있어서 몸이 내 몸 같지가 않다. 생리가 없는 것은 편한데, 피부는 뾰루지가 여기저기 솟아오르고, 피부가 거친 것이 샌드 페이퍼 같다. 그 촉촉하고 매끈하던 나의 피부는 어디로 도망간 것인가? 또 임신 당뇨도 많다. 혈당이 갑자기 올라가면서 몸도 찌뿌둥하고 또 혈압도 올라간다. 또 임신 중 허리 디스크도 생긴다. 임신 전에는 S자로 너무 이쁘던 커브가 거의 1자 모양이다. 이러니 허리 디스크가 오지. 여자들은 이런 많은 고통을 겪으면서 우리들을 낳아왔고 지금도 낳고 있다. 이런 고통을 최소한으로 해야 출산율이 증가한다. 임신 기간에 겪는 불편도 최대한으로 줄여야 하고, 출산할 때의 고통도 최대한 줄어야 하고, 육아할 때의 불편도 최대한으로 줄여서 가급적 수월하게 키울 수 있어야 한다. 그래야 출산율이 증가한다.

출산율을 높이는 것은 한두 가지 잘해서 되는 것이 아니다. 직업도 어느 정도 좋아야 하고, 집도 어느 정도 이상의 수준이어야 하고, 나의 건강도 어느 정도는 되어야 한다. 정부의 출산 정책을 보면 굉장히 단편적이다. 애를 낳으면 뭘 주고 이런 식으로 하는 이런 단편적인 정책 때문에 수십조 원을 쓰고도 출산율은 개선은커녕 더 악화가 되고 있다. 일할 마음만 있으면 얼마든지 일을 구할 수 있는 여건이 만들어져야 하며, 아이를 키울 집도 좋아야 한다. 한국인의 수준이 이젠 높아서 작고 불편한 집은 원하지 않는다. 소득이 늘면 늘수록 고급 차를 타고 싶듯이 소득이 늘다 보니 집에 대한 안목도 상당히 늘어서 넓고 고급스러운 집을 원한다. 근데 정부의 정책은 임대주택을 늘린단다. 임대주택을 늘리는 것은 좋은데 최고급 주택은 아니더라도 젊은 부부가 살고 싶은 집을 줘야 한다. 현재 임대주택이 70%밖에 신청이 안 들어왔다는 기사를 본 적이 있는데, 연립주택 같은 아파트를 주면서 살라고 하면 누가 살고 싶겠는가?

서울 사람들이 살고 싶은 집을 시장 논리에 맞게 임대를 해야 한다. 여기서 시장 논리란 게 무슨 말인가? 젊은 부부가 결혼하려고 하면 일단 집을 구하는 것이 급선무이다. 직장이 강남 삼성동에 있을 수도 있고 종로에 있을 수도 있다. 출퇴근 시간을 줄이기 위해서 삼성동에 직장이 있는 부부는 삼성 근처에 살고 싶을 것이고 종로에 있는 부부는 종로 근처에 살고 싶을 것이다. 아직 아이는 없으니 자녀의 학교는 고려대상이 아니다. 요즘 젊은 부부는 집에 대한 수준이 높아서, 20평 이하로는 만족 못 할 가능성이 크다. 최소한 30평 정도는 되어야 하지 않을까? 30평짜리 아파트를 짓는다고 하면 부엌은 다소 고급스럽게 꾸미고 인덕션으로 요리할 수 있도록 한다. 욕실은 비데까지는 아니더라도 다소 넓적한 샤워와 몸을 담글 수 있는 바스탑 정도는 기본으로 해서 다소 고급스럽게 꾸며야 한다. 방도 두 개 정도는 좀 넓게 그리고 하나는 작은 방도 괜찮다. 창문도 이중창에 소음도 방지되는 창으로 하고, 햇볕도 잘 드는 아파트면 좋다. 이 정도면 신혼집으로는 괜찮은데, 문제는 임대가격이다. 강남이 종로보다 비싸니 같은 평수라고 하더라도 임대가격이 당연히 강남이 비싸야 한다. 그 임대가격을 지불할 능력이 없으면 종로로 가든지 아니면 경기도로 빠져야 한다. 구매옵션을 달아서 1년 임대 후 바로 구매할 수 있는 권리를 부여해 10년 혹은 15년 이후에는 구매할 수 있어야 한다. 아파트를 짓는 지역은 가급적 서울 안이어야 한다. 경기도에 사는 주된 이유는 서울에 직장이 있는데 서울 집값이 너무 비싸서 경기도로 간 것뿐이다. 서울 안에 살 수 있다면 굳이 경기도 등 외곽으로 나갈 이유도 없다. 경기도에서 서울로 출퇴근을 해야 하기에 출퇴근 시간의 차량정체가 지옥이란 건 말할 필요도 없다. 서울 안에 산다면 지하철도 너무 잘되어 있는데 그렇게 지옥이 될 이유도 없다. 정부는 서울에 집을 가급적 안 지으려고 한다. 그러나 서울 안에다 집을 지어야 도시의 기능을 충분히 활용할 수 있고 또 출퇴근 정체를 피할 수 있다.

서울 안에 살면 차도 줄어들 가능성이 크다. 차는 대표적인 나쁜 소비로써 사는 순간 감가상각은 물론이고 기름뿐만 아니라 보험료, 정비 등등 유지비도 상당하다. 그러나 서울 안에 살면 지하철이 워낙 잘되어 있으니 굳이 차를 사야 하나 하는 사람이 늘 수 있다. 경기도에 살고 있으니 지하철은 별로 없고 출근을 해야 하니 자동차 아니면 버스인데, 버스는 너무 힘들다. 특히 서서 와야 한다면 회사 도착하면 떡이 된다. 그러니 돈이 더 들더라도 차로 출퇴근한다. 서울 안에 살면 자동차가 줄어들 것이다. 시드니에서도 시내에 사는 사람들은 자동차의 필요성을 못 느낀다. 걸어서 출퇴근하고 걸어서 쇼핑하며 두세 정거장은 전철을 타면 된다.

선진국에서는 경제적인 여유가 있는 사람들은 출산율이 다소 증가하고 있는데, 우리 한국은 여유가 있는 사람들도 아이를 많이 낳지는 않는다. 나도 자식을 키워봐서 조금 알지만, 자식을 키운다는 것이, 무엇보다도 돈도 많이 들고 신경도 많이 써야 하며 또 시간이 많이 빼앗기기도 하지만 아이를 맡길 곳이 충분하지 않고 또 비싸다. 자식을 키워서 얻는 보람도 엄청 크지만, 내가 희생해야 할 부분도 상당히 크다. 돈도 많이 들지만, 돈은 내가 벌어서 어떻게 한다고 하더라도 내가 직장에 다니면 아이를 봐줄 곳이 충분해야 하고, 교육도 믿고 맡길 수 있는 곳이 있어야 하는데, 지금은 그런 시스템도 잘 되어 있지 않은 데다, 그에 따른 여러 가지 스트레스도 많이 받고 있으며 또 여러 가지 희생과 불편을 감수해야 하기 때문이다. 즉 아이를 낳으면 정부에서 금전적인 지원은 물론이려니와, 어린이집, 유치원 및 초등학교 등 아이를 맡길 수 있는 곳이 저렴하게 충분해야 하며, 아이를 키우는 데 따른 불편 및 스트레스보다는 보람과 기쁨이 훨씬 더 크게끔 정부가 환경을 만들어줘야 한다는 것이다. 이스라엘의 높은 출산율을 보면 직장을 가진 여성들이 아이를 많이 낳는 것도 이와 밀접한 관계가 있다. 일도 해야 하고 아이도 낳아야 하고 또 이미 낳은 아이를 또 돌보기도 해야 한다. 요즘 젊은 여성이 일도 안 하고 결혼도 안 하고 아이도 안 낳는다고 비난할 것이 못 된다. 일이 없으니 결혼도 못 하고 돈을 못 버니 아이를 낳고 싶어도 못 낳는 것이다. 다시 말해서 좋은 일자리만 있으면 얼마든지 아이를 낳을 것이다. 충분한 파트타임 일자리만 있다면 아이 낳고서도 짬짬이 일을 할 수가 있다. 아이를 안 낳는다고 비난할 게 아니라 그런 시스템이 없는 정부를 비난하고 한국 경제를 한층 더 도약시키지 못하는 정부를 책망해야 한다.

아이를 낳는다는 것은 최소한 20년 정도의 장기 계획이다. 짧게는 걸어 다니고 똥오줌을 가리게끔 해야 하고, 초등학교에서 대학교까지 보내야 하며 대학 졸업 후에는 결혼도 시켜야 하는데, 한국에서 자식을 낳는다는 것은 그 자식에 대해서 평생 보증을 해야 한다. 나의 미래가 불안하거나 사회가 안정되어 있지 못하거나, 20년 동안 많은 어려움이 예상되면 자식을 낳기 싫은 것이다. 그래서 국가의 책임은 젊은 부부가 미래에 대한 걱정이 별로 없이 아이를 낳을 수 있는 환경을 만들어줘야 하는데, 대표적으로 연봉이 높고 충분한 일자리, 저렴하고 훌륭한 어린이집, 안정적인 사회 및 밝은 미래를 만들어줘야 한다. 이런 것이 보장되면 아이를 낳지 말라고 해도 낳을 부부가 훨씬 더 많을 것이다.

아이를 낳는 부부들도 2명 이상을 가지려고 하는 부부는 많지 않다. 돈도 많이 벌면 벌수록 만족도가 높아가지만, 어느 시점부터는 만족의 정도가 줄어든다. 예를 들어 한 달에 100만 원 버는 사람이 200만 원 300만 원으로 가면서 만족도가 증가하지만, 천만 원 이상을 벌면서부터는 100만 원에서 200만 원으로 증가할 때 느꼈던 만족감보다는 훨씬 떨어진다. 다시 말하면 천만 원 벌다가 천백만 원을 벌면 같은 백만 원이 증가했지만, 만족도 차원에서는 많은 차이가 있다. 마찬가지로 자녀를 낳는 것도 두 명을 키우는 것과 5명을 키우는 것이 만족도에서 크게 차이가 없다. 오히려 5명이면 만족도는 거의 비슷한데 일이 훨씬 많아지고 시간이 훨씬 더 빼앗긴다. 그러니 최대 2명 정도만 낳으려고 하는 것이다. 소득이 증가할수록 사람은 자식을 키움으로써 얻는 만족감보다는 자가실현을 통해서 얻는 만족감에 더 초점을 맞춘다. 그래서 선진국들 모두가 출산율 저하를 겪고 있다. 왜냐면 2명을 키우나 5명을 키우나 만족감에 차이가 별로 없으므로 2명만 낳고 3명 키울 그 돈과 시간으로 자아실현 혹은 자기가 좋아하는 일이나 취미 생활을 하면서 인생을 즐기려고 하는 것이다. 또 선진국으로 가면 갈수록 여러 명 낳아서 제대로 못 키우는 것보다 한 명이라도 제대로 키우자는 부모의 욕심도 한몫한다. 또 선진국으로 가면 갈수록 노동자의 숫자보다는 생산력 증대에 초점을 맞추니 그렇게 많은 노동력이 필요한 것도 아니다.

아이를 키운다는 것은 장기적인 계획인 데 반해, 요즘 사회는 엄청난 속도로 발전도 하지만, 또 변수가 너무 많아서 1년 앞도 볼 수가 없다. 이런 상황에서 20년을 내다봐야 하는 출산은 매우 부담스러운 것이 사실이다. 그런데 돈벌이만 어느 정도 보장이 된다면 얼마든지 해 볼 수 있다. 왜냐면 아직 젊기 때문이다. 그 돈벌이는 누가 만들어주는 것인가? 20년 전만 하더라도 대부분 국민은 학교를 졸업하면 취업을 했다. 대졸 자리도 많았고 고졸 자리도 많았다. 어떤 사람은 이젠 인공지능 시대를 맞이하여 수많은 일자리가 사라질 것이라고 하는데, 실제로는 수많은 새로운 직업이 생기고 있고 또 앞으로 훨씬 더 생길 것이다. 우리나라가 농업기반에서 제조기반으로 훌륭하게 탈바꿈한 것처럼, 제조업을 기반으로 인공지능 시대로 훌륭하게 변모해 갈 것이다. 우리 한국이 농업 국가에서 제조업으로 탈바꿈할 때, 농업만 고집했던 사람들은 직장을 잃고 낙오되었지만, 미래를 보고 제조업이나 기타 첨단 산업에 투자했거나 본인의 역량을 이 산업으로 방향을 틀었던 사람들은 훨씬 더 많은 기회를 찾았던 것처럼, 단순 노무직이나 인공지능이 대체하기 쉬운 직종에 종사하는 사람들은 하루라도 빨리 미리 대처해서 본인의 역량을 인공지능 시대로 바꿔야 한다. 다시 말하면, 컴퓨터가 대체하기 쉬운 일은 인공지능이 많이 줄이겠지만, 이 인공지능으로 인해서 인공지능과 관련된 일은 엄청 많이 생길 것이다. 50년 전에 한국의 농업인구가 80% 정도였는데 지금은 5%도 안 되는데 그럼 75%는 굶어 죽었나? 아니다, 지금은 농업을 제외한 나머지 92%는 제조업이나 서비스업으로 먹고산다. 마찬가지로 50년 후에는 인공지능과 관련된 직업으로 90%가 먹고살 가능성이 상당히 크다. 그러니 우리가 빨리 그런 사회로 적응하는 수밖에 없다. 미국이나 심지어 요즘엔 중국에서도 start-up이 많이 생기는데 이를 통해서 돈을 버는 방법도 많고, 주식을 장기적으로 투자함으로써 돈을 버는 사람들도 제법 있다. 단순한 고용직 말고도 인공지능, 바이오, 나노기술, 반도체 기술, 생명공학기술, 의료기술 등 4차 혁명이라고 하는 이 시대에는 돈을 벌 기회가 엄청 많아지고 있다는 말이다.

또 아이를 한 명 더 낳는다는 것은 돈이 많이 드는 일이다. 어느 신문 기사에 아이를 낳아서 대학까지 졸업 시킬려면 최소 2억 정도 비용이 발생한다고 한다. 대충 잡아도 맞는 말 같다. 임신하면서 병원비, 교통비 등 세세한 것부터, 기저귓값, 우윳값, 옷값 등, 조금 더 크면 학원비, 교육비에 많은 돈이 들어간다. 이러니 한 명도 버거운데 세 명 네 명을 낳는다는 것은 금전적인 부담이 매우 크다. 게다가 요즘 젊은 사람들은 다른 친구와 비교해서 자기가 충분한 사랑을 못 받았거나, 충분한 지원을 못 받았으면 이러려면 왜 나를 낳았어? 라고 부모에게 원망도 한다. 힘들게 키워 놨더니 이런 소리 들으면 부모 마음은 불편하고 또 자녀가 무섭다. 우리 집도 딸, 아들 나이가 각각 27과 20살이다. 덩치가 커지니 옛날처럼 편하게 대하기가 힘들다. 두 마디 할 잔소리도 한 번이나 아니면 아예 안 한다. 딸 아들에게 독립이 충분히 가능할 정도의 건강한 몸과 교육을 했음에도 불구하고 그래도 더 나은 가정환경을 가진 친구들 얘기를 들으면 마음이 편하진 않다. 물론 딸 아들이 다행히도 가정환경이 더 나쁜 친구 얘기를 많이 한다. 이혼한 친구 부모 얘기, 결혼한 친구가 있는데, 벌써 이혼했다는 등 힘들게 사는 친구들 얘기를 종종 한다. 호주는 대학에 들어가면 부모의 역할은 거의 끝이 난다. 대부분 나가서 살고, 또 재정적인 지원도 거의 없다. 한국의 부모는 이보다 훨씬 더 부담스럽다. 친구 말로는 영어학원은 기본이고 여기다 두세 개 정도 학원을 더 보낸단다. 사교육비로 한 달에 백만 원은 기본이고, 게다가 대학교 학비는 부모 부담이며, 졸업 후에 결혼 비용도 부모 부담이다. 어릴 때야 먹고

입히는 것만 하면 되지만, 나이 들어서 훨씬 돈이 더 많이 들어간다. 대학교 학비가 1년에 천만 원은 기본이고, 용돈까지 합치고 기회비용까지 포함하면 1년에 2천만 원이다. 결혼 비용도 요즘 싸게 해서 3천만 원이지 웬만하면 5천 넘어간다고 한다. 또 결혼하면 신랑은 집을 구하고 신부는 혼수를 한다. 서울은 고사하고 경기도 지역에도 요즘 집값이 하도 올라서, 전세 구하는 것도 최소 2-3억은 되어야 할 것이고, 또 혼수도 최소 5천만 원은 들지 않을까? 이런 부담이 뻔히 보이는데, 자식을 낳아서 이 고생을 해야 한다는 것이 부담스러워 출산을 줄이는 것이다.

연봉이 높고 충분한 일자리는 모두 기업이 만들어낸다. 그래서 기업이 기업활동을 원활히 할 수 있도록 정부는 환경을 만들어줘야 한다. 대졸자들이 가고 싶어 하는 회사는 대기업 삼성 및 엘지 등인데, 삼성같이 초일류회사가 한국에 10개만 있으면 한국의 1인당 GDP가 5만 불 넘어가는 것은 그야말로 식은 죽 먹기이다. 그런데 한국 정부는 대기업 키우기에는 별로 관심이 없고 대기업 죽이기에만 혈안이 되어 있다. 한국의 대표적인 기업인 삼성을 못 죽여서 난리인 게 현 정부의 지상과제처럼 보인다. 삼성의 수장인 이재용 씨는 지금 감옥에 있다. 이재용 씨의 한 시간은 문재인 대통령의 10시간 아니 100시간 이상의 가치가 있는지도 모른다. 미국과 유럽, 심지어 중국도 반도체에 사활을 걸고 있는 이 시점에 이재용 씨는 지금 감옥에 있다. 또 며칠 전에는 맹장 수술로 병원에 있다고 한다. 미래의 먹거리를 고민하고 의사결정을 해야 할 이 중요한 시점에 감옥에 가 있다. 1분 1초도 아까운 이 시점에 감옥에 가 있다. 몇백만 이상의 목숨을 짊어진 이 사람이 감옥에 있으니 삼성이 잘될 리가 없다. 아니나 다를까 2등과 초격차를 유지하던 삼성의 메모리 기술이 삐걱거리는 소리가 들린다. 작년 11월에 미국의 마이크론이 세계 최초 176단 낸드플래시를 고객사에 납품했다는 뉴스가 떴다. 삼성이 아직 양산도 못 하는 제품이다. 게다가 올해 1월에는 4세대 10nm(나노미터) D Ram을 양산했다고 하는데 이것도 삼성이 못한 제품이다. 삼성이 메모리 분야에서 더는 세계 최고 및 최초가 아닌 상황이 되어가는 것이다. 물론 미국이 반도체의 중요성을 인식해서 자국 내에서 생산을 독려하고 국가적인 차원에서 엄청난 지원을 하는 이유가 크다. 며칠 전에는 인텔이 foundry 사업을 재개한다고 하는데 이 분야를 키우려고 하는 삼성에게는 부담스러운 일이다. 우리 한국은 반도체 인력도 엄청 부족한데 미국은 인력도 풍부하니 앞으로 한국의 반도체 산업이 힘들 것이라는 전망은 누구나 할 수 있다. 중국의 반도체 산업을 죽이는 것도 기술 누출과 안보의 문제가 커지기 때문이다. 이것은 TSMC 같은 경쟁사들이 너무 좋아하고 특히 메모리 시장을 한국에게 빼앗긴 일본이 기뻐할 뉴스이다. 감옥에 있는 이재용 씨가 경영에 신경을 쓸 수가 없는 것도 큰 이유 중의 하나이다. 이러다간 한국의 대표적인 먹거리인 메모리 시장이 위험해질 수도 있는데 그렇게 되면 반도체로 먹고사는 몇백만의 한국인의 일자리가 위험할 뿐만 아니라 우리 한국이 잘살다가 후진국으로 떨어진 아르헨티나처럼 될 수도 있다. 한국인들의 반기업 정서도 이렇게 위험할 수준까지 올라가고 있으니 말이다. 첨단 기술이 국가의 미래인데 국가가 기업을 지원하면 특혜로 보는 우리의 시각에 문제가 많다. 국제 정세를 냉정하게 분석해서 국익을 최대로 올리는 경제적인 판단과 대책이 절실하다. 근데 우리는 국내 정치에만 관심이 있지 세상 밖이 어떻게 돌아가는지 별로 관심이 없다.

미국이나 유럽에서 대기업의 비중은 한국보다 훨씬 많다. 그리고 M&A를 통해서 덩치를 더 키운다. 우리 한국은 대기업이 되는 순간 기업을 옥죄는 규제가 100가지 이상 적용된다. 이러니 대기업으로 키울 생각을 하지 않고, 대기업이 되기 전에 기업을 쪼개서 중견기업으로 혹은 중소기업으로 전환한다. 이게 지난 30년 동안 한국에 대기업이 새로 생기지 못한 주된 이유이다. 대졸자의 대부분이 대기업으로 취업을 하고 싶은데 국민의 반 정도는 대기업을 더 규제해야 한다고 한다. 상당히 큰 모순이다. 대기업이 얼마든지 생길 수 있는데 대기업에 대한 정부의 규제가 너무 강하니 못 나오는 것이다. 정부는 하루라도 빨리 대기업에 대한 규제를 positive가 아닌 negative로 바꿔야 한다. 이것은 미국이 취하는 방식으로 정부가 정해 놓은 사업만 할 수 있는 것이 positive 규제이고 정해진 사업 외에는 모두 할 수 있는 것이 negative 규제이다. Negative 규제를 해야 기업이 마음 놓고 여러 가지를 시험해 볼 수 있고 그래야만 혁신이 나온다. 아직도 Uber와 Airbnb가 한국에서는 불법이다. 미국에서 마차에서 택시로 변환이 있을 때, 기존 마차 세력의 반발이 심했다. 그러나 택시가 훨씬 혁신적인 교통수단이어서 미국 정부는 택시를 허용했다. 만약에 지금도 마차가 대중교통 수단이라고 가정해 보자. 말들이 배출하는 똥과 오줌이 더 환경친화적일지는 모르겠지만 훨씬 더 큰 환경 공해가 될 것이고, 불편한 것은 두말할 필요가 없다. 이 똥과 오줌이 많은 병을 일으킬 것이고 여름에는 악취와 박테리아 문제도 심각할 것이다. 마찬가지로 택시보다 Uber가 훨씬 더 혁신적이고 고객이 편하니 Uber를 허용하는 것이 산업발전에도 좋다. 그리고 소비자는 혁신적인 제품을 계속 구매를 할 수 있어야 산업이 발전한다. 이 negative 규제를 시행하면 세계를 선도할 기업이 한국에 너무 많고 그러니 세계적인 대기업이 나올 가능성이 상당히 크다. 이런 나쁜 규제로 인해서 세계적인 역량을 가진 우리 기업들이 능력을 제대로 펴지 못한다. 세계적인 기업으로 성장할 수 있고 또 혁신적인 제품을 시장에 내놓을 수 있는 우리의 대기업이 우리의 잘못된 규제로 성장을 못 한다는 것이 너무 안타깝다. 우리가 우리의 발목을 잡고 있고, 남이 우리를 죽이는 것이 아니라 우리가 우리를 죽이고 있다는 이 현실이 너무 한심하고 답답하다. 이 규제만 푼다면 삼성 같은 세계적인 기업이 많이 나올 텐데 이 규제로 멋진 대기업이 못 나오고 있다.

나는 이런 시각을 이런 관점에서 본다. 우리 한국에 몹시 나쁜 표현이 하나 있다. '사촌이 논을 사면 배가 아프다'이다. 사촌이 논을 사면 기뻐해야지 왜 배가 아플까? 내 가족이나 내 친척이 부자가 된다면 기뻐야지 왜 슬플까? 내 가족이나 내 친척이 부자가 된다면 돈을 꾸기도 쉽고 또 도움도 받을 일이 더 많지 않나? 내 가족이 아니라 먼 사촌이라서 그렇나? 대기업에 대한 규제도 마찬가지이다. 대기업 규제를 만드는 사람은 대부분 구멍가게 하나 운영해 본 적이 없는 사람이다. 그러니 기업 운영하는 것이 얼마나 힘들고 얼마나 어려운 일인지 모른다. 또 대기업 경영주가 돈이 자기보다 훨씬 많으니 배가 아픈 것이다. 나는 몇억밖에 없는데 그 사람들은 몇천억 또는 몇천조를 가지고 있으니 배가 아픈 것이다. 그리고 그 사람들 불러와서 골탕 먹이는 게 너무 재미있다. 저렇게 돈이 많은 사람도 권력이 있는 내 앞에서는 머리를 조아린다. 그게 너무 재미있는 것이다. 그러니 더 조아릴 수 있도록 더 강한 규제를 한다. 이런 규제가 많으면 많을수록 기업을 하는 사람은 너무너무 힘들다. 기업가들은 한국에서 기업을 안 하고 싶다.

만약 삼성 이재용 씨가 오늘 당장 삼성이란 거대한 회사의 문을 닫아버리면 어떻게 될까? 그래도 이재용 씨 집안은 10대가 떵떵거리면서 살 수 있을 정도의 돈이 있을 것이다. 그러나 여기에 고용된 나머지의 사람들은 다음 달 월급이 없다. 삼성 계열사 등 모두 포함하면 최소 30만 명이 넘는 사람이 고용되어 있을 것이고, 거기에 납품하는 협력업체까지 포함한다면 최소한 1백만 명 이상이 삼성 때문에 먹고사는 사람이다. 가족으로 확대를 하면 한 가족에 4인을 기준으로 했을 때, 4백만이란 사람들이 삼성이란 기업에 목숨이 달려있다. 삼성이란 회사가 한국에 10개 있다고 가정해보자. 그럼 총 4천만이란 사람이 이런 대기업으로 먹고살게 된다. 그러면 한국의 GDP는 단번에 5만 불이 넘는다. 그만큼 대기업의 규제를 풀어서 대기업을 늘리는 것이 중요하다. 정경유착으로 대기업을 키웠다고 하면서 재벌에 부정적인 이미지를 가진 분들이 제법 된다. 그러나 실제로는 우리가 알고 있는 내용과 다른 경우가 대부분이다. 대표적인 예로 대한항공을 한국 정부에서 받은 한진그룹 창업자 조중훈 씨는 대한항공을 맡아서 키워달라는 정부의 부탁에 3번이나 거절을 했다. 이유는 부실투성이인 대한항공을 맡으면 한진그룹 전체가 위험해지기 때문이었다. 그 부실투성이 대한항공을 맡아서 이렇게까지 키웠으니 조중훈 씨의 능력은 탁월하다고 얘기 안 할 수가 없다. 최근에 대한항공에 불미스러운 일이 조금 있었으나 집안 사정과 회사 업무를 완벽하게 분리하지 못한 경영주의 잘못도 없지는 않겠지만 그렇다고 해도 그것 때문에 대한항공 회사를 싸잡아 질책하는 것은 바람직하지 못하다. 애플의 스티브 잡스는 성질이 그렇게 더럽고 괴팍스러워도 세계에서 자산총액이 가장 큰 회사로 키웠다.

이 책을 읽는 사람 중에는 연봉이 높고 충분한 일자리는 공무원 자리도 있다고 항변할지 모르겠다. 그러나 공무원은 세금으로 운영이 되는 생산적이지 않은, 즉 소비적인 조직이다. 세금은 적게 쓰면 쓸수록 좋으니, 공무원의 숫자는 적으면 적을수록 좋은 정부이다. 지금 한국의 많은 젊은이가 공무원이 되려고 그 젊음을 낭비하는 것을 보면 답답하기 그지없다. 이 다양한 산업에, 이렇게 다양한 시장에 할 일이 얼마나 많은데, 쥐꼬리만 한 월급에, 비생산적인 일에 왜 젊음을 소비하는지 이해가 가질 않는다. 공무원이 중요하지 않다는 얘기는 아니다. "나는 한국인의 발전을 위해서 이 한목숨 바치겠다"라는 각오로 공무원이 되어서 나라를 효율적으로 만들겠다는 생각이 있다면 얼마든지 공무원이 되어도 좋다. 그러나 살기 위한 수단으로서, 직장을 잡기 위한 수단으로서의 공무원은 아니라는 생각이다. 문재인 정부 들어서 공무원이 많이 늘고 있다. 공무원은 사기업과 달라서 해고도 거의 없고 공무원 연금도 있어서 늘어난 만큼 정부의 비용이 증가한다. 이렇게 증가한 공무원은 추후 반드시 차기 정부와 국민에게 큰 부담이 된다. 인구가 줄고 있으니 세수가 적을 것이고 이러다 보면 공무원이라고 그렇게 안정적인 직업이 아닐 수 있다. 싱가포르처럼 공무원의 월급은 올리고 공무원 수는 줄이는 등 공무직의 효율화가 필요하다.

안정적인 사회도 출산을 결정짓는 좋은 이유이다. 지금은 민주화가 되어서 데모를 하는 경우는 거의 없지만, 70−80년대만 하더라도 외국에서 한국하면 데모를 떠올릴 정도로 데모가 많았다. 80년대 말에는 조폭 문제로 사회가 떠들썩했으나 지금은 이 두 개 다 해결이 되어서 문제가 아니다. 사회 문제가 될 가능성이 있어 보이는 분야가 노동 분야의 파업이다. 파업하는 것은 노동자의 권익이니 하는 것은 문제가 될 것 없으나, 무노동 무임금 원칙이 지켜져야 하며, 파업하더라도 회사 밖에서 해야 하는데, 파업 기간 동안 대체 인력이 회사를 돌릴 수 있도록 해야 하기 때문이다. 회사 안에서 파업을 하는 것도 불법이려니와 회사의 재산을 파괴하는 것도 불법이다. 왜냐면 근로자는 회사와 근로계약을 맺어서 일할 동안에만 회사 안에서 회사의 이익에 부합되는 일만 할 수 있기 때문이다. 흔히 한국 근로자가 혼동하는 부분이 내가 근무하는 회사는 내 회사로 알고 있는데 실제로는 내 회사가 아니다. 정확하게는 주주의 회사이다. 나는 근로계약을 맺어 회사의 이익 극대화를 위해 고용된 것뿐이다. 2-3년 전에 한국GM의 노동조합원들이 야구방망이 같은 방망이를 들고 사장실에 들어가서 기물을 파괴하는 것을 보고 기겁을 한 적이 있다. 그 영상을 본 다국적기업은 그런 상황을 어떻게 봤을까? 선진화되지 못하고 후진적인 노동 형태라고 비웃었을 것이다. 회사 재산을 파괴하는 그런 사람들을 경찰이나 국가가 전혀 개입하지 않는 것이 나는 신기할 뿐이다. 회사 기물을 파괴하고 재산 손실을 입혔으니 처벌을 받아야 하는 게 마땅한 것 아닌가?

19

출산율 증대 방법

1월 6일 자 신문에 창원시가 결혼드림론을 고려하고 있다고 한다. 결혼드림론은 결혼한 시민이 금융기관에서 돈을 빌린 후 아이를 낳으면 창원시가 단계적으로 이자, 원금 상환을 지원해 결혼 양육 부담을 덜어주는 사업이다. 결혼 때 1억 원을 대출해 첫째 자녀를 낳으면 이자 면제, 두 번째 자녀 출산 때 대출원금 30% 탕감, 3자녀 출산 시 전액 탕감을 해주는 형태라고 한다. 보건복지부 승인도 남아있어서 승인은 두고 봐야겠지만, 시행 여부를 떠나 이런 단순한 단타적인 계획으로는 성공하기 힘들다. 여성단체들이 벌써 비판을 하고 있다고 하는데, 출산율을 늘리는 것은 종합적으로 시행해야 하는 종합예술이다. 아기를 낳고 키우는 것은 돈만 있어도 되는 것도 아니다. 물론 아기 한 명 출생 시 20억 정도 지급하면 아기만 키울 수도 있을지 모르겠다. 그러나 20억을 줄 예산도 힘들뿐더러 너무 돈이란 관점에서만 보면 해결책을 찾기가 힘들다. 그럼 어떤 방법이 있는가?

—— 여성을 존경하는 문화, 여성을 떠받드는 사회가 되어야 한다

고려 시대는 사회가 많이 탄력적이었다고 하고 상업도 융성했었다고 한다. 조선 시대에 오면서 유교를 국가의 근간을 삼음으로써 사농공상과 남존여비 사상이 만연했다. 암탉이 울면 집안이 망한다고 하면서 국가나 사회의

정책 수립에 여성의 역할과 의견은 철저히 무시되었다. 여성은 집에서 가사나 하고 남편 보필하고 자녀를 키우는 일에 국한되었다. 그 외의 모든 정책에 여성의 역할은 전혀 없다.

조선 시대의 기본적인 산업 이념은 사농공상(士農工商)이었다. 남자들이 좋아하는 사(士)에다가 남자의 노동력이 필요한 농(農)이 주된 산업이었다. 정반대인 상공농사였으면 잘살고 강한 나라가 되었을 텐데 가난함의 지름길인 사농공상을 했으니 가난한 것은 어쩌면 당연했다. 만약에 여성의 역할이 고려 시대만큼만 되었어도 최소한 사상농공 정도는 되지 않았을까 하는 생각이고 만약 그랬다면 조선의 역사는 달라졌을 것이다. 왜냐면 여자는 음식 준비를 해야 하니 시장에서 장 보는 일은 여자가 담당했을 것이기 때문이다. 조선 시대는 이 상업도 지극히 제한되었다. 상업하는 사람과 기업을 경영하는 사람을 우선시하는 정책은 국가 성장의 기본이다. 한국의 발전을 한마디로 요약하면 사농공상에서 상공농사로 사회가 변해오는 과정이라고 할 수 있다. 상업을 통해서 기업이 성장해 왔으며 그 과정에서 공업인의 역할은 핵심적이었다. 상업과 기업을 중시함으로써 성장한 국가는 수두룩하다. 유럽의 열강들이 대부분 여기에 해당한다. 대표적인 나라가 영국, 스페인, 포르투갈 및 네덜란드 등 한때 세계를 흔들고 다녔던 나라들이다. 포르투갈은 아시아에 식민지가 많았는데 대표적인 것이 도박으로 유명한 마카오이다. 스페인은 남미 대부분과 북미의 많은 부분을 식민지로 개척했다. 남미에서 캐 온 은과 금이 성당의 전체 벽을 금으로 장식할 정도였다고 하고, 금이 너무 많아서 강아지도 금동전을 물고 다녔다고 할 정도이다. 그렇게 거대하던 스페인이 지금은 유럽에서 별로 존재감이 없는 나라로 전락했는데 그 이유로 인구 감소가 크다. 흑사병으로 인구가 줄고 있는데도 스페인 왕들은 마드리드를 정복한 후에 무슬림들을 천주교인으로 강제 개종을 시켰는데 개종하지 않으면 추방을 했고, 또 100년 후에는 더 심해져서 조상이 이슬람교를 믿었던 사람을 추방하라는 명령을 내렸는데, 이것으로 인해 인구가 더 줄었다. 나중에는 모리스코라고 불리던 이 사람들이 주로 상업을 담당했는데 대부분이 유대인과 무슬림이었던 이 30만 명 정도의 사람들이 북아프리카로 빠져나가면서 경제에 막대한 영향을 끼쳤기 때문이다. 이렇게 쫓겨난 사람들이 나중에는 해적이 되어서 스페인뿐만 아니라 많은 지중해를 헤집고 다녔고 백인들을 노예로 잡아 최근 조사에서는 백인의 노예가 미국에 있었던 흑인 노예 숫자보다 더 많았다는 소리도 있다. 영국은 해가 지지 않는 나라로 잘 알고 있듯이 식민지가 전 세계에 있어서 정말 해가 지지 않는 나라였다. 영국 이후로 패권을 이어받은 미국도 마찬가지다. 우리가 사용하는 거의 모든 제품이 미국이 발명했을 정도로 기업과 상업을 중시하는 대표적인 나라이다.

반대로 아직도 농사의 비중이 90% 이상인 인도와 농사를 중시했던 공산당 모택동을 국부로 가진 중국은 아직도 가난한 사람이 천지다. 동쪽 해안만 조금 발전해서 가난에서 벗어난 것처럼 보이지만, 아직도 대부분의 중국인은 가난하다. 자동차 엔진을 만들 능력도 없어서 모든 엔진은 수입하며 기초 과학이 전무해서 만들어내는 제품도 해외 기업의 단순 조립에 불과하다. 최근 들어 반도체를 전략적으로 키우려던 중국 정부도 미국의 기술 차단으로 불가능해서 이젠 포기한 듯하다. 기술이 덜 필요한 조선 산업도 이젠 중국 정부가 주는 물량 외는 거의 없으며 배터리 부분도 정부의 보조 때문에 아직은 건재하나 그 보조가 끊어지는 날로부터 상황이 어떻게 전개될지 두고 보면 재미있을 것 같다.

우리 조선도 상업과 공업을 경시하고 사와 농을 중시하는 정책을 폈으니 흥할 리가 없다. 그래서 조선은 항상 가난했으며 항상 배가 고팠다. 19세기 초까지만 하더라도 대부분의 농사꾼은 황토집에 초가지붕을 얹어서 살았는데, 말이 좋아 황토 집이지 벌레가 우글우글하고 비가 샜으며 난방이 안 되어서 춥게 살았다. 그래도 온돌이 있어서 정말 다행이었다. 외국인들이 초가집을 보고 놀란다. 이런 곳에서 최근까지 살았냐고. 부끄럽다. 기술자를 천시하니 좋은 기술이 전수되고 더 좋게 개발될 리가 없다. 임진왜란 때 잡혀 갔던 도공들이 일본인의 기술자 우대 문화에 젖어서 일본이 조선보다 훨씬 살기 좋다고 느껴 돌아온 도공이 거의 없다. 조선에는 개돼지 취급받으며 살았는데, 일본에서는 대우가 극진하니 돌아올 이유가 있었을까? 또 상업을 경시하니 물가가 쌀 리가 없다. 상업이 융성해야 상품이 풍부하고 좋은 상품을 많이 거래하니 물가도 싸지고 고급 제품을 살 수가 있는데 장사꾼들을 경시하니 물가도 비싸다. 돈도 없는데 물가도 비싸니 더 가난하게 느껴진다. 게다가 10% 정도인 양반들은 양민들이나 노비를 착취하기에 여념이 없다. 조금만 있으면 갖은 조건을 다 달아서 빼앗아 간다. 그래서 차라리 없는 게 속은 편하다. 빼앗길 게 없으니 빼앗아 갈 것도 없다. 먹을 쌀보리밖에 없으니 그것까지 빼앗아 가지는 못한다. 그게 없으면 굶어 죽으니 차마 그것까지는 빼앗지를 못한다.

조선 초기에는 양반이 10%밖에 되지 않았다. 태조는 노비종부법을 시행해서 노비가 감소했었는데 세종대왕이 노비종모법을 시행함으로써 노비가 급속하게 늘기 시작했다. 노비종부법은 양인과 노비 사이에 생긴 자녀는 양인이 되는 정책이고 노비종모법은 노비가 되는 법이다. 그래서 세종대왕 이후로는 노비가 점차 증가해서 양인이 줄어들었다. 게다가 10%밖에 되지 않았던 양반들이 기하급수적으로 늘기 시작해서 조선 말기에는 70%에서 심지어 90%라고 하는 어떤 학자도 있다. 요즘 한국인을 보면 다들 양반 출신이란다. 안동 김씨, 밀양 박씨, 전주 이씨 등으로. 조선 초기에 10%밖에 안 되던 양반이 이렇게 크게 늘게 된 이유는 단 하나다. 돈을 주고 양반 족보를 샀기 때문이다. 돈을 주고 교묘하게 양반 족보에 자신과 자식을 끼워넣은 것이다. 우리 집안 어른들도 양반집이라고 하면서 족보를 보여줘서 본 적이 있는데, 쳐다보지도 않았다. 99% 가짜이기 때문이다. 대부분의 한국인이 양반이었다고 하면서 밝히는 족보는 99% 가짜이니 앞으론 안동 김씨다, 전주 이씨다 이런 말은 하지 말자. 어느 사회나 이 상위 계급이 10% 이상이 되면 그 사회는 유지될 수 없어서 망한다. 이 상위 계급은 적으면 적을수록 좋다. 그런데 국민 전체가 양반 출신이니 이런 말도 안 되는 거짓말이 어디 있나? 그리고 양반 출신이라고 자랑할 것도 없다. 양반들이 한 것이라고는 양민들 노비들 족친 것밖에는 없다. 조선 시대를 통틀어서 유일하게 건질 영웅이 있다면 한글을 만든 세종대왕과 이순신 장군밖에 없다. 세종대왕은 세계에서 가장 과학적이고 가장 쓰기 쉬운 한글을 만든 분으로 추앙받는 분이다. 이 세상에는 완벽한 사람이 누가 있으랴만 세종대왕은 노비종모법 시행으로 위대한 한글을 만든 업적이 조금 퇴색이 되는 것은 사실이다.

남존여비 사상은 또 어떤가? 나는 엄마에게서 왔다. 나뿐만 아니라 모든 사람이 엄마를 통해서 이 세상에 왔다. 엄마는 다들 좋아하면서 남존여비가 웬 말인가? 엄마는 여자 아닌가? 삼종지도라는 것도 만들어 태어나서는 아버지, 결혼해서는 남편, 나이 들어서는 아들에게 의지해야 하는 이 여자의 족쇄로 여자들은 너무 힘들어했다. 무능한 남자 때문에 전쟁도 잦아서 그 전쟁으로 여자들은 죽을 맛이었다. 남자들이 못나서 전쟁이 발발하면 정작 희생의 대상은 여자였다. 남자가 잘못해서 생긴 일인데 여자가 희생의 대상이 되었다. 제대로 도망갈 수도 없고, 활이나 칼도 잘 사용 못하니 많은 죽임을 당했고 또 살았다고 하더라도 성폭력의 대상이었고 또 외국으로 많이 끌려도 갔다. 환향녀라고 금나라(나중에 청나라)에 팔리거나 잡혀간 여자들이 탈출하거나 빚을 다 갚고 고향에 돌아오면, 즉 환향하면 고향에서는 환영하는 게 아니라, 환향녀라고 무시를 당했다. 몸을 더럽혔으니 죽어야지 왜 살아왔냐고 하면서, 이 말이 나중에 환향년으로 변했다. 누구는 죽고 싶지 않았겠냐고? 차라리 죽고 싶었고 또 죽기를 원했다. 왜냐면 죽는 것보다 못한 삶을 살았으니까. 그러나 죽는 게 그리 쉽나? 그러나 고향은 따뜻이 맞아주지 않았다. 정말 나쁜 남자들이었다.

옛날보다 많이 좋아지긴 했지만, 아직도 남존여비 사상이 다소 남아있다. 여자는 북어처럼 사흘에 한 번씩 패야 한다고 하거나, 암탉이 울면 집안이 망한다고 하면서 여자를 멸시하는 사람들이 조금 있다. 잡은 물고기는 미끼 안 준다는 해괴한 논리도 있다. 이런 논리는 자기가 정말 머리가 안 좋다는 것을 세상에 알리는 것이다. 잡은 물고기를 잘 먹어야 살도 찌고 더 커져서 가치가 커지는 것 아닌가? 정말 다행히 이런 부류는 못 배우고 무식하고 세련되지 못한 하층 사람들이 대부분이다. 그 외의 사람들도 이 정도까지는 아니지만 여자를 존경하거나 떠받들지는 않는다. 그러나 한국 사회가 많이 변하고 있다. 최근에 부계 중심에서 급격히 모계 중심으로 돌아가기 시작했다. 결혼하면 아내를 중심으로 돌아가기 때문이다. 자녀들은 친가보다는 외가가 더 편하고 친할머니보다 외할머니와 더 친하며, 가정의 경제권은 대부분 여자가 갖고 있다. 아주 바람직한 추세이다. 그래서 시간이 가면 갈수록 여자의 역할이 중요해지고 여자가 더 대우받고 여자의 권리가 더 강해질 것이다. 그러나 이 경향을 상당히 빨리 당겨야 한다. 2100년쯤에는 당연시될 이런 것들이 2025년에 생겨야 한다. 여자를 존경하고 여자를 우대하고 여자의 권리를 더 강하게 해야 한다. 여자를 우선시하고 여자를 더 사랑하는 전면적인 문화 혁명이 일어나야 한다. 그러면 남자의 권리는 많이 약해지는 것 아닌가? 라고 걱정하는 남자가 있는가? 여자를 중시하고 여자를 존대하는 이런 문화가 출산율 확대의 가장 중요한 근간이 된다. 이런 문화 없이는 아무리 좋은 정책을 내놓아도 겉도는 정책이다. 본질을 파악하지 못한 정책이다. 문제의 핵심 원인을 파악해야 답이 나온다. 위암의 원인을 모르고 치료만 하면 위 전체를 절제했다고 하더라도 2-3년 후에 또 암이 어디서 생긴다. 위암의 원인은 짜고 맵게 먹는 것도 이유가 되지만, 가장 큰 이유는 스트레스이기 때문이다. 스트레스로 잠을 못 자고 운동을 못 하니, 위암이 생기는 것이다. 위암의 가장 큰 치료는 원인이 되는 스트레스를 없애야 한다.

남존여비는 남자가 덮어씌운 덫이다. 남자는 존귀하고 여자는 비천하다? 그런 논리는 누가 만들었나? 당연히 남자다. 왜냐면 남자 주도 사회가 남자에게는 편하고 좋기 때문이다. 여자가 머리도 더 좋고, 더 말도 잘하며, 더 지혜롭다. 그런데 남자는 존귀하고 여자는 비천하다고? 말도 안 된다. 항상 좋은 것에는 남자란 말이 먼저 나온다. 남녀, 남존여비, 남녀평등 등등, 그러나 나쁜 말은 항상 여자가 먼저 온다. "나쁜 연놈들"에서 보는 것처럼. 여남, 여남평등도 앞으로 많이 사용하고 연놈들 하지 말고 놈년들로 바꿔쓰자. 앞으로는 여존남비가 될 가능성이 상당히 크다. 최근 30년 동안에 생기는 추세이고 또 출산율은 남자가 결정하는 게 아니라 여자가 결정하기 때문이다. 남자는 단지 정자만 제공하면 된다. 이런 이유로도 앞으로는 여자가 더 큰소리 치고 여자가 더 소중하게 대접받아야 한다.

여자들이 더 똑똑해지고 더 현명해져야 한다. 아내들이 은퇴한 남편을 보고 흔히 삼식이라고 부른다. 남자들에게 밥은 생명이다. 삼 식을 해주는 것은 쉬운 일이 아닐 수 있다. 특히 한식을 좋아하는 남자들은 특히 그렇다. 그런 남자들은 국을 좋아하는데, 국이란 게 뚝딱하면 나오는 것도 아니고, 최소한 30분 이상은 끓여야 하며, 또 나물, 고기 등도 준비하려면 최소한 1시간 정도는 걸린다. 아침 먹고 설거지하고서 30분 궁둥이 붙이면 또 점심을 준비해야 한다. 점심 먹고 설거지하고 나서, 청소하고 나면 또 저녁 준비할 시간이다. 저녁 먹고 설거지하고 나면 또 잘 시간이다. 삼 식에 온종일 매달린다. 성가실 만하고 짜증도 난다. 여기서도 좀 현명해질 필요가 있다. 식사 준비는 아내가 한다고 하더라도 설거지를 남자를 시키는 것이다. 요즘은 시키면 대부분 한다. 안 시키니 안 하는 것이다. 설거지를 시켜 보면 깨끗하게 못 하는 경우가 대부분일 것이다. 마음에 안 들어도 잔소리하지 마라. 누구나 처음부터 잘하는 것이 아니다. 그리고 깨끗하지 못해도 그냥 둬라. 그런 상태에서 밥을 푸고 국을 뜨는 것이다. 만약에 그릇에 깨끗하지 못한 부분이 발견되어도 남편이 굳이 잔소리를 안 할 것이다. 왜냐면 남편도 그 정도 바보는 아니다. 만약에 말을 하는 바보가 있다면, "설거지 누가했지?" 이 한마디만 하면 된다. 시간이 가면 갈수록 설거지 전문가가 된다. 설거지 해달라고 해도 안 하는 남편이 있다면, 우와, 그 남자는 대단하다. 그래도 잔소리하지 마라. 저녁달라고 졸라대면, "당신 밥해주느라고 힘드네, 설거지 당신이 해주면 안 돼?"라고 웃으면서 얘기해라. 단, 짜증은 내지 마라. 설거지가 안 되어 있으니 음식을 준비할 수 없다는 뉘앙스를 띠어라.

살다 보면 싸울 때도 있다. 이 싸움도 잘해야 한다. 파괴적인 싸움이 아니라 생산적인 싸움이어야 한다. 남자는 여자에게 지고는 못 산다. 한창 싸울 때 남자는 흥분해 있으니 어떤 논리도 들리지 않는다. 이겨야 한다는 논리뿐이다. 이때는 여자가 져주는 거다. 내가 잘못했다가 아니라, "알았어요. 여보"

라고 하는 거다. 내가 잘못했다가 아니라 알았다고 하는 거다. 알았다는 말과 잘못했다는 말은 다르다. 일단 알았고 나중에 다시 얘기하자는 의도이다. 그리고 몇 시간 지나거나 다음 날 흥분이 가라앉으면 따져보면 된다. 그때는 남자도 차분해졌으니 논리가 먹힌다. 남자가 잘못했다고 말하지는 않아도 자기가 잘못한 것을 안다. 사과하고 싶지만, 남자의 얄궂은 자존심 때문에 못 한다. 그러나 속으론 미안하다. 그러니 굳이 사과를 받을 생각을 하지 마라. 남편이 잘못한 건 알고 있으니, 내 얘기만 하고 끝내면 된다. 속으론 잘못한 것을 알지만, 옹졸한 남자 자존심 때문에 안 하는 것, 아니 못하는 것뿐이다. 또 이런 경우 말을 안 하는 아내를 본 적이 있는데 이것도 현명하지 못한 방법이다. 물론 속으론 욕을 한 바가지로 먹여서 밥 안 먹어도 배부르게 하고 싶다. 그러나 말을 안 하는 것은 문제 해결에 도움이 안 된다.

성의 열등도 남자가 덮어씌운 덫이다. 육체적인 힘이 많이 필요한 농경시대에는 남자가 더 필요했다. 그러나 지금은 한국 일자리의 90% 이상이 강한 근육이 필요한 일이 아니라 똑똑한 머리가 필요한 일이다. 여자는 남자보다 머리가 더 좋다. 그리고 더 현명하고, 멀티태스킹도 잘해서 동시에 여러 가지 일을 할 수 있다. 그러니 여자들 자신도 이젠 변해야 한다. 더는 열등의 성이 아니다. 주위에 성폭행이나 성추행을 당한 후 자신을 피해자로 생각해서 위축되어 살거나 열등감에 사는 여자를 본다. 그걸 굳이 일부러 널리 알릴 필요는 없지만, 성폭행이나 성추행을 당해도 자신은 떳떳하게 살 필요가 있다. 내가 피해자이지 가해자가 아니기 때문이다. 가해자라고 하면 내가 잘못을 했으니 죄책감에 위축될 수는 있지만, 피해자인 내가 왜 그래야 하는가? 필요하면 법의 도움도 받으면 된다. 물론 알려지는 것에 대한 두려움도 있다. 그러나 최소한 나 자신은 그런 둘레에 사로잡혀서 소극적으로 살 필요가 없다. 가급적 극복하고 자신 있게 살 필요가 있다. 자신 있게 살아서 그놈을 혼내줘야 하는 것 아닌가? 여성은 이제 약한 성이 아니고 불리한 성이 아니다. 더 똑똑한 성이며 더 현명한 성이다.

흔히 여자가 여자를 차별하는 경우를 본다. 대표적으로 시어머니가 며느리를 구박하는 경우이다. 자기 딸에게는 그러지 않으면서 며느리에게는 한다. 같은 여자인데 시누이가 새언니를 구박하는 것이다. 딸 집에 놀러 간 경우를 예를 들어보자. 딸은 소파에 누워있고, 사위가 밥을 하거나 집안일을 하고 있으면 "아이고 우리 사위"하면서 이뻐한다. 반대로 아들 집에 놀러 가서 아들이 그러고 있으면 기절초풍을 하면서 며느리를 구박한다. 같은 상황인데 판단 기준이 전혀 다르다. 시어머니의 생각은 일관적이어야 한다. 딸집에 가서는 "나는 여자로서 대접을 못 받고 살았는데 사위가 저렇게 해주니 너무 좋다"라는 식의 생각을 가져야 하고, 아들네 집에 가서도 "우리 남편은 그렇게 못했는데, 우리 아들이 저렇게 아내를 위하니 너무 보기가 좋다" 식으로 말이다. 며느리도 이런 시어머니에 대해서 이런 주장을 할 필요가 있다. 같은 여자인데 왜 딸과 며느리에게 다른 잣대를 대냐고. 충분히 논리적인 말이다. 여자는 이런 문제를 깊게 생각해야 한다. 아들을 낳으면 앞으론 부엌에서 설거지도 시키고 요리도 하게 하자. 그래야 나중에 결혼해서 아내에게 좋은 남편이란 소리 듣는다고 하면서, 그렇게 가르쳐야 한다. 그리고 남자도 요리를 잘하면 좋다. 좋아하는 음식도 직접 해 먹을 수도 있다. 그리고 요즘 요리하는 것도 그렇게 어렵지 않다. 주방 기구도 좋고 편한 것 많고, 또 재료들도 많이 준비된 상태로 판다. 갖고 와서 조금만 손보면 훌륭한 요리로 태어난다. 이런 것을 하나씩 바꿔가야 한다.

요즘 남편도 대부분 딸을 선호한다. 그래서 딸바보도 많다. 딸도 여자이다. 딸은 잘해주면서 같은 아내인 아내를 구박하는 경우를 종종 본다. 이럴 때도 여자가 목소리를 내야 한다. 같은 여자인데 딸은 그렇게 좋아하면서 그 딸을 낳아준 나는 왜 저렇게 잘 못 해주냐고? 아내는 남편의 딸이 아니라서인가? 시어머니 말 나온 김에 한마디만 더 하자. 시어머니들, 앞으론 가급적 결혼한 아들 집에 찾아가지 말자. 간섭도 하지 말고 결혼시켰으니 둘이 잘살도록 가급적 내버려 두자. 아들 독립시켰으니 앞으로 내 인생이나 잘살자. 이젠 홀가분한 마음으로 여행도 다니고 취미생활도 더 하고, 인생을 더 즐기도록 노력하자. 아들딸들 결혼생활에 감 내놔라 배 내놔라 하지 말고. 남편이 일찍 죽어서 없다면 아들에게 의지하지 말고 새로 친구를 만들자. 그게 아들에게 의지하는 것보다 훨씬 낫다.

여자들도 출산율 감소를 심각하게 보지만, 여자보다 오히려 남자들이 출산율 감소에 더 겁을 많이 낸다. 그러니 여성들이 출산율 증가를 위해서 목소리를 내면 남자들은 들을 것이다. 나는 큰 가닥에서는 출산율을 높이기 위해 뭘 해야 하는지는 조금 알지만, 남자라서 자세하고 세세한 사항에 대해선 한계가 분명히 있다. 그러나 여자들은 무엇을 어떻게 해야 출산율이 증가할 것인지에 대한 아이디어가 훨씬 많을 것이고 또 자세한 세부 계획도 제시할 수 있다. 이런 것을 남편에게도 물론 얘기를 해야 하지만, 법을 만드는 국회의원들에게도 전화하고 찾아가서 의견을 개진해야 한다. 여성부나 이민성 등에 가서도 열심히 설득해야 한다. 특히 전업주부들은 시간을 자기 일정에 맞출 수가 있으니 의견을 개진함에 있어서 더 자유롭다. 단체를 만들어서 그 단체를 통해서 의견을 올려도 된다. 특히 국회의원이 여성이라면 더 이해가 쉬울 것이다.

단편적이고 일회적이며 영속할 수 없는 정책은 무의미하다. 기업의 영속성에 그 기업의 문화와 인재가 가장 중요하다. 물론 히트 상품도 계속 창조해 내야 하고, 수익성이 높은 제품도 계속 만들어내야 한다. 그러나 이런 제품을 계속 창조해 내고 생산해 낼 수 있는 근원이 되는 것이 기업의 문화와 좋은 인재들이다. 기업의 지속성에 있어서 인기가 있는 제품이 핵심으로 보이지만 실제로는 기업의 문화가 훨씬 더 중요하다. 마찬가지로 출산을 늘리는 가장 중요한 사항은 여성을 존경하는 문화와 여성을 떠받드는 사회가 되어야 한다. 여성의 대우가 이전보다 많이 좋아졌고 앞으로도 더 좋아질 것이며 여성의 목소리도 시간이 가면 갈수록 커져 왔다. 사회에서 여성의 참여도 많아졌고, 기업에서 고위 임원이나 고급 공무원의 비중이 많이 늘고 있다. 남자가 하는 모든 업무에서 여성의 비중도 하루가 다르게 늘고 있다.

—— 출산을 권장하는 사회

기업 입장에서는 여직원이 출산휴가 및 육아 휴가를 간다고 하면 상당히 부담스러운 것은 사실이다. 여성의 육아 복무 인력을 대체 인력으로 사용해서 생산성의 공백을 최대한 줄여야 출산을 한다. 사회 전반적인 분위기는 출산을 권장하는 사회가 형성되어야 한다. 임신부를 보면 엄지 척하는 것도 하나의 방법이고, 임신부를 존중하는 사회적인 분위기, 임신부를 보면 따뜻한 말 한마디를 던지고, 임신부를 영웅시하는 그런 전반적인 사회의 분위기가 저변화되어야 한다. 임산부가 지하철을 타면 자리 양보는 물론이고, 장애인 주차공간을 만드는 것처럼 임신부 우선 주차공간을 만든다든지, 지하철 비 50% 할인이라든지, 택시비는 10% 할인이라든지, 쇼핑을 하면 추가로 5% 할인을 해준다든지, 은행이나 관공서에서 줄을 섰을 때 임산부는 줄도 서지 않고 바로 일을 처리해 준다든지, 식당을 가면 10% 할인이라든지 등의 할 수 있는 정책이 무수히 많다. 이런 임산부를 소중히 여기고 우선시하는 사회적인 분위기가 저변에 깔려야 한다.

—— 출산을 전담할 육아부 출범

어떤 목표가 생기면 그 목표를 달성하기 위해서 전담 조직이 필요하다. 마찬가지로 출산율 증가라는 목표를 이루기 위해선 출산율 증가를 전담하는 조직이 필요하다. 이런 조직이 없으면 전략과 실행계획을 세우는 것이 불가능하고 세운다고 하더라도 관리할 사람도 없다. 이 목표를 위해서 육아부를 출범해야 한다. 출산율이 이렇게 낮아지고 있는데 전담부서가 없다는 것은 말이 안 된다. 이 조직이 다른 정부의 조직과 대등하게 협의를 해야 하고 웬만하면 우선순위가 주어져야 한다. 다른 정부의 부서들도 출산율 증가가 목표인 육아부에 초점을 맞추고 적극적인 지원을 해야 한다. 임신 전부터 임신, 출산, 출산 후 관리, 그리고 초등학교 입학 때까지 종합적으로 영유아를 관리해야 한다. 출산을 생각하지 않는 부부들을 위해서 출산을 장려하는 프로그램을 소개도 하고 출산이 왜 필요하며 출산의 즐거움을 알려준다. 아기를 낳고 키우는 것이 인생에서 얼마나 큰 즐거움이며 출산 관련한 정부의 모든 지원을 알려준다. 출산 후에 언제 예방 주사를 맞아야 하며 육아비 지원 등 금전적인 지원과 실제 육아비도 입금한다. 육아 관련 모든 문제를 해결할 수 있는 1 number 전화번호도 도입한다. 예방주사나 건강검진 등을 늦추거나 잊어버리면 상기시켜 빠뜨리지 않도록 한다. 출산율 감소 이유가 뭔지를 분석해서 그에 대한 해답을 내놓아야 한다. 출산율 증가를 위한 정책 중 반응이 좋은 것에 대해선 그 이유를 분석하고 필요시 좀 더 확대해야 한다. 부모로부터 피드백을 계속 받아서 개선할 것은 개선하고 부족한 것은 보충한다.

어린이집에 대해서도 육아부가 종합적으로 관리한다. 음식의 위생부터 영양까지 정기적으로 확인하는 프로그램이 가동되어야 한다. 교육 프로그램도 정부에서 직접 시행 관리하며 감독 권한도 육아부가 가져야 한다. 모든 어린이집이 CCTV로 연결되어야 하고 엄마는 언제든지 앱으로 애들의 현황을 파악할 수 있어야 한다. 어린이의 발달 상황이 한 달에 한 번 엄마에게 보고되어야 하며, 엄마의 요청사항도 정기적으로 수렴될 수 있도록 시스템이 만들어져야 한다. 또 아기들은 어떤 프로그램을 좋아하며 어떤 프로그램을 싫어하는지를 조사해서 그 이유도 분석해야 한다. 선생에 대한 평가도 할 수 있도록 시스템이 만들어져야 한다.

—— 남성의 군 복무에 대비되는 여성의 육아 복무

어린이집과 유치원은 어떻게 운영하면 좋을까? 건물과 시설은 나라가 운영을 한다고 하더라도 거기에 투입되는 인력은 어떻게 하면 좋을까? 해결 방법은 여자도 국방의 의무를 지게 하는 것이다. 군대에 가는 것이 아니라 어린이집에서 군대처럼 근무하게 하는 것이다. 지금 한국은 국방의 의무가 남자에게만 주어져 있어서 남자만 군대에 간다. 물론 여군이 있지만 대부분 지원이며 여자는 입대가 남자처럼 의무 사항이 아니다. 출산율의 증가는 국방의 의무만큼 중요하다. 국방이 무너지면 외부로부터의 붕괴가 생기지만, 출산율이 무너지면 내부로부터의 붕괴한다는 차이뿐 둘 다 붕괴에 이르는 지름길이다. 또 통일 되었을 때 많은 인력이 필요한데, 이 인력을 사용할 수도 있다. 독일이 하루아침에 통일이 되었듯이 한반도도 이럴 가능성이 상당히 크다. 이런 통일에 한국 정부가 전혀 대비하지 않은 것 같아 매우 안타깝다.

물론 어떤 여자들은 입대하겠다고 하는 분들도 있을 것인데 그런 분들은 남자처럼 군대에 가게 하고, 나머지 여자는 어린이집에서 남자와 같은 기간으로 근무하는 것이다. 어떤 한국 남자들은 여자도 군대를 보내자고 하면서 이스라엘의 예를 들면서 여자도 충분히 할 수 있다고 하는데, 이스라엘 여자는 한국 남자보다도 뼈대가 굵고 강하다. 또한, 한국 여성이 군대 가는 것보다 어린이집에서 근무하는 것이 훨씬 생산적이고 훨씬 중요한 일이다. 또한 남자가 군대에서 철들어 오듯이, 여자도 육아 복무하면서 철들 가능성이 상당히 크다.

이것의 장점은 어린이집에 근무하는 여성이 결혼해서 아기를 낳으면 자기도 그곳에 보낼 테니 어린이집이 어떻게 운영되는지 잘 알 것이고 아기를 낳는 것에 대한 부담이 훨씬 줄어들 것이다. 또 하나 큰 장점은 육아 복무를 함으로써 아기를 키우는 방법을 터득하게 된다. 본인이 나중에 결혼 후 출산을 한다면 어떻게 아기를 키워야 하는지 육아 방법에 대해서 사전교육을 받게 되는 것이다. 어린이집 운영은 국가가 하고 장소는 크고 최신식 건물로 어린이집을 만들어도 되고, 아니면 요즘 코로나 때문에 빈 사무실이 많은데 사무실 근처에 어린이집을 개설하면 된다. 미국 회사 중에서 좋은 회사는 회사 안에 어린이집을 운영한다. 노트북만 있으면 일을 할 수 있으니 아기들이 뛰어노는 것을 보면서 일을 할 수 있으며 필요하면 수유도 얼마든지 할 수 있다. 화려한 건물이 중요한 게 아니라 그 건물에서 이뤄지는 훌륭한 품질과 저렴한 비용이 핵심이다. 애들 식사도 훌륭하게 하고 교육도 아주 훌륭하게 한다. 영어도 시키고 마음 놓고 뛰어놀 수 있도록 놀이터도 충분하게 한다. 사무실 근처에 어린이집이 있으면 엄마에게도 아기들에게도 상당히 좋은데, 휴식 시간이나 점심시간에 아기를 볼 수도 있고 또 수유도 가능하고, 출퇴근도 같이 하기 때문에 어린이집을 데려다주는 데 드는 비용도 없고 또 시간도 별로 걸리지 않는다. 이런 높은 품질에도 비용은 낮아야 한다. 국방비 또는 육아비 지원으로 운영이 될 테니 비쌀 이유도 없다. 이것의 또 다른 장점은 아기를 키우는 것을 미리 경험할 수 있게 하며 또 키우는 방법을 미리 알게 된다는 것이다. 대부분의 초보 엄마가 첫아기를 낳으면 모든 것이 서툴다. 아기를 안아서 젖 먹이는 것부터, 누이는 방법, 기저귀 갈아 끼우는 방법 등 모든 것이 서툴다. 처음이니 어쩌면 당연한지도 모르겠다. 그래서 친정엄마를 불러서 배우기도 하고 또 친정엄마가 도움도 많이 준다. 심지어는 친정엄마가 아예 키우는 집도 제법 된다. 그런데 육아 복무를 하면서 이런 방법을 아기 낳기 전에 배움으로써 아기를 낳자마자 모든 것이 익숙하다. 초보 엄마란 것은 한국에 존재하지 않는다. 젖먹이고 기저귀 갈고 목욕시키고 옷 입히는 것이 너무 자연스럽고 빠르고 또 잘한다.

현재 어린 자녀를 키우는 이런 워킹맘의 어려움은 이만저만이 아니다. 좀 과장을 하면 거의 전쟁터이다. 일어나자마자 세수시키고 이 닦이고 옷 입히고 한창 자랄 때이니 아침 식사도 신경을 써야 한다. 남편은 직장 근처에서 사 먹을 수도 있고, 정말 배고프면 김밥이라도 간단하게 요기할 수 있어서, 굶겨서 보내도 되지만, 애들은 아침밥을 꼬박꼬박 먹여서 보내야 한다. 여기다가 어린이집에서 오는 버스에 태우려면 버스 오는 장소까지 데리고 가야 한다. 버스에 태우면 그제야 한숨을 놓는다. 이제부터 회사 출근을 위해서 준비를 한다. 그 후에 어제 다려 놓은 옷을 입거나 아니면 회사에서 누구를 만나느냐 따라 입을 옷을 고른다. 주섬주섬 주워 입고 회사를 나선다. 회사를 출근해서도 정신없이 시간이 간다. 미팅에 손님 접대에 시간이 너무 빨리 간다. 어느덧 애들이 학교 마칠 시간이다. 근데 아직 미팅 중이다. 중요한 미팅이라 중간에 나갈 수도 없다. 30분은 더 걸릴 것 같은데, 어린이집에 미안하다. 어제도 늦어서 어린이집에서 한 소리 들었다. 왜냐면 어제는 직장 상사가 보고서를 제출하고 퇴근하라는 바람에 칼퇴근할 수가 없었다. 신랑에게 애 데리러 갈 수 있냐고 물어보니, 신랑도 미팅에 손님 접대까지 늦게 있어서 빨라야 10시에 퇴근할 수 있단다. 물어본 내가 바보지 하면서 보고서를 부랴부랴 마치고 30분 늦게 갔는데, 어린이집에서는 눈치를 준다. 미안하지만 나도 가능하면 빨리 오려고 했는데, 이놈의 직장이 내 마음대로 되나? 다음부터는 좀 빨리 오시라고 하는데, 네, 네 그러면서도 그런 자신이 없다. 일은 항상 바쁘고 또 급한 일이 수시로 올라오기 때문이다.

집에 부랴부랴 와서는 다시 전쟁이다. 다행히 아침보다는 조금 여유가 있다. 애 옷을 갈아입히고 씻긴다. 숙제하라고 하고 부엌에서 저녁을 준비한다. 신랑은 늦게 온다고 했으니 따로 신경을 안 써도 된다. 애들 밥을 먹이고 과일도 준다. 설거지하고 있으며 애들이 부른다. 숙제 도와 달란다. 초등학교도 고학년이면 숙제가 쉽지가 않다. 숙제 마치고 돌아와서 설거지하고 나니 8시이다. 내일 오전에 프레젠테이션이 있어 잠깐 보는데, 너무 피곤하다. 어느새 코를 골고 있는 내 소리에 놀라서 깬다. 신랑이 그제야 들어온다. 얼마나 술을 처먹었는지 술 냄새가 풀풀 이다. 술 냄새는 그래도 견딜 만 한데, 술 취한 몸이 너무 무겁다. 힘겹게 침대에 옮기고 넥타이를 풀고 양복과 양말을 벗긴다. 그냥 재우기가 찝찝해서 물수건으로 얼굴을 닦는다. 그리고 남편 얼굴을 보니 힘들어하는 모습에 안쓰럽다. 남편 자는 모습을 보고 애들 방에서 숙제 챙기고 내일 갖고 갈 준비물을 챙긴다. 시간을 보니 11시, 몸이 천근만근이다. 그리고 생각한다. 애 한 명도 이렇게 힘든데 둘은 엄두도 못 낸다. 신랑은 하나 더 낳자고 하는데, 나는 전혀 생각이 없다. 너무 생활이 힘들기 때문이다. 위의 내용은 특별한 엄마의 일정이 아니다. 보통 엄마의 일과이다. 이런 생활을 계속하다 보면 애를 만들 시간도 없을뿐더러 애를 키우는 시간은 더더욱 없다. 그래서 출산율은 계속 떨어진다. 출산율을 올리기 위해서는, 엄마는 아기만 낳고, 키우는 것은 최대한 엄마의 손을 덜어줘야 한다. 엄마가 이렇게 힘들고 바빠서는 아기 낳을 엄두도 못 낸다. 육아 복무하는 젊은 여성들이 이 엄마의 역할을 최대한 할 수 있도록 해야 하며, 그러면 그럴수록 출산율은 올라갈 것이다.

—— 독신세 및 미자녀세 신설

결혼 안 해도 된다, 세금만 더 내면

이제 한국에서는 40이 넘도록 결혼도 안 하고 자녀도 없는 사람을 만나는 것은 어렵지가 않다. 심지어 한 번도 결혼하지 않은 사람도 종종 보인다. 결혼 생각이 있는데 아직 못한 미혼도 있고, 결혼 자체에 아예 관심이 없는 비혼도 있다. 결혼 자체에 아예 관심이 없는 비혼부터 먼저 살펴보자. 남자의 경우엔, 그래도 비중이 상당히 낮은 것 같다. 결혼을 하면 한 여자를 책임져야 한다는 책임감이 있어서 그렇지 결혼하면 남자는 편하고 좋기 때문이다. 그래서 비혼인 남자는 거의 없다. 그리고 남자의 비혼은 중요하지도 않고 언급할 가치도 없다. 비혼주의면 마음대로 살라고 해라. 비혼은 여자가 문제이다. 주위에 자기는 비혼주의자라고 말하고 다니는 여자들이 종종 있다. 직장도 좋고 돈도 적당히 벌기 때문에 나의 삶에 만족한다. 먹고 싶을 때 먹을 수 있고, 자고 싶을 때 자며, 또 여행하고 싶을 때 여행도 마음대로 갈 수 있다. 지금은 코로나로 해외여행은 힘들지만, 코로나 전에는 여행도 자주 갔었다. 성가시게 하는 남편도 없고 보살펴야 하는 아기도 없어서 걱정거리도 없다. 스트레스도 직장 관련해서는 있지만, 개인적인 일로 스트레스는 별로 없다. 그러니 결혼하지 않는 비혼주의 삶이 좋다.

혼자 살고 있으니, 음식도 매일 내가 해야 하고 설거지도 매일 내가 해야 한다. 빨래도 내가 하지 않으면 누가 해줄 사람이 없다. 집 안 청소도 맨날 내가 해야 한다. 외롭지 않으려고 키우는 강아지는 애교를 떨고 꼬리 흔들 줄은 아는데, 아무런 일도 처리할 수 있는 능력이 없다. 게다가 밥도 내가

110

챙겨줘야 한다. 내가 하지 않으면 어떤 일도 진척이 안 된다. 모든 일이 나의 손을 거쳐야 한다. 그러나 결혼을 하면 한 번씩은 남편이 음식 하는 날도 있고, 또 종종 설거지도 도와주며 빨래도 가끔 도와준다. 쓰레기 버리는 것도 밤에 나가기 무서운데 남편이 버려준다. 평생 내가 쓰레기를 버려야 한다면 얼마나 불쌍하고 애처로운 일인가? 내가 매일 밥 당번, 설거지 당번, 청소 당번, 쓰레기 당번이면 얼마나 서글픈가? 그러나 100% 마음에 들지는 않지만, 그래도 남편이 쓰레기를 버려주니 이건 남편이 이쁘게 보인다. 또 한 번씩 빨래도 도와주며 또 집 안 청소도 가끔 도와준다. 혼자 살 때는 잡생각도 많았고 잡념도 많았는데 결혼을 하니 잡생각과 잡념이 생길 겨를이 없다. 남편과 같이 지내면서 혼자 있는 시간이 줄었기 때문이다. 혼자 있을 때도 잡념은커녕 혼자 있는 시간을 즐기기에 여념이 없다. 결혼 전에는 늘 혼자였는데 결혼 후에는 혼자 있는 시간을 갖기가 힘들기 때문이다.

여자들이 얘기한다. 20대에는 소개팅도 많았고 들이대는 남자들도 많았는데, 30살이 넘어가면서 많이 줄었다고. 30대 말로 갈수록 탱탱하던 얼굴에 윤기가 사라지고 눈가에 주름이 자글자글 생기기 시작하면서 남자들의 눈길도 이젠 거의 없다시피 하다. 40대를 넘어오면서 피부 톤이 확실히 생기가 사라지고 아주 어두워졌다. 몸도 이전 같지 않아서 야근하면 눈꺼풀이 천근만근이다. 회사에는 젊고 생생한 여자들이 많은데, 나를 여자 취급도 하지 않는 동료들이 대부분이다. 게다가 진급에서도 5년 동안 밀리다 보니 회사를 나가라는 신호로 들리기도 한다. 퇴사하면 뭐 해서 먹고 사나 싶어서 쉽게 회사를 관두지도 못한다. 40대 말이 되어가면서 한 달에 한 번 정기적으로 오던 생리도 이젠 한 번씩 건너뛰기 시작한다. 한 번씩 없으니 편하기도 하지만 그래도 여자의 상징인데 여성성이 떨어지는 것 같아 서글프기도 하다.

주위에 친구도 자기 가족 챙기기에 바빠서 밥 한번 먹기도 힘들다. 오빠 언니도 마찬가지이다. 그러니 혼자 있는 시간이 더 길어지고 더 외로워지기 시작한다. 배고픔도 힘들지만, 외로움도 그 배고픔에 못지않을 만큼 힘들다. 결혼한 친구들은 한때 남편이 바람을 피우긴 했지만 극복하고 이혼하지 않고 살고 있어서 성가실 뿐이지 외롭지는 않다. 결혼했었으면 어땠을까 한 번씩 생각도 하지만, 이젠 너무 늦었다. 결혼은 해도 후회 안 해도 후회라는데, 남들 다 하는 결혼 했었으면 이렇게 외롭지 않을 것이라고 위안도 해본다. 혼자 살면 가장 큰 문제가 갑자기 아픈 경우이다. 갑자기 아파서 119를 부를 수 없을 정도라면 큰일이다. 심장마비라도 생기면 그냥 죽는 거다. 이러다 지금 죽어도 내가 죽었다는 사실을 아는 사람도 없을 것 같다. 주위에 고독사한 사람들이 많다는 소리가 종종 들린다. 나도 그렇게 될까 봐 두렵긴 하지만 이젠 너무 늦었다. 이게 비혼주의자의 마지막일 가능성이 상당히 높다. 신랑이 바람피우기도 하고 지금의 내 삶이 좋아서 비혼 하는 것도 좋다. 그러나 노년의 삶을 생각하면 비혼이 그렇게 좋아 보이지는 않는다.

그러나 남이 뭐라고 하든 말든, 현재의 나의 삶에 만족하고 또 결혼이라는 굴레에 속박되기 싫어서 비혼적인 삶을 고수한다면 그건 전적으로 개인의 자유다. 그러나 나의 비혼이 같이 사는 사회와 국가에 부담이 되거나 피해가 되는 것은 최대한 피해야 한다. 최근의 코로나 상황에서 보듯이 나는 혼자 사는 것이 아니라 사회의 일원으로서 살기 때문이다. 내가 아무리 건강하고 깨끗해도 내 주위의 이웃이 확진자라면 그 사회의 모든 사람이 영향을 받는 것처럼, 내가 사회의 일원으로서 사회에서 해야 할 의무가 있다. 그런데 이 의무를 다하지 않은 것에 대한 책임은 져야 하는데, 그 책임의 한 방법이 세금을 더 내는 것이다. 즉 독신세이다.

독신세는 미혼으로 남아있는 한 계속 징세를 하면 되는데, 하나의 방법은 결혼할 때까지 소득세 등에 부과하는 것이다. 결혼 안 하는 것은 본인 자유라 얼마든지 안 해도 되지만, 독신을 즐기는 만큼 자식 양육에 대한 부담이 없으니, 세금을 더 받아서 아기를 키우는 사람에게 전해주는 것이다. 결혼하고 자녀가 없이 이혼하면 어떻게 되느냐 질문한다면, 이혼하면 다시 독신이 되니 이혼한 날짜로부터 독신세를 다시 부과하면 된다. 단 신혼부부들에게는 3년 정도 유예기간을 줄 필요가 있다.

아기 안 낳아도 된다, 세금만 더 내면

결혼해도 딩크족으로 사는 부부도 많은데 특히 고소득 부부일수록 이런 경향이 높다. 경력단절에 대한 두려움이 크기도 하고, 또 돈이 가져다주는 많은 행복을 자식을 낳음으로써 빼앗기기는 싫기 때문이다. 또 출산하고 돌아왔을 때 지금과 비슷하거나 나은 직장을 잡을 가능성이 작기 때문이다. 이런 사람들에게 출산을 국가가 강제할 수는 없다. 그러나 앞에서 말한 것처럼 한 사회의 구성원으로서 역할이 있는데 그걸 하지 않으면 국가가 세금에 대해선 강제할 수가 있다. 왜냐면 출산을 안 하면 본인의 존재가 사회에 부담이 되기 때문이고 더 많은 세금이 본인에게 사용되기 때문이다. 사회와 국가가 유지되기 위해선 많은 세금이 들어간다.

내가 밤에 편하게 잘 수 있는 것은 우리 한국의 자랑스러운 군인들이 잠 안 자고 지키고 있기 때문이다. 이 국방도 세금으로 운영이 되는데 출산을 안 하면 군대 갈 사람을 없애는 것이며, 또 국방을 유지하기 위한 세금을 낼 사람을 없애는 것이다. 미국이나 유럽 및 호주에서는 군인들에 대한 존경이 대단하다. 다양한 혜택은 물론이고 사회 전체가 군인을 대하는 태도가 감사와 존경으로 가득 차 있다. 우리도 이 군인들을 존경해야 한다. 이분들은 우리를 지켜주는 감사한 분들이다. 또 경찰이 있어서 길거리를 범죄에 대한 걱정 없이 다닐 수 있다. 한국의 치안은 세계적이다. 이 치안이 불안하면 가장 피해를 보는 것은 여성이다. 남자야 돈 빼앗기고 한두 대 맞겠지만, 여자는 당장 강도와 성폭력에 노출되기 쉽다. 출산을 안 하면 우리의 딸들이 이렇게 될 가능성이 있다. 군대 갈 인력도 부족한데 경찰 시킬 인력이 충분할까? 도로와 수도 등 이 모든 인프라도 세금으로 운영이 된다. 수도관이 노후화되면 교체를 해야 하는데 세금이 없으면 녹물을 먹을 수밖에 없다. 출산을 안 한다는 얘기는 본인이 의도한 것은 아니지만 국가의 세금을 줄이는 상황을 초래한다. 이와 동시에 본인에게도 세금이 더 많이 쓰이니 사회와 국가를 두 배로 힘들게 한다. 즉 세금을 증가시킬 기회를 빼앗기도 하고 또 동시에 정

작 본인은 세금을 더 사용하게 하는 주체가 된다. 출산하지 않는 것은 본인
의 전적인 자유이다. 그러나 사회와 국가에 부담이 되는 것은 최대한 막아야
한다. 이를 최소화하고 건강한 사회를 만들기 위해서는 미자녀세를 부과하
는 것은 불가피하다. 그 대신 출산을 하는 부부에게는 독신세와 미자녀세를
통해서 거둬들인 세금을 통해서 금전적인 지원을 함으로써 결혼이나 출산이
경제적으로 더는 엄청난 부담이 아니라는 사실을 느끼게 해야 한다. 지금 아
동수당이 월 10만 원으로 만 7세까지 지급이 되고 있다. 물론 이 돈도 적은
것은 아니지만, 그렇다고 많은 것도 아니다. 기저귀 몇 개만 사면 10만 원이
다. 이 돈은 형식상으로 있는 돈이지 출산율 증가에는 전혀 도움이 안 된다.
　부부가 출산하기만 하면, 키우는 것은 사회와 국가가 책임지는 그런 구조
가 되어야 한다. 즉 낳기만 하면 양육에 필요한 모든 돈과 교육은 국가가 책
임을 지는 것이다. 엄마는 임신하고 출산을 하는 것만으로도 충분하다. 국가
는 나중에 아기가 성장해서 어른이 되면, 노동력 확보라든가 세금을 통해서
얼마든지 회수할 수가 있다. 그래서 독신세 및 미자녀세를 만들어서 아기를
낳는 부모를 사회적으로 또 국가적으로 지원을 해야 한다. 그리고 지금은 돈
을 어린이집에 지급하는 형식으로 부모를 지원하는데 이 방법을 바꿔야 한
다. 돈 지급은 부모에게 바로 지불하는 것이 좋다. 어린이집에 보내는 것보
다는 가능하면 부모가 직접 키우는 것이 좋고, 또 필요하면 부모가 그 돈을
자녀를 위해 융통적으로 사용할 것이기 때문이다. 아기는 부모에게 양육되
는 것이 가장 좋다. 아무리 좋은 어린이집이라고 하더라도 부모보다는 못하
기 때문이다. 주위에는 아기를 너무 좋아해서 많이 갖기를 희망하는 분들이
있다. 우스개로 축구팀 하나는 만들 11명 정도는 낳고 싶다는 소리를 하는
데, 이런 분들에게 아기 5명 정도만 낳으면 아기만 전적으로 키울 수 있도록
충분한 금전적인 지원이 있어야 한다. 아기 한 명당 육아비가 얼마로 책정될
지는 많은 논의가 필요하지만, 예를 들어, 아기 한 명에 한 달에 백만 원을,
두 명에 150만 원을, 세 명에 2백만 원을 지원한다고 하면, 출산율은 많이
올라가지 않을까? 유전자를 다양화하는 측면에서는 한 쌍의 부부가 10명의

114

아기를 낳는 것보다 5쌍의 부부가 2명씩 낳는 것이 훨씬 낫다. 근친결혼이 유전적으로 나쁜 것처럼 유전자를 다양화하는 것이 좋기 때문이다.

독신세와 미자녀세의 비율은 독신세와 미자녀세를 통틀어 100으로 봤을 때, 독신세를 20%로, 미자녀세를 80% 하면 되지 않을까? 위에서 말한 것처럼 결혼시키는 것이 목적이 아니라 자녀를 낳게 하는 것이 목적이기 때문에 미자녀세가 훨씬 많아야 한다. 근데 결혼을 해야 자녀를 낳을 것 아닌가? 그래서 미혼에도 세금이 부과되어야 하며 또 결혼은 하면 아기를 낳고 싶은 생각이 들기도 한다. 결혼 후 5년까지도 아기가 없다면 세율을 더 올리고, 10년까지도 아기가 없으면 세율을 더 올리면 된다. 그리고 평생 아기를 안 낳으면 그 세율로 계속 징세를 하면 된다. 만약에 아기를 못 낳는 부부가 있다면 입양도 하나의 방법이 되는데, 지금도 다른 나라에 입양되는 한국 고아의 해외 입양을 줄이는 방안이 될 수 있다. 미혼녀의 출산은 어쩌느냐고 질문하는 사람이 있다면, 자녀를 낳아서 키우는 것이 목적이니 독신세만 부과하면 된다. 아기를 키우는 일은 엄마와 아빠가 같이 키우는 것이 좋다. 엄마 혼자서 키우는 것은 너무 힘들고 또 아기 정서에도 좋지 않다.

독신세와 미자녀세에 대한 국민의 반감이 생길 수 있다. 그러나 이 자녀들이 성장해서 낸 세금이 국민연금의 지속을 가능하게 할 것이기 때문에 세금을 낸 분들에게도 분명히 좋은 일이다. 이 세금으로 성장한 아기들이 나중에 커서 국민연금을 낼 것이고, 그 아기들이 낸 국민연금으로 노인들이 연금을 탈 수 있을 것이기 때문이다. 이 세금으로 성장한 남자가 군에서 나라를 지킴으로써 이 사람들은 밤에 편하게 잘 수 있다. 이 세금으로 성장한 사람들이 내가 운영하는 식당의 손님이 될 것이고, 내가 경영하는 회사의 고객이 될 것이다. 이 세금으로 성장한 사람들이 또 세금을 내니까 나의 의료비도 지원해준다. 그래서 독신세와 미자녀세가 win—win 정책이라는 것을 국민들에게 알리고 설득을 해야 한다. 그래서 이 세금이 분명히 나에게도 이익이다. 그래도 반감이 생기는 사람은 어쩔 수가 없다. 정말로 납득이 안 된다면 그 사람들은 결혼해서 아기를 낳으면 된다. 그리고 아기를 낳는 것은 삶에서 가장 보람 있는 일이기도 하다.

다만 독신세와 미자녀세는 3년 정도 유예기간을 갖고 순차적으로 시행할 필요가 있다. 독신세는 3년 후에 시행하고 미자녀세는 5년 후에 시행하는 식으로 말이다. 결혼하는 데 시간도 걸리고 아기를 낳는 것도 시간이 걸리기 때문이다. 결혼하려면 배우자도 찾아야 하고 마음의 준비도 해야 한다. 출산도 결혼해야 할 수 있는 일이고 또 임신하는 것도 시간이 걸린다. 또 사회적으로 준비를 하는 데도 시간이 걸린다. 제도적인 절차와 입법적인 절차도 필요하다.

육아 관련한 모든 지원금은 육아비로 통합 관리

독신세와 미자녀세로 걷은 세금을 지금의 아동수당과 통합을 해서 육아비로 지원한다. 육아를 지원하면서 중요한 것은 부모가 체감할 수 있도록 지원하는 것과 또 쉽게 알 수 있도록 일원화하는 것이 중요하다. 지금도 여러 수당이 있는데 대부분 부모가 그런 수당이 있는 줄도 모르는 경우가 많고 또 알아도 복잡하다. 이런 여러 가지 정책을 부모가 쉽게 이해할 수 있어야 하고 또 이런 지원책들이 원활하게 집행이 되어야 한다. 그래서 육아부가 설립되어서 총괄 관리해야 한다.

자녀 숫자별 지원책

그럼 독신세/미자녀세로 받은 세금을 어떤 식으로 지원을 하면 좋을까? 모든 일이 맨 처음이 힘들지 두 번째부터는 쉬워진다. 아기를 낳는 것도 마찬가지다. 또 첫아기를 낳으면 두 번째도 낳고 싶기도 하고, 또 첫째가 커가면서 동생을 낳아 달라고 조르기도 한다. 그래서 첫 번째 자녀를 낳을 때 많은 지원을 해야 한다. 부부 한 쌍당 1명을 낳으면 인구가 반으로 줄고 2명은 현상 유지이고 3명이면 인구가 증가한다. 3명이면 제일 좋고, 최소한 2명은 유지를 해야 한다. 목표는 크게 하고 목표를 맞추면 정말 행복한 것이고, 못해도 최소 2명 이상은 해야 한다. 3명을 기준으로 100% 지원한다고 가정을 한다면, 첫째 출산 때 40%를 지원하고 둘째와 셋째에 각각 30%씩 지원하면 좋겠다는 생각이다. 나도 3명을 낳으려고 했는데, 첫째가 딸, 둘째가 아들이어서 셋째는 아들이든 딸이든 상관이 없다고 생각했었다. 그러나 둘째가 태어나면서 돈과 시간이 많이 부족해 여력이 없어서 한 명 더 낳지 못했다. 정부에서 지원이 많았다면 하나 더 낳았을 것이다. 그럼 넷째와 다섯째는 어떡할 것인가? 목표로 삼는 것은 세 명이지만 많은 네다섯을 낳을 부부는 많지 않을 것이다. 마찬가지로 한 명과 두 명만 낳을 부부도 좀 있을 것이다. 이런 부부에게 갈 돈을 서너 명 낳는 부부에게 전해주면 된다. 6명 이상도 비슷하게 하면 되겠지만 거의 예외적인 경우일 것이다.

자녀가 세 명인 경우가 가장 좋아 보인다. 딸 둘에 아들 하나도 좋고, 아들 둘에 딸 하나도 좋다. 그게 마음대로 되냐? 라고 반문할 사람도 있을 것 같은데, 아들 셋도 좋고 딸 셋도 좋다. 요즘은 아들보다 딸이 더 좋다고 한다. 아들이 많은 부모는 길에서 죽는다는데 서로 안 모시겠다고 내쫓아서 그렇단다. 딸이 많은 집은 비행기 안에서 죽는데, 딸들이 하도 해외여행을 보내서 그렇단다. 우스갯소리지만 맞는 말 같기도 하다. 어느 시점부터 한국 가족이 모계 사회로 점점 변해가고 있다. 이전에는 친할머니, 친할아버지, 삼촌 및 고모 쪽과 친했다고 하면, 이젠 외할머니, 외할아버지, 외삼촌 및 이모와 더 친해지고 있다. 아기가 생기면 친할머니에게 봐 달라고 하는 것보다 외할머니, 즉 친정에 부탁하는 것이 훨씬 덜 부담스럽고 편하기 때문이다. 앞으로도 추세는 더할 것 같다. 한 가정에서 엄마를 중심으로 돌아가면 그 가정은 평안하다. 남편의 주된 업무는 밖에서 돈을 벌어오는 것이다. 사업을 하든 회사를 다니든 돈만 벌어오면 된다. 가장 중요한 일이고 가장 어려운 일인데 자녀들은 잘 모른다. 밥을 해주고 용돈을 주는 것은 엄마이기 때문이다. 돈을 벌어온 사람은 아빠인데 실제로 용돈을 주는 사람이 엄마다 보니 엄마가 생색은 다 낸다. 애들도 아빠가 돈을 벌어온다는 것을 머리로는 아는

데 가슴으로는 와닿지 않는다. 그 이유는 잔소리가 많고 훈계가 많고 지시가 많기 때문이다. 대화는 별로 없는데, 그나마 하는 대화도 잔소리요 훈계이다. 여기서 엄마의 역할이 중요하다. 아빠가 돈을 벌어와서 우리가 이렇게 행복하게 사는 것이라고 자주 알려줘야 한다. 한두 번이 아니라 계속 주지시켜야 한다. 안 그러면 머리 안 좋고 속 좁은 우리 남자가 섭섭하다. 그리고 자식들이 알아주면 더 열심히 일하기 때문이다.

다행히 아직도 한국에서는 남편이 열심히 벌어온 돈의 관리를 대부분 아내가 하는 것 같다. 여러모로 아내가 돈 관리하는 것이 좋은 것 같다. 남자보다 시간도 많고 또 돈 관리도 대체로 여자가 잘하는 편이다. 그래서 엄마는 아들을 낳으면 부엌에서 일하는 버릇을 들이고, 딸을 낳으면 돈 관리하는 법을 아들보다 더 자세히 가르쳐야 한다. 물론 아들도 돈에 대해서 가르쳐야 하지만, 딸이 결혼 후에 돈 관리는 여자가 훨씬 유리하기 때문이다. 주식도 잘하지만, 특히 부동산은 여자에게 훨씬 잘 맞는다. 남자는 잘 곳만 있으면 되지만 여자는 집의 방향과 교통도 보고, 또 방의 크기와 특히 부엌의 구조와 편리함도 꼼꼼하게 본다. 여자 입장에서 집을 구하는 사람의 입장을 더 잘 이해한다. 결혼 후에 가난하게 살고 있다면 남편과 아내 둘 다 책임이다. 아내는 남편에게만 가난의 책임을 돌리는 경향이 있는데, 남편이 밖에서 돈을 벌어오면 그걸 굴리고 증식시키는 것은 여자가 훨씬 유리하다. 남편은 일에 매달리다 보면 신경을 쓸 시간이 부족하지만, 아내는 이런 부분에 시간과 신경을 쓰기가 훨씬 용이하다. 훌륭한 남자 뒤에는 더 훌륭한 여자가 있다는 얘기가 있다. 물론 여자가 훨씬 더 똑똑하고 지혜로워서 남자를 잘 도왔다는 얘기도 되지만, 이 도움의 50% 정도, 혹은 그 이상이 여자가 경제적인 부분을 맡아서 다 처리했기 때문에 남자가 하고 싶은 일에 몰두할 수 있었던 부분이 상당히 크다. 쉽게 얘기하면 여자가 돈 문제에 대해서 알아서 처리했고 돈 문제를 남자에게 부담을 지우지 않음에 따라, 남자는 돈벌이에 개의치 않고 본인이 하고 싶은 일에 몰두해서 성공했다는 말이다. 또 자식에게 주식 투자하는 방법을 가르치고 일반적인 돈 관리에 대해서도 가르쳐야 한다.

세 명의 자녀면 한 차로 이동하는 것도 어렵지 않다. 너무 작은 차를 제외하고는 5인승 차가 대부분이다. 앞자리에 2명, 뒷좌석에 3명이다. 뒷좌석 중간 자리가 불편하기도 하지만 애들이 앉기엔 그렇게 불편하지 않다. 그리고 교통사고로 또는 병으로 자식을 한두 명 먼저 보내는 경우도 있다. 안타깝고 불행한 일이지만 인생사가 그런 걸 어찌하랴? 자녀가 한 명이면 이런 사고에는 자식이 전혀 없게 된다. 두 명이면 사고 후에는 한 명밖에 없다. 세 명이면 하나를 잃어도 두 명이나 있다. 이런 안타까운 일을 생각해서라도 세 명이 제일 좋을 것 같다. 대부분의 사람이 차 보험을 들듯이 자녀를 세 명 정도 갖는 것이 가장 좋다.

—— 충분하고 탄력적인 출산휴가 및 육아휴가

기업 입장에서는 직원이 출산휴가나 육아휴가를 가면 금전적인 부분은 물론이려니와 업무의 공백 및 생산성의 감소가 있어서 부담스러운 것은 사실이다. 이런 부분을 정부가 지원하면 기업도 덜 부담스럽고 휴가를 가는 직원도 좀 더 편하게 갈 수 있다. 직원이 휴가를 가면 연봉의 70%를 받는 것을 가정할 때, 정부가 40%, 기업이 30%를 부담하는 것이다. 그리고 휴가를 갈 동안 대체 인력을 어린이집에 가지 않고 남는 여성의 유휴인력을 파견하면 다소 인력 부족 현상을 줄일 수 있을 것이다. 물론 전문 직종은 대체가 쉽지 않겠지만, 그래도 대학생들의 비중이 상당히 많은 우리 한국의 특성상 웬만한 일은 대체가 가능할 것이다. 그렇다면 휴가를 가는 바람에 일이 떠안은 회사 내 전문인력을 도울 수가 있을 것이고, 덜 전문적인 분야는 많은 부분 대체가 가능할 것이다. 예를 들어 어떤 기업체에서 단순 조립을 하거나 제조를 한다고 하면 그것은 며칠 또는 일주일 정도 배우면 할 수 있는 일도 많을 것이다. 이런 방식은 이미 인턴을 하고 있으니 굳이 따로 인턴을 할 필요도 없고 또 이렇게 함으로써 이미 경력을 쌓고 있으니 나중에 취업하기도 쉬워진다.

지금까지 출산 휴가는 출산하러 여자가 가는 것이지만 기간이 그렇게 길지는 않아서 기업체나 휴가를 가는 임산부 입장에서도 크게 부담스럽지가 않았다. 짧게는 3개월, 길게는 6개월 정도 보통 사용해 왔으니까. 그러나 출산율을 장려하는 측면에서 본다면, 이 출산휴가도 다소 길게 사용할 수 있도록 조치가 마련되어야 한다. 6개월 이상 더 휴가를 쓰고 싶어도, 회사의 눈치가 보이고, 또 내가 휴가를 감으로써 다른 직원들에게 일이 몰리니 그 부담으로 장기간 휴가를 갈 수가 없었던 것이다. 출생 후 1년이 지나면 두 발로 살살 걸어 다니려고 하고, 아기마다 차이가 있지만, 보통 2년이 지나면 말을 알아듣고 조금씩 말을 하기 시작한다. 걸어 다니기만 해도 다 키운 것 같은데, 말을 알아듣기 시작하면 그때는 정말 다 키운 것 같다. 부모 입장에서는 말을 알아듣고 말을 할 수 있을 정도의 시기까지 휴가를 쓸 수 있다고 하면 엄마는 출산에 대한 부담이 상당히 줄 수 있다. 그리고 아기의 정서 발달 차원에서도 너무 어릴 때 어린이집에 맡기는 것은 바람직하지 않은 것 같다. 내 아들을 생후 6개월 후에 어린이집에 맡겼는데, 두 시간 후에 어린이집에서 집사람에게 전화해서 아들이 계속 울고 그치지 않는다고 했다. 우유도 주고 달래보기도 했는데 멈추지 않는다고 하면서 엄마가 좀 올 수 있냐고 해서 집사람이 가니, 어린이집에 들어서는 순간 엄마를 보고 울음을 뚝 그친 아들이 생각이 난다. 아들은 매일 같이 있던 엄마가 옆에 없으니 불안해서 울었던 것이다. 그걸 보고서 집사람은 회사 복귀를 6개월 늦추고 아들만 키웠다. 생후 1년 후 걸어 다니기 시작하면서 장모가 아들을 키우기 시작했는데 이것도 그렇게 바람직하지 않은 것 같다. 아기는 엄마 품에서 자라야 한다.

모든 아기는 엄마에게서 사랑을 받아야지 엄마 외의 사람에게서 키워지는 것은 좋지가 않다. 하나님이 아담에게서 이브를 만들 때를 한 번 생각해보자. 요즘 페미니스트들이 주장하는 남녀평등, 아니 여남평등 관점에서는 혼날 소리를 하고 있지 않은가 모르겠지만, 평등하고 공평하신 하나님이 이브를 만들면서 자궁과 젖가슴 둘 다 여자에게 주셨다. 평등이란 관점에 본다면, 자궁을 여자에게 줬으면 젖가슴은 남자에게 주면 얼마나 좋은가? 임신과 출산은 여자가 한다고 하더라도 10개월 동안 자궁에서 아기를 키우고 또 출산 과정에서 산고도 있었으니 출산 후에 키우는 것은 남자가 하면 얼마나 공평한가? 남자도 자궁은 없지만 젖꼭지는 있다. 그러니 유방만 있으면 수유를 할 수 있다. 그러나 하나님은 출산과 양육 둘 다를 여자에게 주셨다. 왜 그럴까? 먼저 남자가 유방이 있어서 젖을 먹여야 한다고 하면, 집에 먹을 것을 만들어 오는 것은 남자 책임일까 아니면 여자 책임일까? 상당히 헷갈리는 부분이다. 남편과 아내가 서로 돈 벌어 오라고 떠밀 것이다. 그런 것을 미연에 방지하기 위해서 여자에게 젖가슴도 주신 것 아닐까? 두 번째로 남자에게 유방이 주어졌다면, 언제부터 젖을 먹일 준비가 되어야 하는가? 지금은 여자가 임신하면 유방도 출산 후의 수유를 준비하는데 유방과 젖꼭지가 커지고 또 부드러워진다. 남자는 여자가 임신하는 순간부터 수유를 위해 준비해야 하는데, 남자는 여자의 어떤 임신 신호로 유방이 준비를 해야 하는가? 또 그 임신 신호는 남자에게 어떻게 보내어져야 하는가? 또 남자는 수유할 정도로 차분하며 또 끈기가 있으며 또 세심한가? 이것 말고도 많은 복잡한 문제가 생긴다. 그래서 간단하게 여자에게 출산 및 육아의 책임을 여자에게 돌린 건 아닐까? 동물을 보더라도 암컷이 새끼를 키운다. 고양이나 강아지를 보더라도 수컷은 교미만 하면 끝이다. 심지어는 아빠가 누구인지도 모르는 경우도 많다.

육아휴가도 마찬가지이다. 출산휴가를 6개월 정도로 사용한 엄마가 회사 복귀 후 6개월 후에 육아 휴가를 또 쓰고 싶다고 하면 회사와 동료들의 반응은 어떨까? 회사를 그만둘 생각을 하는 것은 아닌지? 회사를 우습게 생각하는 것은 아닌지? 등 여러 가지 반응이 나올 수 있을 것이다. 또 그사이에 또 임신한다고 하면 회사와 동료들은 어떤 생각을 할까? 과연 마음 놓고 육아 휴가를 쓸 수 있을까? 여자가 육아휴가를 쓰는 것은 그래도 이해는 할 수 있다. 만약 남자가 육아휴가를 쓴다고 하면 또 회사와 동료들은 어떤 생각을 할까? 휴가 후에 적응은 제대로 할 수 있을까? 경력단절은 없을까? 승진과 연봉협상에 불이익은 없을까? 이런 모든 질문에 어느 정도 만족할 만한 답이 주어져야 출산율이 증가할 것이다. 육아휴가를 사용하고 싶어도 동료들의 눈치, 일이 너무 바빠서, 다른 사람이 안 쓰니까 등등의 이유로 쓰지 못하는 여자가 지금도 얼마나 많은가? 그럼 방법은 뭔가? 정부에서 이런 문제를 해결할 수 있는 제도를 만들어서 실행해야 한다. 출산휴가를 6개월 쓰고 오더라도 아기가 최소한 만 3살까지는 적극적인 보살핌이 필요하다. 의사 말로는 만 3살이 되면 거의 성격도 형성되며 의사 표현도 충분히 가능하기에 말로서 교감을 가질 수 있다. 그래서 만 3살이 될 때까지는 엄마의 근무시간을 다소 융통적으로 할 필요가 있다. 이스라엘처럼 하루 중 근무시간만 맞춘다면 하루 중에 어느 시간대에 해도 되도록 하면 좋다. 예를 들어 하루에 5시간을 근무해야 한다면, 아침에 한 시간, 오후에 2시간 저녁에 2시간 식으로 말이다.

—— 출산 1주 전부터 출산 후 2주 동안 출산 도우미 파견

한국어에는 산파라는 단어가 있다. 지금은 대부분 산부인과에서 혹은 병원에서 아기를 낳다 보니 산파란 단어가 거의 쓰이지 않는 것 같지만, 불과 40년 전만 하더라도 종종 들을 수 있는 말이었다. 요즘에 대부분 병원에서 낳으니 산후 도우미라고 하는데 산후 도우미는 산후에 하는 일이고 출산 도우미는 출산 전부터 출산 후까지 도와주는 사람이다. 한국에서는 여성들이 출산 후에 한 달 정도 산후조리를 한다. 호주나 미국 및 유럽 여성들이 출산 후에 몸조리한다는 얘기는 들어본 적이 없다. 나도 첫째는 한국의 병원에서 낳았지만 둘째는 호주에서 낳았는데, 여기는 산후조리라는 개념 자체도 없기도 하고 또 출산 후 여자의 몸이 어느 정도 정리가 되면 바로 샤워하라고 한다. 한국의 친정어머니가 들으면 큰일 날 소리이지만 집사람은 간호사의 말을 듣고 씻기도 했다. 집사람 나이가 50 중반인데 한국처럼 몸조리 안 했다고 해서 특별히 이상 있거나 그런 것은 안 보인다. 당뇨기가 있으나 장모나 장인어른이 당뇨가 있어서 유전인 것 같고 그 외에는 특별히 아프거나 그러지는 않다. 호주에서 사는 다른 한국 여성들도 출산 후 몸조리를 특별히 했다는 얘기도 없고, 미국에 있는 친구도 대부분의 한국 여성들이 몸조리를 따로 한다는 얘기는 별로 없다. LA에는 한국분들이 워낙 많아서 가끔 몸조리한다는 얘기는 들어본 적이 있으나 그 외의 지역은 특별히 없는 것 같다. 호주에서 특별히 몸조리를 안 해도 그것 때문에 문제가 생겼다는 얘기가 없으니 한국에서도 여성들이 따로 할 필요가 있냐는 생각이다. 의사들 얘기로는 오히려 산후조리가 모세혈관과 운동신경을 쇠약하게 하고 또 근육을 줄이기 때문에 역효과가 더 많다고 하는데, 그 말도 일리가 있는 듯하다. 3일만 운동을 안 해도 몸이 근질근질한 나로서는 한 달 동안 거의 누워있다시피 하는 몸조리가 그렇게 좋게 들리지는 않는다. 그런데 문제는 한국의 이런 인식이 금방 사라질 것 같지는 않은 것이 친정엄마는 딸이 찬물에 닿지 않게 설거지도 못 하게 하니 말이다. 여성들이 그렇게 믿고 있으니 하는 김에 이 몸조리를 편하게 할 수 있으면 좋다. 출산 예정일 1주일 남겨놓으면 전담 출산 도우미가 한 명이 붙어서 출산 전부터 출산 후 몸조리까지 돌보게 하는 것이다. 남편은 회사에서 일하고 있을 테니 산통이 오면 남편을 불러서 병원에 가는 것보다 출산 도우미가 바로 병원에 데리고 가는 것이다. 집에 같이 있는 출산 도우미가 병원에 데리고 가는 것이 훨씬 빠르기도 할뿐더러 그게 훨씬 산모에게도 편하다. 출산 후에는 병원에서 수발도 들고, 퇴원도 도우며, 또 퇴원 후에도 2주 정도는 같이 있으면서 모유 먹이는 것을 돕고 또 아기를 씻기는 것도 도와준다. 비용은 90% 정도를 국가에서 보조해 주면 어떨까? 이 인력도 육아 복무를 하는 여성 인력을 사용하면 된다.

—— 아기를 돌보는 친정엄마, 시어머니 및 다른 가족 지원 및 교육

나의 집사람도 아기를 키울 때 친정 식구의 도움을 많이 받았다. 첫째는 집사람 언니에게 도움을 받았고 둘째는 친정엄마에게 도움을 받았다. 아무래도 여성 입장에서는 친정 식구가 편하기도 하고 덜 부담스럽다. 마찬가지로 한국에서도 친정엄마가 손주를 돌보는 경우가 종종 있다. 좋은 점은 아기를 키워본 적이 있으니 잘 돌보긴 하나 문제는 방법이 이전 방식이라 딸과 갈등이 있을 수 있다. 예를 들어 할머니가 음식을 씹어서 손주에게 먹이는 것인데 할머니 입장에서는 손주를 사랑하는 마음에 한 행동이지만 엄마가 보면 기절할 일이다. 마찬가지로 할머니가 키우던 방식과 지금의 방식에는 많은 차이가 있으니 아기를 키우는 방법에 대해선 교육을 할 필요가 있다. 손주를 돌보는 것에 대한 금전적인 지원은 엄마가 정부에서 받은 육아비로 지급할 수도 있지만, 따로 지급하는 것도 하나의 방법이다. 솔직히 아기를 보는 것은 웬만한 일보다는 더 힘들다. 심지어 회사에 나가서 일하는 것이 쉬는 것이라고 하니 아기 돌보는 것이 얼마나 힘든지 모른다. 물론 손자이고 조카이니 돌보는 것이 분명히 예쁘고 보람된 일이기도 하지만, 그에 대한 보상은 충분히 할 필요가 있다. 금액은 추후 자세히 계산을 해봐야겠지만, 한 달에 백만 원 정도면 할머니가 부담 없이 돌봐줄 수 있을 것으로 본다.

—— 어린이집의 주말 운영과 24시간 운영

주중 업무시간에는 사무실 근처나 직장 근처의 어린이집에 아기를 맡기면 된다. 근데 문제는 주중이라도 밤에 무슨 급한 일이 생기거나, 주말에 일해야 한다면 또 어디다 아기를 맡겨야 하는지이다. 사람이 살다 보면 별일이 다 생긴다. 갑자기 아플 수도 있고 또 교통사고도 나며 또 친척 중에 누가 돌아가시기도 한다. 이런 급한 일이 생겼을 때 바로 아기를 맡길 수 있는 곳이 있어야 한다. 주말에 일하는 사람들은 대부분 어린이집에 맡기면 될 것으로 보지만, 갑자기 급한 일이 생겨서 아기를 맡겨야 한다면 사무실까지 가는 것은 번거롭고 또 그럴 시간이 없을 수 있다. 이런 경우에는 집 근처에 있는 어린이집에 맡기거나 아니면 이런 급한 경우를 위해서 집 근처에도 아기를 맡길 수 있는 곳이 있어야 한다. 그래서 어린이집의 30% 정도는 주말에도 운영해야 하고, 10% 정도는 24시간 운영을 해야 한다. 제조업 중에서는 3교대로 24시간 근무하는 곳이 제법 된다. 이런 분들도 아이를 맡겨 놓고 일을 할 수 있는 환경이 만들어져야 한다. 또 급한 일이 생겨서 가는 경우에는 엄마가 아기를 어린이집에 데려다주는 것보다는 어린이집에서 아기를 데리러 오는 방법도 있어야 한다.

이 경우 말고도 엄마가 자유롭게 아기를 맡길 수 있어야 한다. 그것도 가급적 친정엄마나 시어머니 및 친척이 아닌 어린이집에서 맡기면 더 좋다. 친정 엄마에게 맡기면 남편이 불편하고 시어머니에게 맡기면 내가 불편하기 때문이다. 엄마가 아기를 부담 없이 맡길 수 있어야 하는 경우를 예를 들어보자. 어떤 일을 처리해야 하는데, 아기를 데리고 다니면서 일을 하기에는 너무 불편하고 너무 피곤하다. 예를 들어 이사해야 하는데 아기를 데리고 다니면서 이삿짐을 싸거나 옮기는 것은 너무 불편할뿐더러 또 위험하기도 하다. 물건이 떨어져서 아기가 다칠 수도 있고, 또 아기를 안고서는 짐을 제대로 쌀 수도 없다. 이런 경우는 온종일 아기를 맡겨 놓으면 얼마나 좋을까? 또 집을 구하러 다녀야 하는데 아기를 데리고 가기엔 너무 힘들고 지친다. 이런 경우에도 온종일 아기를 맡겨 놓고 집을 둘러보면 된다. 또 단순히 이번 주에는 일이 너무 바빠서 몸이 너무 피곤해서, 주말에는 푹 쉬고 싶은데, 아기랑 놀아주기에는 몸이 천근만근이다. 이런 경우도 아기를 하루 종일 맡겨 놓고 푹 쉴 수 있어야 한다. 아니면 남편과 영화 본 지도 너무 오래되었다. 연애할 때는 한 달에 한두 번은 봤는데, 아기 낳고서는 본 적이 전혀 없다. 아기를 데리고 가면 울까 봐 조심스럽다. 이럴 때에도 아기를 맡기고 가면 된다. 또 부산에 사는 엄마가 금요일 입원을 했는데, 찾아뵈어야 한다. 아기를 데리고 가기엔 너무 힘에 부친다. 오늘 밤에 서울에서 중요한 약속이 있어서 부산에서 자고 올 수도 없다. 그래서 둘이서 금방 다녀오고 싶다. 이럴 때에도 아기를 맡겨 놓고 다녀올 수 있어야 한다. 이렇게 아기를 쉽게 맡길 수 있어야 하는 중요한 이유 중에 하나가 엄마가 편히 쉴 수 있어야 하기 때문이다. 주중에는 일 때문에 제대로 쉴 수가 없다. 사랑하는 신랑에게도 신경을 제대로 쓸 수 없어서 미안하다. 엄마가 충분히 쉬어야 신랑과 아기들에게 제대로 신경을 쓸 수 있고, 또 그래야만 가정이 제대로 유지가 된다. 엄마의 역할이 가정에서는 핵심이기 때문이다. 엄마가 몸이 힘들고 지치면 모든 것은 무너지기 시작한다. 그래서 아기 돌보는 시간을 최대한으로 줄여야 한다. 얼마나 긴 시간을 엄마가 돌보는 게 중요한 게 아니라 얼마나 효과적으로 또 얼마나 사랑으로 아기를 돌보느냐가 중요하다. 양이 중요한 게 아니라 질이 중요하다. 이러기 위해서는 엄마의 상태가 가급적 최상의 상태를 유지하는 것이 너무 중요하다.

미혼모/미혼부는 어떡할 것인가?

선진국을 보면 미혼모가 증가하고 있다. 한국도 조만간 증가할 것으로 본다. 주위의 한국 여성 중에서도 결혼은 안 해도 아기는 갖고 싶다는 분들이 많다. 단지 한국 사회의 편견 때문에 실행에 올리기는 쉽지 않다. 미혼모/미혼부의 아기는 어떻게 지원해야 하나? 자식을 키우는 것의 대부분이 엄마가 할 일이다. 태어나면 젖을 먹이고 씻기고 음식을 하는 것도 아직은 대부분 엄마의 역할이다. 여기에 아빠의 역할은 크게 없다. 다시 말하면 아빠가 없어도 아기는 아무런 이상 없이 잘 자란다. 다만 커가면서 아빠의 부재를 느낄 수 있다. 그러나 아빠가 없다고 해서 애들이 삐뚤어지게 자라는 것은 아니다. 미혼모/미혼부의 자녀도 일반 가정과 동일하게 자녀 수에 따라서 지원하면 된다. 그리고 미혼모/미혼부에 대한 편견을 우리 사회에서 차츰 줄여갈 필요가 있다. 미수다에서 귀여운 말투로 유명해진 대한일본인 사유리도 최근에 일본에서 출산했는데, 이런 경우가 앞으로 차츰 늘어날 것으로 생각이 된다. 정부에서도 이런 경우를 대비해 지원 방법에 대해서 고민을 해야 한다.

—— 해외입양을 최대한 줄이고 국내입양으로 전환

1980년대까지만 하더라도 한국이 못살아서 국내입양이 어려우니 해외입양을 보내는 경우가 많았다. 그러나 잘살게 된 지금도 해외입양이 2019년에 317명으로 통계가 잡히고 있다. 다행히 국내입양 숫자가 증가하고 있다. 못살 때 보내는 것은 이해가 되지만 이렇게 잘사는 우리 한국이 아직도 국내입양이 50%밖에 되지 않는다는 것은 정말 부끄러운 일이고 또 국가 정책에 문제가 있다고 봐야 한다. 인구가 줄어들고 있는데, 어렵게 태어난 인구를 외국으로 보낸다? 이건 정말 말도 안 된다. 국가가 적극적으로 나서서 국내입양을 권장하고 장려해야 한다. 보육에 대한 국가 지원도 당연히 따라야 한다. 아기 한 명도 중요한데 317명이 해외로 입양되었다. 정부의 다양한 국내입양 정책이 필요하다. 독신세와 미자녀세를 도입하면 국내입양이 증가할 것으로 보인다. 우리 한국도 이젠 해외에서 한국으로의 입양도 검토해야 할지도 모른다. 인구 증가 측면에서도 그렇고, 가난한 나라에서 힘들게 자라는 아기들이 많기 때문이다.

입양 아동수 [단위: 명]

입양 아동수 통계표입니다. 단위는 명입니다.

	2011	2012	2013	2014	2015	2016	2017	2018	2019
국내	1,548	1,125	686	637	683	546	465	378	387
국외	916	755	236	535	374	334	398	303	317
계	2,464	1,880	922	1,172	1,057	880	863	681	704

출처: 국가통계포털

이런 방법 말고도 여러 가지 방법이 있을 수 있다. 독신세 및 미자녀세를 부과하는 것도 좋지만, 다둥이 부모에게 소득세나 세금을 경감하는 방법도 있다. 자녀 세 명에 20% 할인, 네 명에 40% 할인, 다섯 명에 60% 할인 식으로 말이다. 그러나 출산을 하는 것은 국민으로서 당연히 해야 하는 행동인데 이 당연한 행동에 세금을 경감하는 것은 조금 논리적이지 못한 부분이 있다. 선택적 복지가 아닌 보편적 복지로 세금이 여러 군데에서 새고 있는데, 여기다 더 세금을 경감하면 국가 재정이 더 어려울 수가 있다. 호주나 미국 및 유럽의 선진국에 비하면 한국의 소득세는 엄청 낮다. 그리고 한국인의 48% 정도가 세금을 전혀 안 낸다는 자료도 있는데 호주는 최빈곤층을 제외한 거의 모든 사람이 세금을 낸다. 올해 기준으로 호주 불 18,200(한국 돈 15백만 원 정도) 이하는 세금을 안 내지만 그 이상은 모두 다 세금을 낸다. 호주의 GDP per Capita가 USD 6만 불 정도이니, 지금 환율의 호주 불로 하면 76천 불(6천5백만 원)이다. 그러니 호주 불 18,200불이란 것이 얼마나 적은 돈인지 감이 올 것이다. 그래서 세금을 경감한다기보다는 독신세 및 미자녀세 부과가 더 적합한지도 모르겠다. 또 여성들이 육아 복무를 한다고 가정하면, 자녀 한 명당 6개월을 경감하는 것도 방법이다. 그래서 2명이면 1년을 3명이면 1년 반을 경감해주는 것이다. 2년을 육아 복무 기간이라고 가정하면 4명만 자녀를 낳으면 육아 복무는 전혀 하지 않아도 된다. 아니면 결혼해서 첫아기를 낳으면 아예 육아 복무를 면제해주는 것도 하나의 방법이다. 육아 복무는 대부분 20살에서 25살에 마치게 하면 좋은데, 빨리 결혼을 하게 하고 빨리 아기를 갖도록 하는 유인책이 될 수 있기 때문이다. 이스라엘이 출산율이 높은 이유 중의 하나이다. 이렇듯이 육아부를 신설해서 고민해야 할 부분이 많다.

이런 여러 가지 정책이 출산율 증가에 일정 부분 기여를 하겠지만, 출산율을 급격하게 증가시키지는 못할 것이다. 왜냐면 출산율 저하는 한국만의 문제가 아니라 전 세계 선진국의 공통적인 문제이기 때문이다. 소득이 증가하면 할수록 자녀 출산에 대한 욕구보다는 자아실현의 욕구가 증가하기 때문이다. 작년 출산율인 0.84명에서 1명 이상으로 만들 수는 있겠지만 2까지 올리는 것은 역부족이지 않을까 싶다. 그래도 이런 정책을 최대한 사용해서 한국인의 출산율을 높이는 것이 중요하다. 그러나 인구를 늘리는 문제는 이런 정책으로는 한계가 있다. 그럼 두 번째 대안은 뭔가?

20

이민을 받아야 한다

—— 지금까지 한국은 이민을 나가기만 했다

우리 한국인이 외국에 나가서 많이 살고 있다. 잘사는 나라인 미국에 2.5
백만 정도가 살고 있고, 일본에는 80만 정도가 산다. 중국에도 조선족을 포
함해서 미국과 비슷한 2.5백만이 살고 있고, 유럽에도 70만 정도가 살고 있
다. 그 외에 중남미와 중동은 물론이고 아프리카에도 2019년을 기준으로
10,877명이 살고 있어서 외국에 사는 한국인의 총인구수는 7.5백만 정도 된
다고 외교부가 말한다. 중국인과 일본인도 외국에서 많이 산다고 하는데 이
나라는 몇 개국에 집중되어 있고 우리 한국인은 세계 도처에 다 퍼져 있어
서 한국인이 없는 나라는 없다고 한다. 유목민이어서 역마살이 다들 끼어 있
어서 그럴까?

지금까지 우리 한국은 이민을 밖으로 나가기만 해서 이민하면 한국에서
다른 나라로 이민을 가는 것만 생각을 한다. 그러나 우리는 특히 지난 10년
동안 외국에서 한국으로 들어온 외국인을 자주 본다. 우리 한국보다 더 잘사
는 나라에서 온 미국, 일본 및 유럽 사람도 종종 보인다. 그러나 우리보다
못사는 나라에서 온 사람들이 대부분이다. 이들이 한국에 온 이유는 한국이
잘살다 보니 국제결혼을 통해서 좀 더 나은 삶을 살고자 한 여성도 있고, 또
한국의 인건비가 높으니 한국에서 돈을 벌어 본국으로 송금하기 위해서 온
사람들도 있다. 한국에서의 한 달 치 월급이 본국의 1년 치 연봉이라고 하니

한국에서 1년만 벌면 본국에서 10년을 번 금액과 비슷하니 충분히 도전해 볼 만한 가치가 있다. 그래서 불법체류자가 되더라도 잡혀서 추방될 때까지 일을 계속하는 사람들도 있다. 또 선진국에서 온 사람들은 한국에 투자를 해서 돈을 벌려고 온 사람도 있고, 큰 회사의 지사를 운영하기 위해서 온 사람들도 있다.

해외를 여행하면서 교민들과 얘기를 해보면 대체로 선진국이라고 하는 나라에 이민을 간 사람들이 못사는 나라에 이민을 간 사람들보다 행복지수가 훨씬 낮다. 미국에 간 1세대 이민자들은 똑똑한 사람과 어느 정도 능력이 있는 사람들이 이민을 갔지만, 가장 기본적인 영어에 어려움이 있어서 한국에서 했던 일을 계속하는 경우는 드물다. 그래서 영어가 별로 필요하지 않은 육체노동을 많이 하는 편이고, 그러다 보니 내가 이런 일을 하면서 왜 이런 고생을 하지? 라는 자괴감에 종종 빠진다. 그러나 자식들이 학교에서 적응을 잘하고 또 공부를 잘하니 그것을 위안으로 삼지만 진작 본인의 삶의 만족도는 떨어지기 때문이다. 한국 가면 이런 일 안 하고 좀 더 고급스러운 일과 내가 하고 싶은 일을 하면서 얼마든지 살 수 있는데…라고 생각하면서 한국으로 돌아가고 싶은 생각이 많이 든다. 그러나 아내도 미국 생활에 만족하고 있고 자식들도 적응을 잘하고 있으니 나만 조용히 있으면 가족이 편안해서 마누라에게 투정은 부리지만 한국에 갈 수 없다는 것을 잘 알고 있다. 그러다 보니 힘든 일을 하고 집에 돌아오면 한국 드라마나 한국 프로그램을 유튜브를 통해 보면서 그리운 마음을 달랜다. 유럽에 사는 교민들도 별반 다르지 않다. 영국에 사는 교민들은 미국과 마찬가지로 영어가 가장 큰 문제이다. 그 외에 다른 유럽 국가에 사는 사람들도 언어의 제한으로 많은 교민들이 한국과 관련이 된 일을 많이 한다. 대표적으로 한국 관광객을 대상으로 여행 가이드를 하는 것이다. 그래서 선진국으로 이민 가는 것이 겉으로는 좋아 보이지만 실생활은 보기보다 행복하지 않을 수도 있다. 그리고 결혼으로 미국이나 유럽에 이민을 가는 여성들이 종종 보이는데, 국제결혼이 보기보다는 많이 힘들다. 당장 음식이 달라서 힘들고 내가 아무리 영어를 잘해도

마음속에 있는 깊은 대화가 어렵고, 또 나이 들어서는 나는 한식, 배우자는
그 나라 음식으로 돌아가기 때문에 음식 때문에도 힘들어진다. 이것 때문에
국제결혼의 이혼율이 상당히 높다. 이탈리아 남자와 결혼해서 아기 둘 낳고
이혼한 내가 아는 사람 중에는 결혼은 반드시 한국인과 하라고 방송을 하고
다니는 사람이 있다. 한국 남자가 특별히 좋아서라기보다는 내가 한국 사람
이기 때문에 한국 사람이 좋은 것이다.

일본으로 살러 간 사람들은 미국이나 유럽으로 이민 간 사람보다 만족도
가 더 떨어진다. 외국으로 이민을 간 사람 중에 일본 교민의 행복 지수가 가
장 낮지 않을까 하는데, 그 이유는 일본이 한국보다 지금까지 잘살았고, 또
식민지였다는 역사 인식도 있고, 또 일본인이 조센진(북한 사람을 조센진이라
고 하며 한국 사람은 한국인의 일본 발음인 칸코쿠진이라고 한다)이라고 하면서
약간 낮춰보는 것을 잘 알고 있기 때문이다. 미국이나 유럽에서는 생김새가
확실히 차이가 나니 굳이 외국에서 왔다는 것을 숨길 수도 없지만, 또 숨기
지도 않는다. 그러나 한국인은 외모적으로는 차이가 전혀 없으니 나만 한국
인이라고 말하지 않으면 구별이 쉽지 않다. 특히 일본에서 태어난 재일교포
는 두말할 필요도 없다. 그러니 차별대우를 받지 않으려고 한국인이라는 것
을 숨기기 쉽고 또 그러다 보니 사람 심리가 약간 위축이 된다. 또 한국인이
란 것을 밝혔을 때 다른 한국인들을 욕 먹이지 않고 또 피해를 줄이기 위해
모든 생활이 조심스럽고 또 긴장을 해서 산다. 한마디로 기를 펴고 살지를
못한다. 공식적으로는 2019년에 824,977명이 살고 있다고 통계가 잡혀 있는
데, 실제로 내 개인적인 견해로는 최소 3백만에서 최대 5백만 정도가 되지
않을까 한다. 식민 시대에 일본으로 건너간 사람들도 많은데 이분들 중에 많
은 사람들이 일본인으로 귀화를 했기 때문에 재일교포로 통계가 잡히지 않
는다. 롯데 신격호 씨가 성공한 재일교포 기업가라는 것을 모르는 사람은 없
을 테지만, 한국의 자랑스러운 피겨 스케이팅 선수 김연아와 경쟁을 했던 아
사다 마오의 아버지가 한국계라는 설득력 있는 주장을 아는 사람은 거의 없
다. 대부분의 재일교포 및 한국계의 사람들은 밝히면 차별과 다른 시선을 받

아서 굳이 한국계라는 것을 밝히지 않기 때문이다. 이러니 재일교포는 큰 바위가 가슴을 짓누르는 듯한 느낌을 평생 갖고 산다. 그러나 재계는 물론이고 연예계 등 모든 분야에서 한국계가 일본 사회에 기여하는 부분 상당히 많다.

이와는 달리 우리 한국보다 못사는 나라에 이민을 간 사람들은 행복 지수가 상당히 높다. 그 이유로 잘사는 나라에서 왔다는 자부심도 크게 작용을 하겠지만, 그 나라로 살러 간 이유가 사업을 하기 위해서나 은퇴를 한 후 돈을 갖고서 그 나라에 갔기 때문에 다소 풍족한 생활을 하기 때문이다. 선진국으로 이민을 간 사람들은 본인의 머리 하나 믿고 노동을 해서 돈을 벌 생각으로 이민을 갔지만, 미얀마나 베트남 등 못사는 나라에 이민을 간 사람은 자기 돈으로 투자를 해서 먹고살기 위해 갔기 때문이다. 한국 원화를 계산하면 돈벌이가 얼마 안 되지만 그 나라가 워낙 물가가 싸니 적은 돈으로도 가정부를 여러 명 데리고 살 수 있다. 한국인에게 외국어 중에서는 그래도 영어가 제일 나은 편인데, 이 영어 때문에 다른 나라보다 필리핀을 은퇴 이민을 가는 경우가 종종 있다. 이 사람들의 돈질(돈으로 갑질하는 짓)과 약간의 무례함에다 현지인의 사악함과 간사함이 충돌을 일으켜 불미스러운 사건이 가끔 터진다. 그 외의 나라에는 주로 투자 혹은 사업을 하기 위해서 가는 사람들이니 경제적으로 다소 풍족해서 행복도가 많이 높다.

마찬가지로 한국에 이민을 오는 사람들 또는 단기 체류를 위해 한국에 온 사람들도 비슷하다. 선진국에서 온 사람들 중에는 사업을 하기 위해서나 투자를 하기 위해서 들어온 사람들도 물론 있지만, 한국에 돈을 벌기 위해 온 사람들도 많다. 물론 한국이라는 이색문화를 좋아해서 온 똑똑한 사람들도 있지만, 별 볼 일 없어서 온 사람들도 있다. 아직도 미국인이나 유럽인들 대부분은 미국이나 유럽에서의 생활이 편하고 좋다. 한류로 조금 알려지기 시작한 한국이란 나라를 보니 잘사는 것 같은데 저기 가면 무슨 기회가 있을까 싶어서 오는 사람들도 있다. 그러나 못사는 나라에서 온 사람들은 상황이 조금 다르다. 물론 먹고 살기 힘들어서 또는 본국에서 농사나 짓는 것보다 한국에서 농사를 지어도 훨씬 많은 돈을 벌 수 있어서 결혼이란 방법으로 한국에 온 여성들이 이민자 중에서는 많지만, 한국에 돈 벌러 온 노동자를 보면, 본국에서는 중상류 이상의 똑똑한 사람들이 들어온 경우도 많다. 공부도 많이 했고, 돈을 좀 벌어본 사람들도 많다. 심지어는 본국에서는 제법 잘나가는 집안 출신도 많은데 한국의 원화가 강세이고 또 월급도 많으니 한국에서 몇 년 고생하자는 각오로 온다. 한국에서 몇 년 고생해서 귀국하면 훨씬 더 나은 삶을 살 수 있기 때문이다. 한국에서 몇 년 동안 일을 해서 일도 잘하고 한국말도 잘하며, 한국 생활에 많이 적응한 이 사람들에게 영주권을 주는 방안을 연구해야 한다.

미국의 인구 그래프를 보면 굉장히 안정적이다. 이유는 간단하다. 부족한 인력을 이민으로 받아들이기 때문이다. 능력 있고 실력 있는 사람들은 세계 누구를 막론하고 미국에 이민을 가고 싶어 한다. 이유는 미국이 돈 벌기도 좋고, 자녀들 교육하기도 좋으며 살기도 좋은 나라이기 때문이다. 호주도 마찬가지이다. 경제도 안정되어 있고 자연환경도 좋으며 사람들도 친절하다. 캐나다도 마찬가지이다. 다소 추운 게 단점이랄까 그 외에는 다 좋다. 영국도 마찬가지이다. 영국이 이제는 다소 이전의 영화를 누리지 못하지만 그래도 아직은 유럽에서 대표적으로 살기 좋은 나라이다. 이 네 나라의 공통점은 인구가 부족하면 이민을 받으면 된다. 이 나라로 살고 싶어 하는 사람이 너무 많아서 쿼터를 둬서 이민을 관리하고 있다. 이 제한이 없으면 인구가 폭발적으로 늘 수 있는 나라들이다. 또 다른 공통점은 네 나라가 다 영어를 공통으로 쓴다. 미국에서도 영어를 할 수 있냐고 물어볼 때, Can you speak English?라고 물어본다. Can you speak American?이 아니다. 영국이 거의 전 세계를 식민지로 지배했고 또 이젠 미국이 전 세계를 거의 지배하다시피 하다 보니 영어가 이제 확실한 국제어가 되었다. 한국도 마찬가지이지만 어느 나라나 영어가 제1외국어가 되었다. 그래서 영어를 하면 이 네 나라를 이민 가는 데 별로 문제가 되지 않는다.

이민 문호를 개방하는 것에 대한 국민들의 반대가 있을 수 있다. 지금도 외국인들로 인한 문제가 발생하는데 본격적으로 이민을 받으면 이런 문제가 더 심화될 것이라고 생각한다. 불법체류자 문제는 어떻게 할 것이며, 그 사람들이 일으키는 범죄도 문제가 될 수 있다. 그러나 불법체류자 문제는 지금도 많이 있으며, 외국인들로 인한 범죄도 증가하고 있다. 그러나 냉정하게 판단하면, 불법으로 체류하고 있는 외국인이 문제인 경우가 대부분이다. 다시 말하면 한국이 정식으로 이민을 받으면 한국으로 들어오지 못할 자격이 부족한 사람들이 한국에 들어와서 문제를 일으키는 것이다. 이걸 다시 말하면, 합법적으로 한국에 살러 올 수 있는 사람들을 들어오게 하고, 능력이 안되고 실력 없는 사람들을 최소한으로 줄이면 되는 것이다. 지금 베네수엘라의 경제가 파탄이 났지만, 파탄 나기 전에 능력 있고 돈 있는 사람들은 해외로 다 이민을 간 것처럼, 아무리 문제가 있는 나라들도 분명 능력 있고 실력 있는 사람들이 많이 있다. 아무리 미국과 일본이 부자나라라 하더라도 미국과 일본에도 거지와 살인자도 있는 것처럼. 출신 나라가 중요한 게 아니라 그 사람 자체가 얼마나 능력과 실력이 있나 그것만 판단하면 된다. 실력 있고 능력 있는 사람을 이민으로 받는 것이 난민을 받는 것보다 훨씬 이롭다. 난민은 안 받을 수는 없으니 가급적 적게 받아야 한다. 현재 많은 난민이 중동지역이거나 아프리카에서 생기는 문제이니 한국은 크게 걱정할 정도는 아니지만, 항공으로 얼마든지 들어올 수 있다. 최근에 제주도에 중동에서 온 난민이 들어와서 조금 문제가 되긴 했는데, 숫자가 워낙 적어서 큰 문제는 안 될 것으로 본다.

── 이민을 받으면 어떤 문제가 생길까?

이민을 받으면 어떤 문제가 생길까? 미국, 호주, 캐나다 및 영국을 보면 이민을 받아서 사회적인 문제도 많아지고 있고, 범죄율도 증가 일로에 있는데, 한국도 그런 문제가 발생하면 어쩌지? 여러 인종이 한국에 들어오면 다인종 결혼도 많아질 텐데 그러면 한국인의 정체성이 혼란스러워지는 것은 아닐까? 이런 질문들은 이민을 받으면서 생기는 아주 당연한 문제이다. 호주의 경우를 보면 이민의 증가함에 따라 사회적인 문제도 많아지고 범죄율도 증가하는 것은 맞는데, 이건 불법적인 이민 때문인 경우가 대부분이고, 또 실력과 능력이 없는 사람이 들어와서이고, 문제가 될 만한 사람을 제대로 거르지 못해서 그렇다고 보면 된다. 유학생으로 온 사람들, 브리징 비자로 있는 사람들, 난민 및 불법체류자들 혹은 들어오지 말아야 할 사람들이 들어와서 대부분의 문제를 일으킨다. 대부분의 난민이나 불법체류자는 합법적으로 이민을 들어올 수 없으므로 여행 비자로 오거나 학생비자로 와서 본국으로 돌아가지 않고 눌러앉아서 난민이 되며 또 불법 체류자가 된다. 호주의 경우는, 난민이나 불법 체류자 한 명이 영주권을 받으면 그 사람과 관련하여 총 4명이 추가로 영주권을 받게 된다고 한다. 대부분 난민이나 불법 체류자는 남자이니, 먼저 아내가 들어올 테고 그 후엔 딸린 자식들이 들어온다. 평균 2명 이상은 되니, 그래서 총 4명이 되는 것이다. 이런 사람 4명이 들어온다는 것은 복지 시스템에 상당한 부담을 준다. 이 4명을 세금으로 먹여 살리거나 지원을 해야 하기 때문이다. 일자리를 구하는 데 시간도 엄청나게 걸리지만, 일자리를 구해도 세금을 많이 내는 그런 일자리가 아니다. 그래서 경제에 도움이 되기는커녕 오히려 피해가 될 가능성이 크다. 그러니 난민이나 불법체류자는 최대한 영주권을 주면 안 된다.

최근에 미국의 경우를 보면 바이든 행정부 출범 이후 난민이나 불법 입국이 증가하는 것으로 보이는데 민주당이 이런 사람들에 대한 처벌을 부드럽게 한다고 해서 그렇다. 그럼 앞으로 불법 입국자나 불법체류자가 더 증가할 것인데 이로 인해 미국의 국가 재정에 상당한 부담을 지울 가능성이 크다. 지금도 멕시코인이나 남미 여러 나라에서 멕시코를 통해서 미국으로 불법 이민을 하려고 하는 사람이 부지기수인데 처벌이 약화되면 며칠 사이에도 몇천 명 아니 몇만 명이 일시에 국경을 넘을 수 있다. 미국에 가 보신 분들은 잘 아시겠지만, 미국과 멕시코의 국경이래 봤자 별것도 없다. 그 흔한 경계선이 없는 곳도 많다. 그러니 월경을 하는 것은 어렵지 않다. 트럼프 시대 때 만든 국경 벽도 해체한다고 하니, 국경을 넘는 것은 더 쉬워진다.

호주의 마지막 사면령은 1974년인데, 휘틀람이 수상으로 있을 때다. 단순하게 햇수를 계산해보면 47년 전이다. 반대로 얘기하면 지난 47년 동안 사면이 없었단 얘기인데 그만큼 불법체류자에 대한 피해를 잘 알기 때문이다. 또 1974년도에 사면을 한 이유도, 이때는 호주 경제가 많이 성장하는 시기여서 노동력 부족이 조금 심각해지고 있었기 때문에 사면을 해도 충분히 소화할 수 있는 숫자이기도 했다. 지금도 코로나로 인해서 특히 농부들의 일손이 부족해서 사면 얘기가 나오고 있지만 될 가능성의 희박하다. 왜냐면 이 코로나 사태는 올해 중으로 해결될 가능성이 크고 오래가지 않을 것이기 때문이다. 또 사면을 하기보다는 비자가 만료되어서 불법체류자가 되었으니 그게 어떤 비자든 그 비자만 연장해 줄 가능성이 크다. 불법체류자의 비자를 보면, 여행비자, 학생비자 및 워킹홀리데이 비자가 대부분이니 그 비자만 연장해서 합법화시키면 된다. 경제가 나쁘진 않지만, 호황은 아닌 호주 경제가 영주권을 주는 사면을 할 가능성은 거의 없다. 마찬가지로 이런 이민 선배 나라들의 경험을 잘 살려 한국도 이런 경험을 배우면 된다.

외국인으로 인한 범죄가 증가할 가능성이 있고 그 외에 이민의 증가로 인한 여러 가지 사회 문제가 발생할 가능성이 있다. 그러나 우리 한국은 모든 개인이 주민증이 있고 주민등록번호도 있다. 또 시내 곳곳이 CCTV가 있어서 다 녹화가 되고 있으며 범죄 검거율도 상당히 높다. 우리 한국인이 선한 민족이라 범죄율이 적은 것도 있지만. 잡힐 가능성이 크다 보니 범죄에 대한 유혹이 적다. 또 어느 나라나 덩치가 커지고 인구가 증가함에 따라 범죄의 가능성도 같이 늘어난다. 호주인들 중에서도 이민자가 늘어서 생활이 힘들어지고 범죄자가 많이 늘었다고 푸념이다. 그러나 이민 자체가 문제라기보다는 위에서 말한 1974년에 한 사면령으로 자격이 안 되는 사람이 많이 들어온 영향이 크다. 특히 자격이 미달되는 레바논 사람이 많이 들어왔다. 시드니의 많은 범죄와 도둑이 레바논 사람들에 의해 행해진다. 레바논 사람들 중에서도 분명 좋은 사람들이 있겠지만 결과만 보면 사기와 수표의 부도 등의 많은 범죄가 이 레바논 사람들에 의해 저질러진다. 그래서 사면령은 문제가 될 가능성이 상당히 크다. 중동 무슬림들(아시아 무슬림은 큰 문제가 없는 것 같다)도 이민 받기에 부담스러운데, 이 사람들은 호주에 살러 왔으면 호주 문화와 호주 생활 방식에 적응해야 하는데, 호주 사회에 적응하려고 하는 게 아니라 호주 사람들이 이슬람 문화를 수용하도록 바꾸려고 한다. 주객이 전도되어도 한참 전도되었다. 호주 안에서 살면서도 일부이처 일부삼처를 종종 볼 수 있다. 호주에서도 불법이지만 법망을 잘 피하기도 하고 신고도 거의 없다. 여자들에 대한 대우도 심각하다. 엄마도 여자인데 그 사람들은 엄마를 안 좋아하나 보다. 본인은 무슬림이라 내 삶의 방식을 바꿀 수가 없으니 호주인인 당신이 바꿔야 한다고 억지 주장이다. 얘기하다 보면 정말 미치고 팔짝 뛴다. 삶의 방식이 달라도 너무 다르다. 이 사람들이 한국에 이민 오면 나는 무슬림이라 바꿀 수 없으니 한국인 당신이 방식을 바꾸라고 얘기할 사람들이다. 요즘 서울에도 한국인인데 무슬림이 되는 경우를 보는데, 위험한 신호이다.

── 이민자는 국익과 나라 발전에 상당한 도움이 된다

한국도 이젠 어느 정도 먹고 살 만하니 외국인들이 자주 눈에 띈다. 미국인, 일본인, 러시아인, 중국인, 중앙아시아인, 동남아시아인 등 다양한 민족이 한국에서 살고 있다. 아직은 결혼으로 한국인이 된 경우가 대부분인 것 같다. 그러나 앞으론 정식으로 이민을 받아들여야만 한국이 살 수 있고, 국민연금이 부도나지 않으며, 한국의 제조업이 망하지 않으며, 한국이 영속할 수 있다. 미국, 호주, 캐나다 및 영국이 그런 것처럼. 호주의 경우는 이민자들이 본국과 활발한 무역을 통해서 호주 경제에 많은 기여를 하고 있다. 호주는 30% 정도의 인구가 해외에서 태어났는데 7백만 정도의 인구이다. 300가지의 언어가 사용되고 있고, 약 200개국에서 이민 와서 살고 있다. 호주 정부는 2030년까지 영어를 사용하는 국가와 서유럽 나라들과 비교해서도 가장 젊은 인구 구조를 가질 나라가 될 것이고, 아시아의 잘사는 어떤 나라보다 젊은 노동력을 가질 것이라고 한다. 여기서 말하는 아시아의 잘사는 나라에 일본, 한국 및 싱가포르는 당연히 포함된다. 호주의 이민 정책은 크게 2가지로 분류가 된다. 난민 같은 인도주의적인 이민과 독립 이민(기술 심사 이민)이다. 인도주의하에서의 이민은 난민을 받아들이거나 부모초청 이민 등이다. 난민도 불가피하게 받아들여야 하지만, 부모초청 등의 이민도 최소한으로 줄이면 좋다. 이유는 이 부모는 나이가 많아서 국가에 세금 낼 햇수는 얼마 안 되고 나이가 들었으니 의료 보험 등 경비가 훨씬 많이 들어가기 때문이다. 그럼 이민의 문호를 여는 것에 대한 장점을 살펴보도록 하자.

경제의 성장

경제 성장에 인구의 역할은 절대적이다. 미국의 경우를 예를 들면 경제 성장의 70%가 소비에서 발생한다. 즉 국민이 소비하는 금액이 경제 성장의 주축이다. 미국은 이미 선진국이라 제조업이나 서비스업 또는 건설업으로는 경제성장에 한계가 있다. 한국은 제조업 강국이니, 단순히 인구만 증가해도 제조업체에서 만들어지는 제품을 소비하는 소비자와 고객이 그 비중만큼 늘어난다. 단순히 예를 들어 5천만 인구가 소비하는 옷과 1억이 소비하는 옷은 두 배가 차이가 난다. 한국은 자영업의 비중이 다른 OECD에 비해 상당히 높은데 흔히 식당이나 카페 등을 하고 싶어서 하는 게 아니라 할 게 없어서 하는 것이다. 특히 요즘은 명퇴나 조퇴로 일찍 회사를 떠난 사람들이 늘고 있는데, 이 사람들이 그냥 놀고먹기엔 아직 살 날이 너무 많고, 또 퇴직금이나 명퇴금을 은행에 맡겨 놓으려고 하니 이자가 너무 낮아서 예금할 수도 없다. 그러니 울며 겨자 먹기로 식당을 하는데 문제는 대부분의 식당이 5년 내에 망한다는 통계가 있다. 이민으로 인구가 많아지면 자연히 식당에도 더 많이 갈 것이고 또 카페에서 커피 한잔하는 경우도 많아질 것이라 이민은 이런 자영업자에게도 많은 도움이 된다.

우수하고 풍부한 젊은 노동력

2021년 올해 한국인의 평균 연령은 43.3세인 데 비해 베트남의 평균연령은 29세이다. 미국 Illinois 대학교 심리학과 교수인 Raymond Cattell은 사람의 지능에 크게 두 가지가 있다고 주장한다. Fluid Intelligence(FI, 액체성이 강한, 또는 유동성이 강한 지능)와 Crystallized Intelligence(CI, 결정체화된 또는 정형화된 지능)이다. FI는 융통성있고 탄력적으로 생각하고 대응할 수 있는 지능을 말하고 CI는 살아가면서 습득한 지식과 경험 및 기술을 기초로 생각하고 의사결정을 할 수 있는 지능이다. FI는 지식을 빨리 습득하고 새로운 상황에 융통적으로 적용하는 능력을 말하고, CI는 살아오면서 축적한 경험과 지식을 토대로 판단을 하는 능력을 말한다. 공부에도 때가 있다는 말을 우리가 자주 하는데, 젊은 사람들의 두뇌가 FI가 더 발달하였기 때문이다. 그런데 문제는 앞으로의 의사결정이나 판단은 새로운 지식을 빨리 습득하고 빨리 적응하는 사람들이 유리하도록 전개가 되고 있다. 4차 산업이 태동하고 있고 조만간 2차 산업 3차 산업보다 훨씬 더 빠르고 급격한, 4차 혁명이 우리 눈앞에 있다. 여기에는 FI 능력을 가진 젊은 사람이 훨씬 유리하다. 그래서 4차 산업이 발전시킬 나라는 젊은 사람들의 노동력이 많이 필요하다. 평균 나이가 43.3세인 한국에는 굉장히 불리한 상황이다. 한국은 4차 혁명에 기초가 되는 강한 제조업을 가지고 있다. 이것을 기초로 젊은 인력의 우수한 FI가 절대적으로 필요하다.

노령화의 해결

한국의 노령화 속도는 단연 세계 최고이다. 향후 10년 정도는 크게 실감하지 못하겠지만, 이런 상태에서 10년 이후부터는 급격한 인구감소가 예상

된다. 우리에게 주어진 시간은 앞으로 10년밖에 없는지도 모른다. 앞으로 10년을 어떻게 준비하느냐에 따라 한국의 미래가 달려있다. 10년이 지나면 너무 늦어서 손을 쓰기도 힘들고 또 손을 쓴다고 하더라도 출산율은 조금 증가할지 모르겠지만 가임 여성의 비중이 너무 작아서 효과가 거의 없을 가능성이 크다. 노인이 되면 돈이 많이 필요하다. 몸도 여기저기 아프기 시작해서 의료비도 많이 들어가고, 또 돈은 벌지도 못하는데 생활비로 일정 금액이 지출되어야만 한다. 한국은 부자가 되어가면서 노령화가 되고 있어서 벌어 놓은 돈은 없고 열심히 벌 때만이 부자이다. 벌어 놓은 돈이 없으니 노인 빈곤율이 50%라고 한다. 자녀들이 용돈도 정기적으로 주는 노인이 많고 또 노인들에게 전화상으로 일을 했는지 여부를 물어본다고 하는데, 돈을 받으려고 일을 안 했다고 할 테니 실제 노인 빈곤율은 30% 정도 되지 않을까 한다. 그렇다 하더라도 다른 선진국은 20% 미만인데 많이 높은 것은 사실이다. 이런 노인들에게 유일한 희망은 국민연금이나 노인연금이다. 공무원연금과 군인연금은 그분들에게만 적용이 되니 여기서는 논외로 하자. 국민연금은 본인이 납입한 금액을 기준으로 받으니 납부한 금액이 많으면 받을 것도 많다. 게다가 앞으로 젊은 사람들 비중이 엄청나게 줄고 있으니 이분들이 국민연금을 받을 때쯤인 20-30년 후에는 국민연금이 고갈될 가능성이 제법 된다는 소리가 들린다. 노인연금은 2019년 4월 달 이후로는 월 30만 원이라고 하는데, 월 30만 원으로 강아지 코에 풀칠도 못 할 적은 금액이다. 노인연금이야 나이가 되어서 받는 것이니 나라가 돈이 없으면 줄일 가능성도 있다. 또 특별히 본인이 납부한 금액도 아니기 때문에 정부가 줄인다고 하면 뾰족한 수가 없다. 30만 원에서 20만 원 10만 원, 아니 0원이 될 수도 있다. 그러나 국민연금은 다르다. 내가 열심히 일할 때 일정 부분을 빼서 국민연금을 납입해왔다. 내가 납입을 했으니 충분히 찾을 권리도 있고 또 찾아야 한다. 그런데 국민연금이 고갈된다? 이건 사회적으로 상당히 큰 문제가 된다. 벌면서 쓰지도 못하고 납부했는데, 막상 찾을 때가 되니 줄 돈이 없단다. 미치고 팔짝 뛸 일이다. 이민은 국민연금의 고갈을 막는 것뿐만 아니라 국민연

금을 풍족하게 한다. 이민을 받아야 할 아주 중요한 이유이다. 우리 개개인
에게 아주 중요한 이유다.

직업 창조 및 실업률 감소

한국은 산업화가 상당히 진행되었다. 한국전쟁 이후로 폐허에서 기적 같
은 성장을 했다. 이 모두가 산업 현장에서 열심히 뛴 기업가와 국민들이 다
같이 피땀 흘린 결과이다. 산업화가 많이 되고 또 다양화됨에 따라 새로운
분야와 직업이 많이 생긴다. 이 새로운 분야와 직업이 선순환을 일으켜 또
이 새로운 분야가 계속 새로운 직업을 만든다. 이 현상이 산업 전반에 걸쳐
발생하면 직업 종류와 직업 개수도 많이 생긴다. 이것의 반복이 실업률의 감
소로 이어지는 것은 당연하다. 2010년 미국의 직업 개수는 30,653이었고 한
국의 2011년 직업 개수는 11,655였다고 한다. 대충 비교해도 거의 3배의 차
이가 나는데, 한 나라의 산업이 고도화하면 할수록 직업의 종류도 많아지고
또 깊이도 깊다. 한국의 산업도 다양화하고 깊어짐에 따라 직업 종류가 많이
생기고 있다. 이민은 이런 변화를 가속화시킬 것이다.

부강한 한국

한 나라가 선진국이고 강하며 잘사는지 여부를 판단하는 가장 기초적인
데이터가 인구수와 GDP이다. 쉽게 말하면 얼마나 많은 인구수를 자랑하며
또 그 인구가 얼마나 많은 돈을 벌어서 잘 먹고 잘사냐이다. 중국이 인구는
많으나 거의 70% 정도가 아직도 빈곤해서 중국이 강하고 센 척해도 실체를
파보면 거지투성이다. 작년 말에 중국 국무원 총리인 리커창이 말하기로 월
수익 천 위안(한국 돈 약 15만 원) 이하가 5억 6천만 명이라고 하는데 한국 돈
으로는 하루 5천 원 정도이니 한국의 보통 거지도 남대문에서 한 시간에 벌
수 있는 돈이다. 월 수익 2천 위안(한국 돈 약 30만 원) 이하가 9억 5천4백만

명이라고 하는데, 한국 돈으로는 하루 만 원 정도이니 조금 똑똑한 거지가 남대문에서 한 시간에 벌 수 있는 돈이다. 중국 인구가 14억 중에서 약 70% 정도인 9억 5천4백만 명이 하루 만 원도 못 버는 거지 중에 상거지인 것이다. 중국 인구 중 1억이 월 250만 원 정도 버는데, 그 인구들로 인해서 중국이 중산국 정도로 보이나 실제로는 거지들인 것이다. 부자들 중에는 상상을 초월할 정도로 부자인 경우도 있는데 정상적으로 번 돈이라기보다는 뇌물과 부정부패 및 기타 관시로 번 돈일 가능성이 상당히 크니 떳떳한 돈이라기보다는 불안한 돈이다. 싱가포르가 1인당 GDP가 6만 불이 넘어가도 강한 나라라고 여기는 사람이 별로 없는 이유는 인구가 6백만이 안 되는 조그만 나라이기 때문이다. 인구도 많고 GDP도 늘어나고 게다가 1인당 GDP도 일정 이상이 되면 선진국으로 인정을 받는다. 한국의 인구가 현상 유지만 해도 아주 강하고 잘사는 나라가 된다. 인구 5천만 이상에 1인당 GDP가 3만 불 이상인 나라가 몇 개나 되나? 통일이 되면 한국의 전체 인구는 8천만도 가능하고 또 북한은 젊은 인구가 많으니 노령화 문제도 조금 줄일 수 있지만, 그때까지 기다릴 수만은 없다. 할 수 있는 것을 최대한 하고 있고 통일이 된다면 더 확장하면 된다. 부강하고 잘사는 한국이 되기 위해선 이민 문호 개방이 절대적으로 필요하다.

호주에서 흔히 들리는 말이, 외국인이 우리 일자리를 빼앗는다는 말이다. 이민자가 증가해서 자기 일자리가 이민자들에게 빼앗긴다는 소리다. 이 말은 여성들이 직업전선에 많이 뛰어들어서 남자들이 여자에게 일자리를 빼앗긴다는 말과 비슷하다. 얼마나 많은 사람이 영향을 받는지 통계를 본 적이 없어서 모르겠지만 없지는 않을 것 같다. 그렇지만 절대 많지는 않을 것이고, 여성의 사회진출이 엄청난 파급효과를 가져오는 것처럼 오히려 그 이민자가 가져오는 긍정적인 경제효과가 비교할 수 없을 정도로 크다. 어떤 나라나 도로 청소부도 필요하고 요리사도 필요하며 전기기사도 필요하다. 또 의사도 필요하며 컴퓨터 개발자도 필요하다. 인공지능을 개발하는 박사도 필요하고, 기업을 운영하는 기업체 사장도 필요하다. 마찬가지로 우리 한국도 이런 모든 사람들이 필요하다. 이민을 통해서 주로 고급인력을 받아들이고 필요에 따라서 요리사가 필요하면 요리사를 더 받고 전기기사가 부족하면 전기기사를 받으면 된다. 만약 일자리를 빼앗기는 사람이 있다면 그 사람은 더 본인의 경쟁력을 키울 수밖에 없다. 한두 사람 살리자고 100명을 죽일 수는 없는 것이 국가의 경영이다.

호주의 이민 역사가 70년이 넘어가지만, 아직도 주류 계층은 호주 태생 호주인이거나 영국계 이민자이다. 첫째 이유는 영어가 전혀 문제없다는 것이고 두 번째로 생김새도 똑같으며, 세 번째로 문화와 역사를 공유하기 때문이다. 아무리 영어를 잘해도, 싱가포르계나 인도계 및 홍콩계는 주류 사회에 진입하는 것이 쉽지가 않다. 영어를 악센트 없이 아무리 잘해도 만나서 보면 얼굴 생김새 등이 너무 많이 다르기 때문이다. 딸내미 남사친 중의 한 명이 호주에서 영향력이 제법 되는 법조계 집안이다. 그 친구가 하는 말이다. 신규 직원을 뽑을 때, 이력서를 보니 시드니 법대를 졸업했으니 실력이 있을 것 같아서 먼저 전화로 인터뷰를 한다. 이름을 보니 완전히 영국계로 보인다. 전화로 인터뷰를 하니 호주에서 태어나서 영어에 악센트도 전혀 없다. 똑똑한 것 같아 실제 만나서 인터뷰를 하기로 했다. 얼굴을 보니 기대와 달리 인도계 사람이다. 영국계를 기대했던 이 사람은 속으로 놀란다. 그러나 차분히 대한다. 그 사람에 대한 예의도 있고, 또 성차별, 인종차별 및 나이 차별을 하면 안 되기 때문이다. 속으로는 뽑지 않을 것이라고 결정을 하고서도 전혀 그렇지 않은 것처럼 인터뷰를 한다. 끝나고서도 몇 명 더 인터뷰를 해야 하니 다 마치면 연락하겠다고 하면서 웃으면서 보낸다. 그러나 이 회사는 이 인도계를 아무리 똑똑해도 뽑을 수가 없다. 왜냐면 이 회사의 고객이 100% 백인 호주인 또는 영국계 호주인이기 때문이다. 고객이 100% 이런 사람인데 인도계가 회의실이나 술자리에 나타나면 분위기가 이상해진다. 이 사람을 인종차별해서라기보다는 그 사람들과 다르기 때문이다. 우리 한국도 비슷할 것이다. 인도에서 이민 온 젊은 사람은 아무리 한국말도 잘하고 똑똑하다고 하더라도 한국의 주류 사회에 참여하는 것이 쉽지 않을 것이다. 한국말도 잘하고 명석한 두뇌를 갖고 있어도, 한국의 문화를 100% 이해를 하지 못하고, 또 말을 하지 않아도 눈치를 채고 반응을 보이고 대응을 해야 하는데 이민자는 어렵기 때문이다. 또 단순히 우리 한국 사람과 다르게 생겼기 때문이기도 하다. 그래서 100년이 지나도 법조계나 정치계 등의 주류 사회는 우리 한국인이 대부분의 자리를 차지할 것이다. 그러나 기업 분야는 다르다. 얼마든지 머리 좋은 사람이 혁신으로 무장해서 사회에 진출한다면 얼마든지 훌륭한 기업가가 나올 수 있고, 또 그런 기업가가 많이 나와야 한다.

문화의 다양성

시드니에 살면서 가장 좋은 것 중에 하나가 바다가 옆에 있어서 언제든지 바다 구경을 할 수 있다는 것과 전 세계 모든 음식이 널려 있어서 얼마든지 다양한 국적의 음식을 맛볼 수 있는 것이다. 호주가 세계에서 미국 다음으로 가장 다양한 사람들이 모여 사는 것 같다. 아시아 및 유럽 음식은 기본이고 중동 음식, 남미 음식 심지어 아프리카 음식도 찾으면 있다. 중동 음식 중에 양고기의 기름을 쫙 뺀 음식도 맛이 있고, 멕시코의 매콤한 음식도 한국인의 입맛에 맞다. 월남국수 국물도 얼큰한 게 좋다. 이 다양한 문화가 비단 음식에만 적용될까? 직업에도 귀천이 없다고 하는데, 실제로 없을까? 그런 것처럼 문화에도 고급문화와 다소 저급문화도 있다. 뉴질랜드에 사는 마오리족들은 그네들의 높은 문화로 백인들과 거의 동등한 대우를 받고 있고 인종차별도 거의 없다. 인종 간의 결혼도 아주 흔하다. 굳이 숫자로 표현하면 백인들이 100이라면 99 정도로 백인들과 동등하지는 않지만, 거의 차이 없이 잘 어울려 살고 있다. 그러나 호주 원주민들은 백인들과 많은 차별을 겪고 있다. 이유는 간단하다. 문화가 없기 때문이다. 호주 원주민이 개발한 문명이나 문화가 있다면 부메랑밖에 안 보인다. 주택 문화도 정말 볼품없다. 풀잎으로 엮어서 바람과 비를 피할 정도이다. 옷도 중요 부위만 가린 채 거의 거지처럼 입고 다녔다. 한마디로 봐줄 만한 문화가 없다.

　유럽인들이 아시아인보다 특별히 머리가 좋아서라기보다는 좁은 유럽대륙에서 서로 치열한 경쟁을 하다 보니 이 치열한 경쟁이 산업의 발전을 가져왔다. 수많은 전쟁으로 피튀기는 경쟁에 살아남기 위해서 기술 경쟁과 과학 경쟁을 해서 르네상스가 일어났고 또 2차산업혁명이 유럽에서 일어났다. 르네상스 전만 하더라도 유럽의 생활은 비참했다. 병도 많았고 가난해서 제대로 먹지도 못했다. 그러나 경쟁이 그런 유럽을 지금처럼 강하게 키웠다.

　이에 비해 아시아는 어떤가? 중동 아시아는 한때 페르시아나 터키 같은 굵직한 나라가 있어서 유럽을 위협했지만, 중앙아시아나 극동아시아에서는 몽골의 칭기스칸이 유럽을 한 번 헤집고 다녔지만, 그 외에는 별로 없다. 기술과 과학의 발전도 르네상스 이후로 확실히 아시아가 뒤지기 시작했다. 그 이유는 간단하다. 아시아를 큰 그림에서 보면 중국과 그 외의 주변 나라들이다. 국가 간의 경쟁이란 것이 없었다. 중국이 주변의 나라들을 조공을 바치게 함으로써 경쟁보다는 복종을 시켰다. 함부로 까불면 쳐들어와서 끝장을 낸다. 고구려가 이렇게 망한 것이다. 아시아에서 유일하게 중국과 맞짱을 떠든 나라가 베트남이다. 인구수나 나라 크기로 보면 경쟁도 안 되지만 그래도 쳐들어오는 중국(정확하게는 몽골의 원나라)을 잘 막아냈다. 지금도 중국과는 언제든지 전쟁을 할 수 있는 나라로 배짱도 크고 배포도 크다. 미국이 싸울 생각을 포기하고 사이공을 떠나서 진정한 승리라고 볼 수는 없지만, 베트남인은 미국과의 전쟁에서도 이겼다고 자부심이 대단하다. 미국이 정말 이겨야겠다고 생각했으면 베트남이란 땅은 바닷속으로 가라앉았을 것이다. 이렇게 강한 베트남도 형식적으로는 중국을 사대했는데, 그 외의 나라들은 중국에게 복종하고 사대를 안 할 수가 없었다. 그럼으로써 아시아에는 경쟁 자체가 없다시피 했다. 자발적이기도 하고 또 불가피하게 어쩔 수 없기도 했다. 아니면 고구려 꼴이 나기 때문이다. 이런 상태였으니 중국과의 경쟁은커녕 중국에게 미운털 안 박히고 살아남는 게 우선이었다. 이러니 기술과 과학 발전이 유럽보다 뒤처질 수밖에 없었다. 아시아로 경제의 비중이 넘어오긴 하지만 계속 아시아가 헤게모니를 쥐기 위해선 중국을 여러 나라로 쪼개는 것이 필요하다. 그리고 중국은 역사적으로 봐도 쪼개지고 합치는 것을 수없이 반복해왔다. 기업도 나라도 발전을 하기 위해선 공정한 경쟁이 필수적이다. 그다음으로 필요한 것은 다양한 생각과 다른 각도에서 볼 수 있는 시야이다. 기업이 제품을 개발할 때 한국에 산재하는 다양한 문화가 많은 도움될 것이라는 것은 분명하다. 문화에 수준은 있을 수 있지만 다양한 나라에서 가져온 다양한 문화는 다른 생각과 다른 시야를 가져온다. 그리고 다양하다는 것은 선택의 폭이 넓다는 소리이고 또 이것이 삶의 폭도 넓혀준다.

우리 한국이 이민 문호를 개방하지 않고 현재의 방식을 그대로 유지한다고 하더라도 다문화 사회로 다가가고 있고 시간이 가면 갈수록 이민자의 비중이 증가할 수밖에 없다. 30살 이하의 인구에서 여자가 많이 부족하니 지금까지 이민자가 증가한 것과 똑같은 이유인 국제결혼이 증가할 것이기 때문이다. 이 국제결혼의 특징은 우리보다 못사는 나라에서 온 사람이 대부분인데 국제결혼 한 높은 비율의 한국 남자가 한국 여자와 결혼이 어려워서 외국에서 신부를 찾았기 때문이다. 그래서 한국이 필요로 하는 인력보다는 그 배우자가 한국의 경제력이 필요한 경우가 대부분이다. 이 방식도 한국경제에 도움이 되는 것은 분명하지만 한국에 더 도움될 수 있도록 한국이 필요로 하는 이민자를 더 많이 받을 수 있도록 방향을 바꿔야 한다.

—— 이민성을 별도로 만들자

출산율 증가를 위해서 전담부서를 만들어야 하는 것처럼 이민을 담당하는 전담부서가 생겨야 한다. 미국이나 호주 및 캐나다에는 이민을 전담하는 이민성이 있다. 한국은 출입국관리사무소에서 이와 유사한 일을 하는데, 이 부서로는 부족하기 때문에 이민을 전담할 수 있는 부서를 만들어야 한다. 어떤 사람을 받을 것이고 어떻게 받을 것이며 어떤 기준으로 언제 받을 것인가 하는 것에 대해선 전문적으로 고민하는 부서가 생겨야 한다. 이민으로 들어왔을 때, 관리하고 모니터하고 교육하는 일도 해야 한다. 좋은 직장을 빨리 얻을 수 있도록 도와줘야 하고, 한국어를 빨리 배울 수 있도록 지원해야 한다. 한국 문화와 예절에 대해서도 교육을 해야 하고, 자녀들도 학교에 빨리 적응하고 또 한국말도 빨리 배울 수 있도록 지원해야 한다. 통계를 내서 어떤 나라 출신이 적응을 잘하며, 또 어떤 문제를 일으키는지에 대해 분석도 해서 문제점도 고쳐 나가야 한다. 적응을 빨리하고 직장을 빨리 잡는 국가 출신은 더 많이 받을 데이터도 만들어야 한다. 문제를 일으키고 어려움이 있는 국가 출신은 왜 그런지 어떻게 하면 문제를 해결할 수 있는지에 대한 데이터도 뽑아야 한다. 이민 점수 평가에 보완할 점은 뭔지, 또 어떤 어려움이 있는지 계속 평가를 해야 한다. 이민 초기에 어떤 어려움이 있는지, 개선할 점은 뭔지도 분석해야 하고, 자녀들의 적응에는 어떤 문제가 있는지도 분석을 해야 한다. 이민자들 사이에 알력은 없는지 너무 이민자들하고만 어울리는 것은 아닌지도 분석을 해야 한다. 또 영주권 비자를 연장할 수 있게 되어야 하고, 시민권 신청을 할 수 있도록 신청도 받아야 하고 평가하고 시민권도 수여해야 한다. 할 일이 너무 많다. 호주는 이전엔 이민성이라고 했는데 지금은 The Department of Home Affairs라고 한다. 미국도 U.S. Citizenship and Immigration Services라고 하는 전담부서가 따로 있다. 캐나다는 Immigration and Citizenship이라 하고 영국은 US Visas and Immigrations라고 한다.

다음의 도표에서 보는 것처럼 세계 인구는 피라미드 모양으로 굉장히 안정적이며 지속적으로 증가하고 있다. 인구 감소의 문제는 전 세계적인 문제가 아니라 국가적인 문제이다. 전 세계적으로는 인구가 늘고 있기 때문에 인구가 늘고 있는 나라에서 줄고 있는 나라로 이민을 받으면 누이 좋고 매부 좋다. 2100년까지 인구수도 계속 증가할 것으로 예상되며 출생률도 계속 증가하고 있다. 한국이 이민을 받으면 한국으로 이민 와서 살 수 있는 인구도 엄청 많다. 현재 세계 인구의 증가는 주로 개발도상국 이하의 나라에서 이뤄진다. 선진국으로 가면 갈수록 어떤 나라나 인구 감소를 겪고 있다.

세계 인구도표

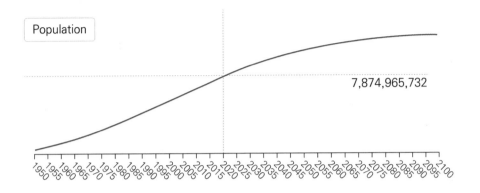

Population

7,874,965,732

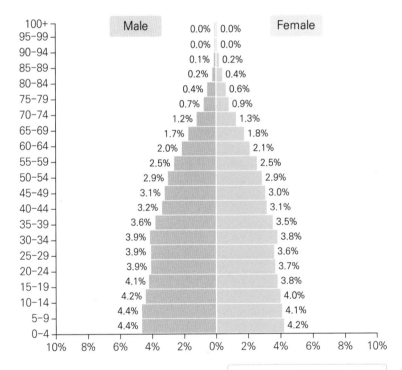

	Male	0.0%	0.0%	Female

Male   Female

연령	Male	Female
100+	0.0%	0.0%
95-99	0.0%	0.0%
90-94	0.1%	0.2%
85-89	0.2%	0.4%
80-84	0.4%	0.6%
75-79	0.7%	0.9%
70-74	1.2%	1.3%
65-69	1.7%	1.8%
60-64	2.0%	2.1%
55-59	2.5%	2.5%
50-54	2.9%	2.9%
45-49	3.1%	3.0%
40-44	3.2%	3.1%
35-39	3.6%	3.5%
30-34	3.9%	3.8%
25-29	3.9%	3.6%
20-24	3.9%	3.7%
15-19	4.1%	3.8%
10-14	4.2%	4.0%
5-9	4.4%	4.1%
0-4	4.4%	4.2%

WORLD - 2021
Population: 7,874,965,731

한국도 이제 잘사는 반열에 들었으니 한국이 이민 문호만 열면 한국에서 살고 싶어 하는 사람들 너무 많을 것이다. 유럽 대부분의 나라에서는 난민 때문에 골치가 아프다. 난민을 받아야 해서 그렇기도 하지만, 받은 난민들이 사고를 치거나 범죄를 일으키는 경우가 종종 있어서이다. 난민으로 왔으니 합법적으로 온 사람들과는 수준과 능력이 다르다. 한국이 이민을 받으면 이런 난민에 대한 쿼터를 얼마든지 줄일 수 있다. 우리 한국은 이미 이런 나라들로부터 이민을 많이 받고 있어서 난민에 대한 수용은 적게 하겠다는 말도 논리가 있다.

── 유치원부터 영어로 수업을 해야 한다

이 책의 전반부에서 언급한 것처럼, 영어는 이제 확실한 국제어가 되었다. 영어권인 미국이나 호주, 캐나다 및 영국은 당연히 영어로 훌륭한 대화를 할 수 있고, 독일이나 이탈리아, 스페인 심지어 프랑스에서도 영어로 대화가 잘된다. 동남아, 남미 및 중동에서도 영어로 대화에 큰 어려움은 없으며, 심지어 아프리카에서도 영어에는 큰 불편은 없다. 게다가 가장 많이 발간되는 책이 영어로 쓰여진 책이며 비영어책의 대부분이 영어로 번역이 되어 있어서 영어만 잘하면 거의 모든 분야의 책을 쉽게 구할 수가 있다.

아기들의 언어 습득을 관장하는 두뇌가 만 8살에 퇴화가 된다고 한다. 유치원 다닐 때는 만 4-5살이니 언어습득이 아주 쉽다. 초등학교 1학년 학생도 만 6살이니 아직 퇴화가 되지 않아서 말 배우기가 쉽다. 아기들과 어린이들은 말을 배울 때 따로 공부를 해야 하는 것은 아니다. 그냥 생활 속에서 자연스럽게 배우게 된다. 이들의 언어습득 능력은 정말로 신기하다. 교육계에 종사하는 많은 분이 한국말도 제대로 하기 전에 영어를 가르치면 혼란스러워한다고 하면서 한국어가 완벽해질 때까지 가르치면 안 된다고 한다. 그러나 내가 본 주위의 다문화 아기들은 엄마 말과 아빠 말이 다른 것을 분명히 알고 있어서 엄마에게는 영어로 아빠에게는 한국어로 또는 그 반대인 경우는 엄마에게는 한국말로 아빠에게는 영어로 한다. 영어로 하면 외할머니, 외할아버지, 이모가 못 알아들으니 한국말로 하고, 친할아버지, 친할머니, 고모 등에게는 한국말로 하면 못 알아들으니 영어로 한다. 정말로 신기하다. 3-4살 아이가 그걸 다 알고 말을 달리한다. 이런 애들은 단어 수는 많지는 않지만 완벽한 2개 국어를 한다. 심지어는 한국계 교포인데 어릴 때 와서 영어를 쓰는 사람에게는 한국말이 아닌 영어로 한다. 그러니 외모로 판단하는 것도 아니고 그 사람이 쓰는 언어를 가지고 판단하는 것이다. 이러니 일찍부터 영어를 가르치면 혼란스러워한다는 한국 교육계에 있는 사람들의 주장이 틀렸다고 과감히 얘기할 수 있다. 애들의 실제 언어능력은 어른들이 생각하는 애들의 언어능력보다 훨씬 더 탁월하다. 그러니 어릴 때부터 영어교육을 해도 전혀 문제가 없다.

우리 딸이 만 5살 때 호주로 왔다. 올 때는 영어를 전혀 못 했다. 호주는 만 5살 때 정규 교육이 시작된다. Kindergarten(유치원)부터 시작하며, 이게 정규 과정이다. 여기 보내기 전에 선생과 상담을 할 때, 영어를 못 해서 걱정인데 이상 없겠냐고 물어보니, 선생이 크게 웃으면서 전혀 걱정할 필요가 없단다. 애들은 6개월만 지나면 영어는 잘하게 될 테니, 앞으로 한국어 잊어버리는 것을 걱정하란다. 3개월 정도 지나서 학교에 딸을 데리러 갔는데, 애들과 놀고 있는 딸과 호주 애들이 한국말을 하고 있었다. 쟤네들이 어떻게 한국말을 하냐?라고 딸에게 물어보니, 딸이 가르쳤단다. 그리고 몇 달 후 딸은 애들과 너무 잘 놀고 학교생활을 너무 재미있어했다. 영어는 물론 문제가 없고. 집에서는 한국말을 하니 한국말도 잘했다. 한국어를 잊어버리지 않게 한국 책을 읽혔지만, 초등학교 3학년이 되어가면서 공부할 양도 많아지고 또 영어로 읽어야 할 책이 많아지니 한국어책 읽히는 것이 부담스러웠다. 딸도 한국어책을 읽는 것이 어려워짐에 따라 4학년 때부터는 거의 읽지를 못했다. 지금은 영어가 첫째 언어이고 한국어가 둘째 언어이다. 영어가 100이라면 한국어는 60 정도라 한국 드라마만 겨우 알아듣지 뉴스는 거의 못 알아듣는다. 만약에 내가 초등학교 마칠 때까지 만이라도 한국 책을 계속 읽혔더라면 80 정도는 하지 않을까 하는데, 공부하랴 영어책 읽으랴, 여기다 한국 책을 읽히기에는 시간이 많이 부족했다. 마찬가지로 한국에서 초등학교부터 영어로 수업을 하면 애들은 내 딸이 그랬듯이 영어를 금방 그리고 아주 쉽게 배울 것이다. 그러나 언어습득 두뇌가 퇴화가 되면 그때부터는 영어 공부를 따로 해야 한다. 훨씬 힘들고 또 오래 걸린다. 지금 한국의 학생들이 영어로 말하고 듣는 데 상당히 힘들어하는 것처럼.

한국 대학에서도 많은 전공 책이 영어로 된 책이며, 의학이나 첨단 과학은 대부분 영어 원서로 수업을 한다. 세종대왕이 인류역사상 가장 과학적인 한글을 만들어서 한글을 배우기에는 너무 쉽지만, 문제는 한국어는 배우기가 너무 어렵다는 것이다. 영어로는 너는 학교에 간다는 You go to school이고 너는 학교에 갔다는 You went to school 등으로 동사의 변화가 많지는 않지만, 한국어로는 너무 많다. 예를 들어, 너는 학교에 간다, 너는 학교에 갈까? 너는 학교에 갈 거야, 너는 학교에 갈걸? 너는 학교에 갈래? 너는 학교에 가게 돼, 너는 학교에 갔었어, 너는 학교에 갔대, 너는 학교에 갔었대, 너는 학교에 가고 싶어? 너는 학교에 가고 싶을 걸? 너는 학교에 가고 싶었을 걸? 너는 학교에 가고 싶다고 할 걸? 너는 학교에 갔을 거야. 너는 학교에 가고 싶었어, 너는 학교에 가고 싶을 거야, 너는 학교에 가고 싶었을 거야 등등. 여러분도 파악했겠지만 앞에 열거된 말의 뜻과 느낌이 다 다르다는 것은 한국인이면 전혀 문제가 없는데, 이 말을 배우는 입장에서는 이걸 배운다는 것이 너무 어렵다는 생각은 들 것이다. 여기에다 존댓말까지 해야한다. 당신은 학교에 가셨어요, 당신은 학교에 가실래요? 당신은 학교에 가실 거예요. 당신은 학교에 가실 걸요? 당신은 학교에 가셨어요, 당신은 학교에 가시게 될 거예요, 당신은 학교에 갔었어요, 당신은 학교에 가셨대요. 등등. 한국 말이 너무너무 어렵다. 말 배우는 것을 관장하는 어린이의 두뇌가 8살이 되면 퇴화하니, 애들은 특별히 노력하지 않고서도 말을 쉽게 배운다. 그러나 이 두뇌가 퇴화하고 난 후에 언어를 습득하는 유일한 방법은 외우는 수밖에 없다. 그러니 이 두뇌가 퇴화하기 전에 영어를 배우면 완벽한 2개 국어가 가능하다. 그러니 유치원부터 영어를 가르치고 그 이후에도 학교에서 수업은 영어로 하고 학교 밖에서는 한국어를 쓰게 되니 완벽한 2개국어가 가능해지는 것이다.

회사에서는 영어로 된 보고서를 한국어로 번역하느라 엄청난 시간을 소비하고 있다. 일반적인 책은 전문 번역가가 번역해서 출간하기 때문에 덜 하지만, 일반 보고서나 자료 등은 회사에서 일하는 그 고급 인력들이 번역하느라 엄청난 생산력 감소가 생기고 있다. 모든 직원이 그 보고서를 영어로 바로 이해할 수 있다면 번역에 소비되는 시간으로 좀 더 생산적인 일을 할 수 있다. 또 번역이 될 때까지 기다리는 시간이 길어짐에 따라 그때까지는 대응이 어렵고, 또 번역이 되고 나면 너무 늦는 경우가 너무 많아 적절한 타이밍을 놓치는 경우가 허다하다. 패권이 영국에서 미국으로 넘어가게 됨에 따라 같은 영어가 계속 국제어로 사용되고 있다. 그럼 미국이 얼마나 오랫동안 최강국으로 남아있을 것인가? 예측하기 힘든 부분이긴 하지만 최소한 300년 정도는 최대 강국으로 남아 있을 가능성이 아주 크다. 그 근거로 미국 쉐일 가스의 개발로 보수적으로 봐도 300년 정도 쓰고 있을 기름이 있다고 하고, 거의 모든 혁신이 미국 기업으로 나오며, 현대의 거의 모든 원천 기술은 미국이 갖고 있으며, 대부분의 머리 좋고 능력 있는 사람들이 미국 가서 살고 싶어 하기 때문이다. 중소기업부터 대기업까지 똑똑한 인재를 뽑기 위해서 얼마나 많은 노력과 많은 투자를 하고 있는가? 미국은 가만히 있어도 능력이 있고 돈 있는 사람들이 미국으로 이민 가기 위해서 줄을 선다. 이게 힘들면 불법으로 쳐들어가고 또 불법 체류를 한다. 이 얼마나 대단한 나라인가?

일본도 2020년부터 초등학교 3학년부터 영어를 가르친다. 영어를 못 하는 대표적인 선진국이란 오명도 있고 영어를 너무 못 해서 경제적으로 어려움이 많다는 지적에서이다. 지금까지는 영어를 못 해도 되었었는데, 그 이유는 일본이 잘살았다 보니 목마른 놈이 우물 판다고 외국인들이 일본어를 많이 배웠다. 또 책 등도 일본어로 많이 번역이 되어서 굳이 영어를 못해도 일본어로 번역된 책을 읽으면 되었었다. 한국은 원서를 보는데 일본에서는 영어로 된 많은 책이 일본어로 번역이 된다. 이건 메이지 유신 이후로 서구를 따라하면 서부터 계속되어 왔던 일이다. 또 일본에서도 영화를 자막보다는 더빙으로 본다. 이유는 일본어를 자막으로 넣으면, 다 읽기도 전에 다음 자막이 나와야 할 만큼 빠르고 쉽게 읽을 수 있는 글자는 아니기 때문이다. 한국은 위대한 한글 때문에 가로로 적어도, 세로로 적어도 해독 속도가 상당히 빠르다.

유럽도 영어의 필요성을 절감한다. 유럽에서 사용되는 대표적인 언어는, 영어뿐만 아니라, 독일어, 프랑스어, 이태리어, 스페인어 등이다. 그러나 어느 나라를 가도 영어로 대화하기에 어려움이 별로 없다. 자국어에 대한 자부심이 거의 세계 최고라는 프랑스인도 영어를 이젠 잘한다. 식민지 개척에 둘째가라고 하면 서러운 스페인도 영어를 다른 유럽 나라에 비해서 못하긴 하지만 영어의 필요성에 대해선 절감한다. 참고로 스페인의 남미 식민지 개척으로 브라질을 제외한 대부분의 남미 나라에서는 스페인어를 사용하지만 그래도 영어가 거의 대표 국제어이다. 영어는 국제어로서도 전혀 손색이 없다. 어원이 라틴, 그리스 등의 어원이 많아서 새로운 단어를 만드는 것도 쉽다. 말이 논리적이기도 하고 쓰기도 쉬운 편이다. 단지 우리 한국인에게는 말이 너무 달라서 배우기가 어려운 것뿐이다.

다음 도표는 영어 소통 능력(English proficiency index)을 표시한 순위이다. 잘사는 대부분의 선진국이 영어를 잘한다. 특이한 것은 아시아 나라 중에서는 싱가포르가 들어있다. 싱가포르는 영어가 공용어인데 10위다. 그만큼 다른 유럽국가가 영어를 잘한다는 말이다. 싱가포르가 지금은 일도 잘하지만, 2000년대 초기만 하더라도 정말 잘하는 것은 영어밖에 없었다. 일을 시키면 제대로 하는 경우가 거의 없었고, 다 마친 일도 다시 보고 수정을 시켜야 할 정도였다. 그러나 지금은 일도 잘하고 영어도 잘한다. 유럽 나라 중에는 이탈리아와 스페인이 우리 한국과 비슷하다. 일본이 55위인 것에 비하면 한국은 32위로 나쁘지 않다. 그러나 우리 한국도 영어를 잘하는 나라에 포함되어야 한다.

English proficiency index

Global Ranking of Countries and Regions

Very high		High		Moderate		Low		Very low	
01	Netherlands	13	Croatia	30	Malaysia	48	Dominican Republic	77	Colombia
02	Denmark	14	Hungary	30	Italy	49	Honduras	78	Mongolia
03	Finland	15	Serbia	32	South Korea	50	India	79	Afghanistan
04	Sweden	16	Poland	33	Hong Kong, China	51	Armenia	80	Angola
05	Norway	17	Romania	34	Nigeria	51	Uruguay	81	Algeria
06	Austria	18	Switzerland	34	Spain	53	Brazil	82	Mexico
07	Portugal	19	Czech Republic	36	Costa Rica	54	Tunisia	83	Egypt
08	Germany	20	Bulgaria	37	Chile	55	Japan	84	Cambodia
09	Belgium	21	Greece	38	China	56	El Salvador	85	Sudan
10	Singapore	22	Kenya	39	Paraguay	56	Panama	86	Azerbaijan
11	Luxembourg	22	Slovakia	40	Belarus	56	Iran	87	Syria
12	South Africa	24	Lithuania	41	Russia	59	Peru	88	Uzbekistan
		25	Estonia	41	Cuba	60	Nepal	89	Cameroon
		25	Argentina	43	Albania	61	Pakistan	89	Thailand
		27	Philippines	44	Ukraine	62	Ethiopia	91	Ivory Coast
		28	France	45	Macau, China	63	Bangladesh	92	Kazakhstan
		29	Latvia	46	Bolivia	63	Guatemala	93	Myanmar
				47	Georgia	65	Vietnam	93	Ecuador
						66	U.A.E.	95	Rwanda
						67	Venezuela	96	Kyrgyzstan
						68	Sri Lanka	97	Saudi Arabia
						69	Turkey	98	Oman

				70	Kuwait	99	Iraq
				71	Qatar	100	Tajikistan
				72	Jordan		
				73	Nicaragua		
				74	Morocco		
				74	Indonesia		
				74	Bahrain		

출처: EF Education English: https://www.ef.com/wwen/epi/

정말 다행인 것은 요즘 초중고 학생들이 영어를 꽤 잘한다. 이게 다 엄마들의 극성 때문이고 사교육 때문일 것이다. 부모들의 돈이 많이 들어서 그렇지 좋은 현상이다. 그러나 영어 실력은 그렇게 탁월하지는 않다. 이렇게 들어가는 사교육 대신에 학교에서 수업을 영어로 하면 사교육비는 사교육비대로 엄청나게 줄 것이고, 또 영어 실력은 영어 실력대로 엄청 향상되지 않을까? 누이 좋고 매부 좋은 것이다. 꿩 먹고 알 먹고이다. 싱가포르가 아시아의 허브(hub)로 거듭난 데는 영어를 잘할 수 있다는 것이 핵심이다. 이렇게 절약된 사교육비로 부모는 노후 준비를 해야 한다. 이광요가 싱가포르의 공용어를 선택할 때 중국인의 인구가 거의 70%나 되었다. 말레이시아에서 반강제 독립을 한 이유도 중국인이 대부분이었다는 이유였다. 그러니 상식적으로도 중국어가 공용어가 되어야 맞다. 그러나 이광요는 영어를 선택했다. 이게 정말 신의 한수이다.

전 세계 수많은 사람들 중에 대학 교육을 받은 사람들과 실력있다는 사람들의 대부분은 영어에 큰 불편이 없다. 다시 말해서 이분들은 다른 미국 호주 등으로 이민을 갈 수 있는 사람이기도 하다. 다시 말해서 미국 호주 등과도 이민자 경쟁을 해야 한다는 말이다. 미국이나 호주로 이민을 갈 수 있는 충분한 실력이 있는 사람은 대부분 미국이나 호주로 이민을 갈 가능성이 많다. 그러나 반도체 인력이거나 배터리 인력 등은 한국이 워낙 강하다 보니 한국으로 이민 오고 싶은 사람도 있을 것이다. 그런데 한국으로 이민 올려고 하니 한국어를 배워야 한다? 포기하고 싶을 가능성도 제법 있을 것으로 본다. 실력없는 사람들, 즉 베트남에서 농사짓다가 결혼으로 한국에 들어온 이민자는 울며 겨자 먹기로라도 한국어를 배워야 할 거다. 베트남에서 농사짓는 것보다는 훨씬 나을 테니까. 그리고 한국어도 기본적인 한국어만 배우면 된다. 그러나 대만에서 반도체 설계 전문가가 삼성반도체에 근무하고 싶어서 한국으로 이민을 하고 싶은데, 한국어를 배워야 한다? 그러면 한국으로 오지 않고 미국이나 다른 나라에 이민하지 않을까? 근데 한국에도 영어로도 충분히 직장 다닐 수 있고 충분히 생활이 가능하다고 하면 한국으로의 이민을 재고할 것이다.

영어 얘기가 나온 김에 한글에 대해서도 한마디 해보자. 세종대왕의 훈민정음 서문에서도 나와 있듯이, 한자를 모르는 사람들을 위해서 총 28자를 만들었다. 본래는 28자였는데, 중간에 글자 4개가 사라졌다. 이유는 잘 사용하지 않거나 하는 이유로 해서 점점 덜 사용되다가 마침내 1933년 한글맞춤법 통일안에서 이 4글자가 사라졌다. 사라진 글자에는 아래아(·), 반치음(ㅿ), 옛이응(ㆁ), 여린히읗(ㆆ)이 있는데, 이걸 살릴 필요가 있다. 한글은 글자와 발음이 동일한 세계에서 거의 유일한 문자 체계이고 세계인들의 거의 모든 발음은 물론이고, 비나 바람 소리, 고양이, 강아지 소리 심지어는 파도 소리도 표시할 수 있다. 근데 영어에도 흔하고 프랑스어 및 독일어에도 흔한 "F" 발음, "Z" 발음 및 "V" 발음이 없다. "L" 발음과 "R" 발음을 구별할 수 없고, three 할 때의 "θ" 발음도 없고, this 할 때의 "ð"도 없다. 근데 웃기는 것은 세종대왕이 한글을 창조했을 그 당시에는 몇 개의 발음이 있었다는 것이다. "F"발음은 순경음 "ㆄ"으로 "V" 발음은 순경음 "ㅸ"으로, "Z" 발음은 반치음 "ㅿ"을 사용했었다. "R" 발음이 있었던 것으로 보이지는 않는데, 이건 우리가 만들어야 하고, "θ" 발음과 "ð" 발음도 만들면 좋다. 이유로는 한국어 발음의 다양성 측면에서도 분명히 도움이 되고, 또 외국인들이 보기에 한국어에는 이런 발음이 없는 것을 답답해 할 수도 있고 아울러 우리 한국인도 외국어 발음에 익숙해질 필요가 있어서이다. 예를 들어 한국어로 패션이란 글을 써 놓으면, 열정이란 뜻의 passion인지 아니면 옷이란 뜻의 fashion인지 전혀 구별할 수가 없다. 또 베스트를 써 놓으면 최고란 뜻의 best인지 조끼란 뜻의 vest인지 전혀 구별이 안 된다.

그래서 이런 글자를 살리거나 만들 필요가 있다. "F"와 "V" 자는 이전에 있었던 순경음을 살리면 되는데 하나 성가신 것은 타이핑을 할 때 "ㅂ"과 "ㅇ" 두 번 쳐야 할 가능성이 있다. 아니면 순경음 "ㆄ"과 순경음 "ㅸ"을 한 번에 칠 수 있도록 새로 만드는 것도 가능하다. 새로 만든다면 "F" 발음은 "ㅍ"과 "ㅎ"발음의 중간 발음이니 "ㅭ"로 할 수 있고, "V" 발음은 "ㅂ"에서 약간 변형된 "ㅁ"도 가능하다. "R" 발음은 없으니 새로 만들어 보면, "ㄹ"에 다 꼬리 부분을 연결을 한 "ㄿ"도 하나의 방법이다. "θ" 발음은 입모양에다 혀를 살짝 깨문 듯한 모양새인 "⊙"도 한 방법이고, "ð" 발음은 혀를 강하게 깨문 듯한 모양새인 "θ"도 하나의 방법이다. "Z" 발음은 글자도 있고 발음도 같은 반치음 "ㅿ"을 그대로 살려서 사용하면 된다. 이런 연구를 국어연구원이나 정부가 주도해서 추진할 필요가 있다.

영어 얘기가 나온 김에 대부분이 중국 글자라고 생각하는 한자에 대해서도 한마디 하자. 진태하 박사는 한자는 우리 한국인이 개발을 했다고 주장한다. 단지 한국인이 개발은 했는데, 중국인이 차용해서 더 많이 사용하다 보니 더 많이 발전시킨 것은 중국인이라고 한다. 대표적으로 예를 드는 한자가 집 가(家)란 글자와 아름다울 미(美)이다. 집 가란 글자는 지붕과 벽과 마루와 돼지로 구성이 되었는데 돼지가 들어가 있는 이유는 옛날에는 뱀이 많았는데 뱀을 먹는 동물이 돼지라서 마루 밑에서 키웠기 때문이란다. 마루 밑에서 키우는 것에 대한 하나의 단점이 돼지의 배설물 냄새가 난다는 것인데 그래서 돼지를 변소 안에서 키우게 된 것이 제주 똥돼지의 기원이란다. 또 아름다울 미라는 글자는, 양(羊)이란 동물과 큰 대(大) 자로 만들어졌는데 양이 큰 게 아름다운 것이란 말이다. 한족은 농사꾼들이니 한족이 만든 것은 아니고 유목민이었던 우리 한국인이 만들었다는 주장이다. 상당히 그럴듯해 보이고 또 상당히 논리적이다. 설사 그렇지 않다고 하더라도 한자는 우리가 몇천 년 동안 써왔던 문자이다. 지금도 한국어의 대충 반 정도가 한자어에서 유래했다고 해도 과언이 아니다. 그런데 이 한자를 한국어로 표기하기가 너무 힘들다는 얘기를 자주 듣는다. 출판사에 지인들도 중국 관련 책을 출판할 때마다 책을 집어던지고 싶다고 하고, 언론사에 있는 지인들도 중국 관련 기사를 쓸 때마다 국립국어원에 탱크를 밀고 쳐들어가고 싶단다. 이유를 들어보니 이해하고 남음이 있다. 그래서 확인하려고 국립국어원에 전화를 했다 (다음 도표 참조). 한자를 표기할 때는 신해혁명(1911년)을 기준으로 그전의 것은 우리가 익숙한 발음으로 적으면 되는데, 그 이후의 것은 중국 발음으로 해야 한다고 한다. 그러면 중국어 표기를 할 때마다 1911년 이후인지 이전인지를 확인해야 하는 절차와 또 중국 발음을 알아야 한다는 두 가지 문제가 생긴다. 중국 발음을 찾아보는 것은 그렇게 어렵지 않지만, 1911년 이전인지 이후인지 확인은 그렇게 간단하지가 않다. 국립국어원에 이 기준을 만든 사람은 머리가 엄청 좋은가 보다. 다른 언어는 몰라도 한자는 우리 생활에 밀접하게 사용되고 있으니, 한자에 대해선 중국 발음으로도 우리가 익숙한 한자 발음으로도 해도 된다는 두 가지 선택을 다 쓸 수 있다면 너무나 간단하고 또 쉽지 않은가? 이런 간단한 문제로 시간을 허비하고 있을 때가 아닌 것 같은데, 이런 비생산적인 일로 시간과 많은 자원을 낭비하고 있다. 답답하고 한심한 국립국어원이다.

□ 제2절 동양의 인명, 지명 표기

□ 제1항 중국 인명은 과거인과 현대인을 구분하여 과거인은 종전의 한자음대로 표기하고, 현대인은 원칙적으로 중국어 표기법에 따라 표기하되, 필요한 경우 한자를 병기한다.

□ 제2항 중국의 역사 지명으로서 현재 쓰이지 않는 것은 우리 한자음대로 하고, 현재 지명과 동일한 것은 중국어 표기법에 따라 표기하되, 필요한 경우 한자를 병기한다.

圖 □ 제3항 일본의 인명과 지명은 과거와 현대의 구분 없이 일본어 표기법에 따라 표기하는 것을 원칙으로 하되, 필요한 경우 한자를 병기한다.

圖 □ 제4항 중국 및 일본의 지명 가운데 한국 한자음으로 읽는 관용이 있는 것은 이를 허용한다.

東京 도쿄, 동경	京都 교토, 경도
上海 상하이, 상해	臺灣 타이완, 대만
黃河 황허, 황하	

출처: 국립국어원, 인명, 지명 표기의 원칙

—— 한국이 지향해야 하는 사회는 다문화 다국적 사회

2년 전에 재미있게 봤던 TV 프로그램이 있다. EBS에서 하는 다문화 고부열전이다. 지금도 방송을 계속하고 있는데 지금도 한 번씩 보면 재미가 있다. 한국으로 시집을 온 여성이 고부간의 갈등 등 결혼 생활의 어려움을 어떻게 겪는지와 해결 과정을 풀어보는 프로그램이다. 20년 넘게 따로 살다가 한국인과 결혼을 해도 어려움이 많은 것이 시집 생활인데 한국말도 잘 못하고 문화도 다른 이국에 와서 결혼생활을 한다는 것이 쉬울 리가 없다. 사기 결혼도 있다고 하고 이혼으로 끝나는 가정도 많을 것이다. 한류의 영향으로 한국의 이미지를 좋게 보고 시집을 왔는데, 막상 사는 것을 보니 시골에서 농사나 지어야 하고 또 대부분 신랑과의 나이 차가 적게는 10살 많게는 20살 이상도 차이 나는 경우를 본다. 말이 결혼이지 쉽게 얘기하면 돈 때문에 팔려온 것이나 다름이 없다.

우리 한국도 이런 적이 있었다. 독일에 간 간호사와 광부들 말이다. 대졸자도 많고 좋은 자격을 가진 사람도 많이 지원을 했다. 그분들이 고생고생해서 한국으로 보낸 금액이 국가 발전에 엄청난 기여를 했다. 다시 한번 이분들에게 정말 감사의 마음을 전한다. 그분들의 월급을 담보로 독일이 가난한 한국에게 돈을 빌려줬기 때문이다. 마찬가지로 국가적으로 시집을 보낸 것은 아니지만 너무 가난해서 또는 본국에 사는 엄마 아빠 형제자매를 부유하게 하고자 하는 차원에서 삼촌 같고 아버지 같은 한국 사람에게 시집을 온 것이다. 시골에서 농사를 지으니 장가가기가 힘들어서 나이만 든 사람도 있겠지만, 몸이 다소 불편한 분도 분명 있을 것이다. 그렇다고 하더라도 나이가 그렇게 많이 차이가 나는 결혼은 그렇게 바람직하지는 않다. 그렇다고 사적인 일에 대해서 누가 개입하기도 힘들다. 그렇게 시집을 온 여성도 다 따져보고 결혼을 했을 것이기 때문이다.

자녀를 키움에 있어서도 엄마가 한국말을 잘 못 함에 따라 생길 수 있는 문제가 많을 수 있다. 한국 사회에서 자식 교육은 대부분 엄마가 책임을 진다. 근데 대부분의 외국인 아내는 나이가 어린 데다 초혼이라 경험이 부족한데다 도움을 받을 친정은 외국에 있다. 한국말을 배우는 것부터 학원 문제까지 엄마가 책임을 진다. 본인의 한국말도 배우기 힘든데 자녀의 한국말은 더 힘들다. 교육에 대한 열의는 높아 가르치고 싶지만 능력이 안 되어서 못하는 것이다. 답답하고 속된 말로 미치고 팔짝 뛴다. 학교에 가기 전에는 문제가 있긴 해도 표면화되진 않지만, 유치원과 학교에 가기 시작하면서 이 문제가 표면화되고 가시화된다. 학교 수업을 못 따라오고 숙제를 제대로 하지 못한다. 학교 선생이 방문해서 어느 정도 도움을 주려고 하나, 엄마가 한국말을 못 해서 제한이 있다 보니 아빠와 상담을 해야 한다. 그러나 아빠는 일하느라 바빠서 정신이 없다. 이런 상황이니 자녀들이 한국말을 배우는 것이 다른 애들에 비해서 상당히 느릴 수 있고, 또 엄마가 자녀의 숙제를 봐주지 못해서 학교 수업을 제대로 못 따라 가는 경우도 있다. 초등학교가 이러니 중학교 고등학교로 갈수록 더 심해진다. 다행히 어린아이의 탁월한 언어습득 능력으로 이런 문제가 있기는 하지만 심각한 상황은 아닌 것으로 파악이 된다. 엄마가 한국어를 아주 기초적인 것만 하는데도, 자녀들은 한국말을 잘하는 경우가 대부분이다. 할머니 할아버지, 다른 가족 및 TV의 영향이 큰 것 같다. 다문화 가정이 늘기 시작한 지가 20년 넘은 것으로 기억이 되는데, 한국이 다문화 사회로 성공적으로 진입을 할 수 있다는 가능성이 점점 보인다. 부정적인 사례를 최대한으로 줄이고 긍정적인 사례가 계속 많이 나오기를 바라며, 정부나 지자체에서 많은 노력을 하는 것으로 안다. 우리는 이런 성공적인 사례를 계속 늘려가야 하며 여기서 배운 경험으로 다문화 사회로 차츰 나아가야 한다.

── 미국은 경제적으로도 이민 관련해서도 한국의 모델이다

한국전쟁으로 폐허가 된 상태에서도 이만큼 살게 된 것은 미국의 역할이 상당히 컸다. 북한의 침입으로부터 남한을 지켜 공산화가 되지 않게 한 것도 너무나 감사한 일이지만, 식량과 국가 예산의 지원으로 그래도 굶어 죽지는 않았고, 주한미군의 주둔으로 한국 정부는 국방의 걱정 없이 경제 성장에만 전념할 수 있었다. 주한 미군의 확실한 역할은 북한이 다시 남침할 수 없도록 저지하는 것이었다. 그 결과로 아직 북한이 남침하지 못하고 있다. 일본의 옆구리를 찔러서 한국을 경제적으로나 물질적으로 지원하게 한 것도 미국이다. 일본이 전후의 폐허 상태에서 극적으로 회복한 것도 한국전쟁의 도움이 상당히 컸는데, 미국이 개입을 안 했다면 일본이 그렇게 적극적으로 한국을 지원했을까? 일본이 한국을 지원한 논리도 있다. 남한이 무너지면 일본이 공산주의를 직접 상대해야 한다. 즉 남한이 공산주의와의 경계에서 완충 역할을 하고 있는 것이다. 그에 대한 경비 절감이 많으니 그 돈으로 남한을 지원하는 것도 설득력이 있다. 그러나 이 모든 것이 미국이 일본의 옆구리를 찌른 것이 많은 영향을 끼쳤을 것이다.

한국은 지금까지 일본을 롤모델로 일본을 따라잡는 데 국가의 모든 역량을 맞췄다. 일본의 중화학 중심 모델을 따라했으며, 일본이 하면 한국도 할 수 있다는 마음가짐으로 일본을 따라하고 흉내를 내서 지금까지 왔다. 그 결과로 첨단 소재나 부품에서는 아직도 일본의 의존도가 높지만, 그 외의 완제품 등에서는 일본과 비슷하거나 일본을 추월한 것처럼 보인다. 명목 GDP는 아직 일본이 앞서지만 구매력 기준의 GDP는 일본과 비슷하고, 삶의 질적인 관점에서 보면 한국인의 씀씀이가 일본보다는 다소 여유로워 보인다. 가장 큰 문제는 일본이 이제는 우리가 따라가야 할 모델이 아니라는 것이다. 일부분 일본이 우리보다 앞선 부분도 아직은 있지만, 대부분의 산업에서 일본은 우리의 모델이 아니게 되어버렸다. 일본이 30년 동안 제자리에 있는 동안 우리는 많은 분야에서 엄청나게 성장해 버렸기 때문이다.

앞으로 일본을 바라보는 전 세계의 시각이 그렇게 낙관적이지가 않다. 세계 3대 투자가로 불리는 짐 로저스는 일본의 소멸론을 주장하면서 일본의 10대라면 지금 일본을 탈출하라고 과격하게 말하고 있다. 내가 보기엔 너무 극단적으로 얘기를 하는 것 같기는 하지만, 나보다 훨씬 똑똑한 사람이니 두고 볼 일이다. 80년대 그렇게 강하던 일본의 전자산업이 무너졌고, 거의 마지막 산업인 자동차 산업도 점점 무너지는 것이 보인다. 유럽국가는 늦어도 2030년대까지 화석 연료로 가는 자동차를 없애겠다고 하는데 일본은 2050을 얘기하고 있다. 그때까지 일본은 화석연료 차를 사용한다면 너무너무 늦다. 일본의 자동차 산업은 폭상 망함의 길로 들어선다. 현대 기아차는 전기자동차를 적극적으로 양산 수출하고 있는데, 일본의 대표적인 자동차인 토요타도 엔진과 전기차의 중간 정도인 프리우스 등 하이브리드 자동차를 만들고 있지만, 완전한 전기 자동차 하면 아직 특별히 떠오르는 브랜드가 없다. 수소차도 미라이라는 차종이 있긴 하지만 현대차의 넥쏘에 비해서는 판매 대수가 너무 적다.

그러나 부품 및 소재 부분과 화학 등 기초 분야에서는 아직도 쟁쟁하다. 한국에게는 이런 일본 기업이 필요하다. 우리 한국인은 다소 덜렁거리긴 하지만 돈이 되겠다 싶으면 후다닥 만들어서 시장에 내놓을 수 있는 능력이 있다. 왜냐면 완제품을 만드는 것은 부품만 있으면 그렇게 어렵지는 않기 때문이다. 토요타 자동차도 엔진은 야마하에서 만든 엔진을 많이 사용하며 수

많은 부품을 중소기업으로부터 납품을 받는다. 쉽게 얘기하면 토요타는 조립회사이다. 마찬가지로 한국에서도 지금까지 많은 일본 부품을 사용해서 완제품을 만들어 돈을 벌어 온 기업도 많다. 삼성 휴대폰도 일본 부품이 제법 있었는데 지금은 국산화를 많이 했고, 현대자동차도 일본 부품을 많이 썼었는데 지금은 국산화율이 99% 이상이라고 한다. 이런 일본 부품회사가 직면한 가장 큰 문제가 일본의 전기도 매우 비쌀 뿐더러 지진과 자연재해가 잦아서 공장 운영에 어려움이 있었다는 것이고 요즘은 더욱더 많아져서 운영하지 못하는 경우가 늘고 있다. 대표적으로 미끄럼(사이드 슬립) 방지 장치와 핸들 조작을 돕는 전자파워 핸들에 사용되는 반도체가 품귀현상을 빚고 있어서 감산하고 있다는 것이다. 직접적인 원인은 이 반도체를 공급하는 미야자키현 노베오카시의 아사히카세이 공장에서 작년 10월 24일 발생한 화재다. 아직도 화재가 난 이유를 모르지만, 아직도 110V를 사용하는 일본에서는 전기로 인한 화재가 잦다. 과부하가 걸리기 쉽고 과열이 잘되기 때문이다. 한국은 220V를 사용하기에 이런 사고가 거의 없다. 또 지진도 잦고 쓰나미도 잦아서 경영주나 주주 입장에서 언제 무슨 일이 생길지 불안하다. 그래서 전기가 싸고 지진과 쓰나미가 거의 없는 한국으로 옮기는 것에 대해서 호의적이다. 실제로 한국에 들어온 일본의 부품 소재 기업들이 많이 있다. 정부에서 이런 기업들을 더 적극적으로 유치할 필요가 있다.

한국은 아시아의 미국이 될 수 있다

일본이 우리의 모델이 아니면 우리는 이제 어느 나라를 모델로 삼아야 하는가? 답은 간단하다. 미국을 따라가면 된다. 미국은 이민 정책을 포함하여 거의 모든 면에서 한국의 롤모델이 될 수 있다. 일본은 말만 민주주의이지 진정한 민주주의는 아니라고 볼 수도 있다. 형식적이지만 천황이 있어서 실제 국가의 수반은 천황이다. 이 천황은 민주적인 선거로 선출되는 것이 아니라 자녀에게 세습이 된다. 그러나 미국은 민주주의의 대표적인 국가이다.

한국의 강점인 제조업도 여전히 미국이 최강이다. 제조업을 기준으로 세계 1등은 미국이며 2등이 독일, 3등이 일본, 4등이 중국, 5등이 한국이다. 코로나와 미국의 견제로 중국의 제조업 위상이 흔들릴 것이다. 실제로 중국은 첨단 제조업 분야는 많이 뒤떨어진다. 실제로 자동차 엔진도 만들 기술력이 없다. 그래서 전기차에 초점을 맞추고 있는 이유이다. 물론 전기차가 추세이기도 하지만. 그래서 한국이 제조업에서 4등이 될 가능성이 높다. 미국은 기술력은 탁월한데 단지 제조원가가 비싸서 다른 나라, 특히 중국에서 만드는 것을 수입해서 쓰는 게 싸기 때문에 그렇게 해왔던 것뿐이다. 미국은 금융업도, 서비스업도, 특히 대학교육, 우주산업도, IT 산업도 세계 최강이다. 다시 말해서 모든 분야에서 세계 최강이다. 지금 우리가 사용하고 있는 제품 대부분이 미국에서 발명되고 개발된 제품이다. 한 시간도 없이는 못 사는 스마트폰도, 인터넷도, 컴퓨터도, 심지어 청바지도 미국에서 개발되었다. 미국에서 개발되지 않은 것을 찾기가 힘들다.

미국은 왜 이렇게 기술력이 좋을까? 왜 거의 모든 제품이 미국에서 발명되고 개발이 되었을까? 이유는 간단하다. 능력 있고 실력 있는 사람들이 미국으로 이민 가서 살고 싶어 하기 때문이다. 또 미국에 가면 그런 기반 시설들이 충분히 대비되어 있다. 5년 전에 미국에 갈 일이 있어서 가는 김에 샌프란시스코와 산호세에 들러서 미국의 벤처 시장을 둘러본 적이 있다. 그곳의 벤처 산업의 특징은 혁신적인 아이디어를 갈구하는 사람들이 바글바글거렸다. 혁신적인 사업 거리만 있으면 자본, 법률 및 회계 등 모든 지원이 가능하니 혁신적인 아이디어를 갖고 있고 본인이 믿을 수 있는 사업가로서 정직하게 사업을 할 수만 있다면 얼마든지 도전해 볼 수 있는 시스템이 완비되어 있었다. 정직하게 최선을 다했는데 실패를 해도 그 실패로 인해서 사회에서 매장되지 않고 다시 도전할 수 있는 기회를 주는 사회적인 분위기, 성공했을 때의 확실한 보상 체계 등이 밤을 새워서라도 성공시키겠다는 열정을 볼 수 있었다. 미국에서 웬만한 기업의 CEO는 몇백억씩 연봉을 받는데 우리 한국에서는 왜 몇십억만 받아도 부정적으로 평가하는 것인가? 삼성전자 고문으로 물러난 전 권오현 사장의 연봉이 70억 정도였다고 하는데, 왜 200억 혹은 300억을 받는다고 하면 국민들은 왜 고운 눈길을 보내지 않는 가? 권 사장의 잘못된 결정이 삼성전자 전체를 망하게 할 수도 있으며 반대로 잘한 결정이 삼성전자의 수익을 몇십 배 혹은 몇백 배 증가시킬 수도 있는데, 200억 300억이 큰돈일까? 권 사장이 그런 큰 결정을 하기 전에 얼마나 많이 고민하며 또 얼마나 스트레스를 받을까? 그런 것을 일반 국민들은 생각해 본 적이 있을까?

우리가 미국을 본받을 또 다른 이유는 미국은 이민의 나라이기 때문이다. 처음 나라를 만들 때부터 이민으로 시작한 나라라 이민 역사도 상당히 깊다. 미국에 가보면 정말 전 세계 모든 인종들이 다 모여 있다. 인종 간의 결혼도 많아서 이젠 인종의 종류가 몇백 가지는 넘을 것 같다. 미국의 인구 구조는 아래에 보이는 것처럼 상당히 안정적이다. 미국의 2021년 출산율은 1.781명이라 2명도 되지 않지만, 부족한 인구를 늘리는 것은 미국에게는 쉬운 문제이다. 30년 전부터 출산율이 약간 감소하고 있지만, 특정 인구가 부족하거나 특정 직업군이 부족하면 그 부분만 이민으로 받아들이면 된다. 그래서 미국은 지금도 그리고 앞으로도 인구문제가 없을 것이다. 한국도 미국처럼 이민으로 부족한 인구를 채워야 한다.

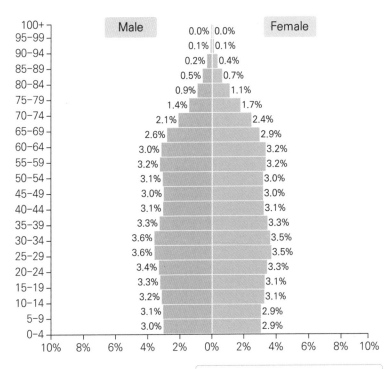

출처: PopulationPyramid.net

    아무리 미국이 아시아인도 이민을 많이 받는다고 하지만, 아직도 백인 중심 사회이다. 그래서 미국으로 이민 간 한국인이 가끔 인종차별도 겪는다고 한다. 미국이 이민으로 만들어진 나라라서 한국인 이민자에 대해서도 물론 정부에서의 차별은 전혀 없다. 그러나 실제 미국인이 차별하는 것에 대해서는 뾰족한 수가 있는 것은 아니다. 물론 정부 차원에서도 여러 가지 법률을 만들어 예방도 하고 교육도 많이 하지만, 워낙 다양한 나라에서 오기도 했고 또 워낙 다양한 생각을 가진 사람들이라 그 사람들의 내면에 자리하고 있는 그런 의식 자체를 바꾸는 것은 불가능하다. 물론 배운 사람들과 의식이 있는 사람들은 표면적으로는 인종차별을 안 하지만, 과연 마음속에서도 그런지도 알 수도 없다. 또 백인 남자가 아시아 여자와 결혼을 하면 약간 낮게 보는 경우도 많다. 오죽하면 백인 여자와 결혼하지 못하고 아시아 여자와 결혼했겠냐는 생각을 갖는다. 마치 한국의 시골 노총각이 한국 여자와 결혼을 못해서 동남아 여자와 결혼하는 것처럼. 한국은 같은 아시아인이라 피부 색깔에 신경 안 써도 된다. 이스라엘에 백인들이 조금 있지만 대부분의 중동 아시아에서는 유색인종이고 아시아 인종이라 인종 차별할 것도 없다. 차별이 있다면 인종차별이 아니라 가난한 나라에서 와서 무시하는 것이지 인종차별은 아니다.

시간대도 완전히 반대라 미국에 한 번 가면 시차 적응에 몸이 피곤하다. 한 시간의 시차가 있으면 적응에 하루가 걸린다고 하는데, 10시간 이상 차이나니 최소 1주일이 걸린다. 미국을 1주일 여행하는 것은 거의 고문에 가깝다. 미국에 가서 1주일 지나면 적응할 만한데, 그때쯤 다시 본국으로 돌아와야 하고, 돌아와서도 1주일 동안 본국 시간에 또 적응해야 한다. 그래서 총 2주가 걸리며 이 2주 동안 많이 힘들다. 또 비행기 시간도 최소 12시간이다. 그러나 한국은 중동만 제외하면 대부분의 아시아 국가들이 6시간 정도 비행하면 도착할 수 있다. 10시간이 넘어가면 지겹다. 볼 영화도 이젠 없고, 좌석에 앉아 있는 것도 불편해지기 시작하고 이젠 엉덩이가 쑤신다. 그러나 6시간 정도면 이륙해서 밥 먹고 영화 두 편 정도 보면 비행기는 이미 하강을 하고 있다. 의식 차이도 중동은 조금 있지만 그 외 대부분의 아시아 국가는 비슷한 부분이 좀 많다.

한국은 아시아의 미국이 될 수 있다. 아시아의 여러 인종이 같이 어울려 살 수 있는 땅이 될 수 있고 또 그래야 한다. 대부분의 아시아인들이 황인종이라 피부 색깔 때문에 인종 차별이 문제로 대두될 가능성도 거의 없다. 종교적인 갈등이 있을 수 있지만 슬기롭게 해결할 수 있다. 땅이 좁다고 말할 사람이 있을 것이다. 지금도 남한에서만 5천만이 살고 있는데, 5천만을 유지해도 아주 성공적인 모델이다. 인구의 절반이 서울 경기 지역에 살아서 좁게 느끼는 것뿐이다. 북한을 통일시키고 만주 지역과 몽골과 연합하는 것도 뜬

구름 잡는 소리가 아닐 가능성이 있다. 세계적인 국제정치학자인 George Friedman의 The Next 100 years를 보면 만주가 한국 땅이 될 것이라고 하는데 21세기 노스트라다무스라고 하는 이 사람의 말이 지금까지 많이 맞아왔으니, 이것도 맞을 가능성이 높다. 또 동북삼성 지역, 즉 랴오닝성, 지린성 및 헤이룽장성은 인구가 줄고 있고, 또 노령화가 다른 성에 비해서 빠르다고 하니 앞으로 더욱더 경제가 힘들어질 가능성이 크다. 만약 그렇게 된다면, 동북삼성이 통일 후에는 한국 경제권으로 통합될 가능성도 충분히 있다. 그리고 역사적으로 중국의 땅은 만리장성 아랫부분이다. 왜냐면 만리장성이 농민인 한족의 농업 상한선이기 때문이다. 그래서 몽골이나 만주 지역은 역사적으로 중국의 영토가 아니다. 만주족이 청나라를 만들면서 중국으로 들어가는 바람에 중국 땅이 된 것뿐이다. 만약 그렇게 된다면, 우리 한국은 일본보다 큰 땅덩어리를 가질 수 있다. 우리 한국의 한계는 땅덩어리가 아니라 생각의 한계뿐이다. 확고한 국가관을 갖고 우리 한국인을 이끌 똑똑하고 지혜로운 지도자만 있으면 된다.

여러 나라의 인구 피라미드

아래는 중국의 인구 구조인데 일본은 부자가 된 상태에서 노령화가 이루어지고 있고, 우리 한국은 부자로 되어가면서 노령화가 되고 있는 데 비해, 중국은 아직 가난한데 벌써 노령화가 되고 있다. 2021년 출산율은 1.699명으로 2명이 안 되는 노령화의 전형적인 모습을 보여준다. 1968년쯤을 기점으로 출산율이 많이 줄고 있다. 1979년부터 소위 한 명 낳기 운동(one child policy)이 시행되었는데 인류역사상 최악의 정책이다. 1969년 이후로 출산율이 많이 줄고 있는데도 불구하고 왜 이 정책을 시행했는지 이해가 되지 않지만 굳이 이해를 하는 측면에서 보면, 그만큼 중국이 가난했었다는 소리이다. 아직도 가난한 나라인데 벌써 노령화가 이뤄지고 있으니 한국보다 더 큰 문제이고, 앞으로 경제적으로도 사회적으로도 문제가 될 가능성이 상당히 크다. 출생신

고가 되지 않은 인구가 최대 1억이 넘는다고 하고, 한 명만 낳다 보니 황제처럼 자라서 소황제로 불리기도 한다. 외아들 또는 무남독녀로 자랐으니 소황제로 불릴 만도 하다. 2020년 11월에 중국의 인구조사가 있었고 2021년 4월경에 발표가 될 것이다. 작년에 코로나 때문에 경제적으로나 사회적으로도 문제가 많았으니 출산율이 급격히 줄었을 테고, 지금까지 증가하기만 한 중국 인구가 줄었을 가능성이 크다. 조금만 두고 볼 일이다.

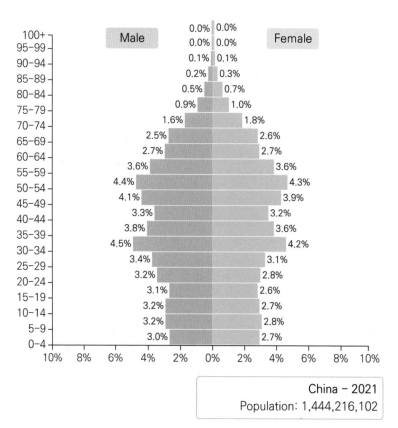

출처: PopulationPyramid.net

다음 도표는 싱가포르의 인구 구조인데 우리 한국 못지않게 노령화가 심화되고 있어서 정부에서도 출산율 장려를 위해 많은 노력을 한다. 2021년도 출산율은 1.230명으로 심각한 편이다. 이민도 한국보다는 훨씬 우호적이고 문호도 다소 개방되어 있지만, 나라의 영토 크기나 경제 규모 면에서 워낙 작은 나라라, 적극적인 이민 정책이 쉽지 않다. 음식도 대부분 수입이고 물도 말레이시아에서 수입한다. 2010년 경제 침체 후, 영주권 허가 수가 많이 줄었다고 하는데, 실업률도 생각해야 하니 적극적인 이민정책이 쉽지 않다.

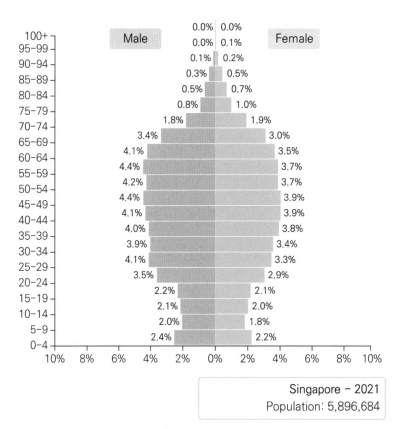

Singapore - 2021
Population: 5,896,684

출처: PopulationPyramid.net

　　다음 도표는 호주의 인구 구조이다. 2021년 출산율은 1.803명으로 선진
국치고는 적지는 않지만 그래도 2명 이하이다. 놀라운 것은 15－19세를 정
점으로 어린이들의 인구가 증가하고 있다. 그러나 부유한 유럽계 백인들의
자녀는 줄고 있고 늘고 있는 자녀는 주로 중동 사람이나 아시아 사람들의
자녀가 많은 부분을 차지해서 정부의 고민이 크다. 그러나 호주는 부족한 연
령대는 얼마든지 이민으로 채울 수 있다. 호주로 이민 오겠다는 사람이 전
세계에 널려 있기 때문이다.

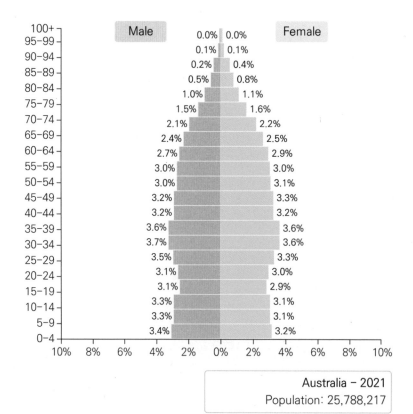

출처: PopulationPyramid.net

다음 그래프는 호주의 이주자 추세이다. 검은색은 호주로 이주 오는 사람들의 숫자이고 빨간색은 다른 나라로 이주를 나가는 숫자이며 회색이 증가분의 숫자이다.

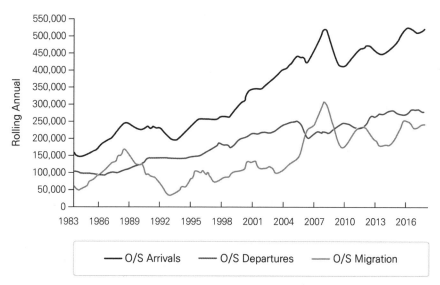

자료: Australian Bureau of Statistics
출처: www.macrobusiness.com.au

다음은 한국에 시집을 많이 오는 캄보디아의 인구 구조이다. 30세 이하 인구가 많은 비중을 차지하고 있다. 2021년 출산율은 2.446명으로 이렇게 가난한 나라인데도 인구는 조금 늘고 있지만, 출산율이 줄고 있다. 40세 이상 인구가 이렇게 적은 이유는 1973년에 발생한 폴포트의 killing field 때문이다.

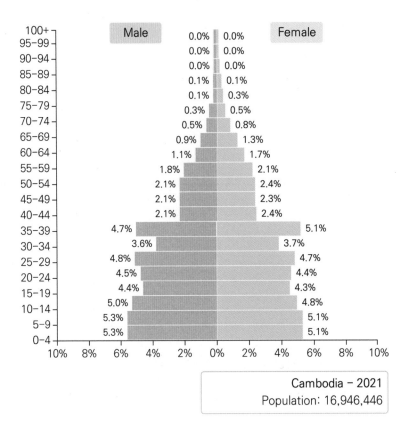

출처: PopulationPyramid.net

다음은 우리 윗동네인 북한의 인구 구조이다. 30세 이하의 인구가 아주
많은 비율이다. 무조건 통일을 하루라도 빨리해야 하지만, 인구적인 관점에
서도 통일을 빨리해야 한다.

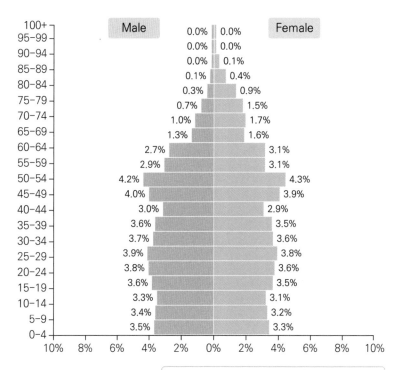

출처: PopulationPyramid.net

다음은 프랑스의 인구 구조이다. 선진국 중에서는 다소 안정적인 인구 구조를 보인다. 2021년 출산율은 1.850명으로 선진국치고는 나쁘지 않다. 프랑스 정부의 적극적인 출산율 증대를 위한 노력의 결과이다. 특이한 것은 혼외자의 비율도 50% 이상이라고 하는데, 우리 한국인 관점에서는 이해하기가 쉽지가 않은 부분이다.

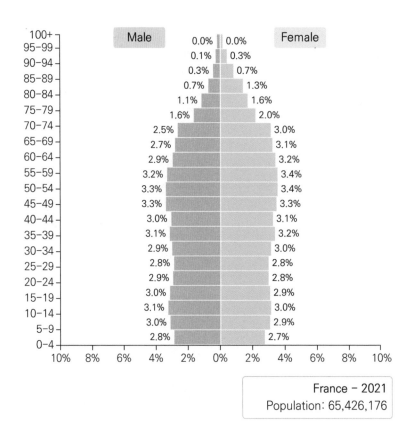

출처: PopulationPyramid.net

　　독일도 노령화가 심각하다. 마르켈 수상이 지난 4-5년간 많은 난민을
받았는데 노령화도 어느 정도 연관이 있다. 물론 EU의 대표 나라로서 경제
적으로도 강하기도 해서 모범을 보여야 하기도 하지만 인구가 이렇게 노령
화가 되고 있으니 받을 수 있었다. 그러나 급격한 난민의 증가로 주택 가격
이 많이 상승하고 범죄율이 많이 늘어서 국민들이 부담스러워한다. 가급적
난민은 적게 받아야 하는 교훈이다.

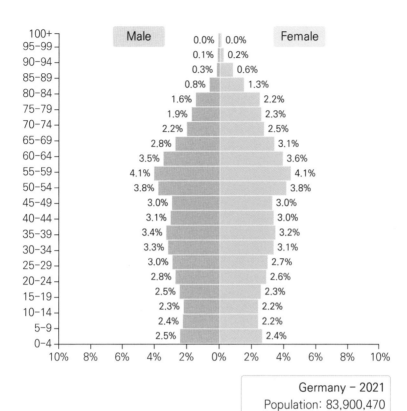

	Male	0.0%	0.0%	Female	
100+					
95-99		0.1%	0.2%		
90-94		0.3%	0.6%		
85-89		0.8%	1.3%		
80-84		1.6%	2.2%		
75-79		1.9%	2.3%		
70-74		2.2%	2.5%		
65-69		2.8%	3.1%		
60-64		3.5%	3.6%		
55-59		4.1%	4.1%		
50-54		3.8%	3.8%		
45-49		3.0%	3.0%		
40-44		3.1%	3.0%		
35-39		3.4%	3.2%		
30-34		3.3%	3.1%		
25-29		3.0%	2.7%		
20-24		2.8%	2.6%		
15-19		2.5%	2.3%		
10-14		2.3%	2.2%		
5-9		2.4%	2.2%		
0-4		2.5%	2.4%		

10% 8% 6% 4% 2% 0% 2% 4% 6% 8% 10%

Germany – 2021
Population: 83,900,470

출처: PopulationPyramid.net

인디아는 인구 대국인데, 중국과는 달리 다행히 민주국가이다. 한 나라였던 파키스탄과 방글라데시가 영국의 식민지에서 분리되면서 세 나라로 쪼개졌지만, 그래도 인구 대국이다. 우리 한국이 필요한 20－30대 사이의 인구가 아주 많은 비중을 차지하고 있다. 2021년도 출산율은 2.179이고 감소 추세이다. 그러나 2명 이상이고 절대 인구수가 아직도 많아서 인구 감소로 걱정할 상황은 아니다. 불교를 창시한 나라이기도 하며, 인디아가 동남아 국가에 문화적으로 미친 영향력은 막강하다. 머리 좋은 사람들이 많고, 인디아 장사꾼들도 유명하다.

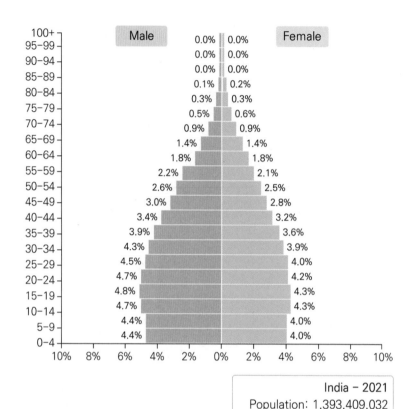

출처: PopulationPyramid.net

인도네시아도 인구가 3억에 육박하는 인구 대국이다. 종교가 이슬람이긴 하지만 중동 이슬람과 같은 극단주의는 거의 보이지 않는다.

2021년 출산율은 2.260명이며 다소 감소 추세이다. 인구 대국임에도 불구하고 한국 남자와 결혼한 인도네시아 여성의 비중은 적다. 종교와 문화적으로 많은 차이가 있어서가 아닐까 한다.

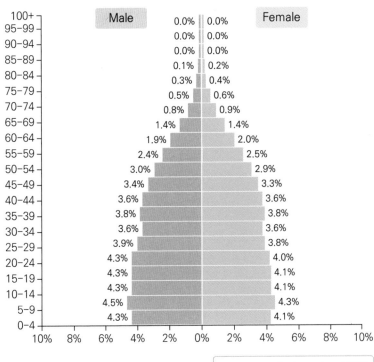

출처: PopulationPyramid.net

이탈리아도 노령화가 심각하다. 몇 년 전만 하더라도 PIGS(Portugal, Italy, Greece, Spain)라고 해서 유럽에서 대표적으로 경제가 어려운 나라에 속해 있었고, 지금도 경제가 불안한데 노령화도 분명히 한몫을 했을 것이다. 2021년 출산율은 1.310명이며 2010년을 전후로 잠깐 증가하기도 했지만, 그 이후로는 계속 감소 추세이다.

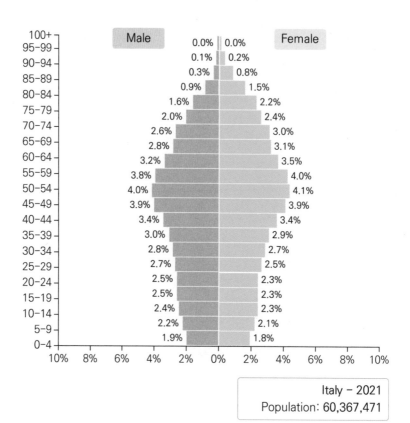

출처: PopulationPyramid.net

    이스라엘은 기본적으로 아기를 많이 낳는다. 두 명은 기본이고 4－5명도 많다. 2021년 현재 출산율은 2.976이다. OECD 국가들 중에서 단연 최고이다. 평균 3명을 낳는다는 말인데, 1명도 안 되는 우리 한국 입장에서는 부러울 따름이다. 2010년 전후로 출산율이 증가했지만 다시 감소 추세이다. 그러나 2.9명대이면 아주 건강하다. 이스라엘의 출산율이 이렇게 높은 것은 크게 두 가지 이유로 분석을 한다. 하나는 문화와 역사적으로 많이 낳는 경향이다. 자손이 많아야 번성한다는 유대교의 교리에 따라 아기를 많이 낳아왔다. 또 다른 이유는 여성들이 아기를 쉽게 낳고 기를 수 있는 정부의 정책이다. 소위 워라밸(Work & life balance)을 잘할 수 있도록 정부의 정책들이 많다. 아기가 아프면 휴가를 쓰는 것도 쉽고, 출산휴가에서 돌아온 후에는 업무시간을 줄여주고(보육시간이라고 한다) 파트 타임 일자리도 많고, 업무시간도 탄력적으로 만들어 주는데, 예를 들어 5시간을 일해야 한다면 이른 아침이든 낮이든 아니면 밤이든 5시간만 채우면 되는 식이다. 당연히 우리 한국도 배워야 할 점이다. 특이하게도 아랍계 이스라엘 부부는 출산율이 줄어들고 있다.

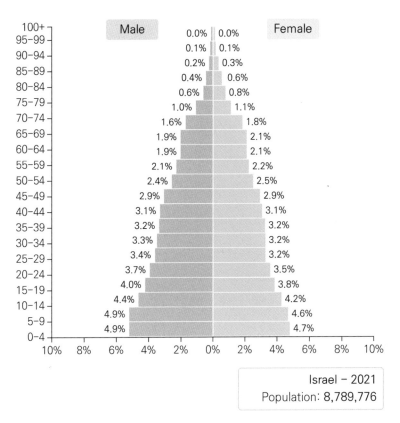

출처: PopulationPyramid.net

몽골은 우리 한국과 생김새도 비슷하고 역사도 일부 공유를 한다. 일부 학자는 조상이 같다고 하는데, 그런 만큼 개인적으로 정이 많이 가는 나라이다. 칭기스칸이란 걸쭉한 인물을 탄생시킨 역사도 매력적이다. 2021년 출산율은 2.799명인데 상당히 높다. 특이하게 최근 10년 사이에 출산율이 급격히 상승하고 있다. 2012년 전후로 10−18% 정도의 높은 경제성장률을 보였는데 다소 연관이 있을 것 같다.

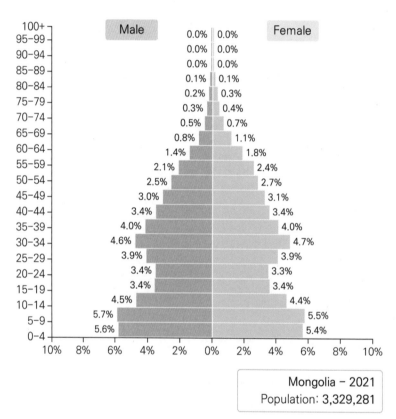

출처: PopulationPyramid.net

2021년 미얀마의 출산율은 2.112명이다. 최근 10년 동안 출산율이 줄고 있는데, 2000년 이후로 경제성장률 감소추세와 연관이 있을 것으로 본다.

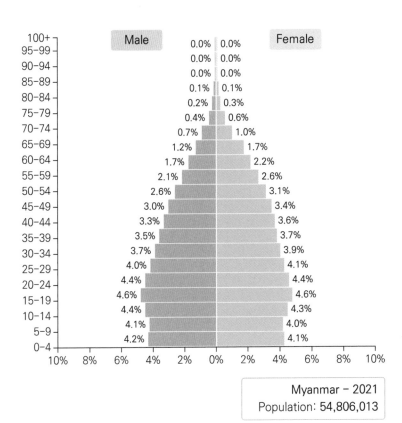

　2021년 필리핀의 출산율은 2.504명인데 피임을 반대하는 가톨릭의 영향
으로 출산율이 높은 편이다. 그러나 특히 최근에 하향 추세인 것은 다른 나
라와 별반 다르지 않다.

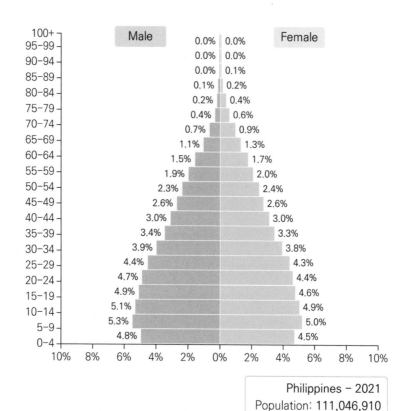

출처: PopulationPyramid.net

스페인도 노령화가 심각하다. 청년 실업률도 지난 8년 정도 하향 추세에 있지만 그래도 다른 유럽국가들에 비해서 상당히 높은데, 2019년에 32.90% 였다.

2021년 출산율은 1.366명으로 상당히 낮다. PIGS 중의 한 나라인데, 이탈리아와 마찬가지로 출산율이 낮다. 그리스와 포르투갈도 마찬가지인데, 저출산율이 경제에 미치는 영향이 크다는 것을 보여주는 대표적인 나라들이다.

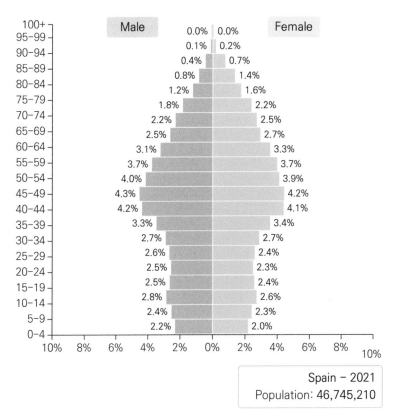

	Male			Female	
100+		0.0%	0.0%		
95-99		0.1%	0.2%		
90-94		0.4%	0.7%		
85-89		0.8%	1.4%		
80-84		1.2%	1.6%		
75-79		1.8%	2.2%		
70-74		2.2%	2.5%		
65-69		2.5%	2.7%		
60-64		3.1%	3.3%		
55-59		3.7%	3.7%		
50-54		4.0%	3.9%		
45-49		4.3%	4.2%		
40-44		4.2%	4.1%		
35-39		3.3%	3.4%		
30-34		2.7%	2.7%		
25-29		2.6%	2.4%		
20-24		2.5%	2.3%		
15-19		2.5%	2.4%		
10-14		2.8%	2.6%		
5-9		2.4%	2.3%		
0-4		2.2%	2.0%		

Spain – 2021
Population: 46,745,210

출처: PopulationPyramid.net

태국도 2021년에 출산율은 1.491명으로 많이 낮은 편이다. 특이한 점은 1968년을 기준으로 2000년까지 출산율이 급격하게 줄었고 그 이후로도 조금씩이지만 추세는 하락세이다. 2020년에 일 인당 GDP가 USD 8천 불 정도라 잘사는 것도 아직은 아닌데, 벌써 출산율이 이 정도면 이 나라도 조금 걱정이다.

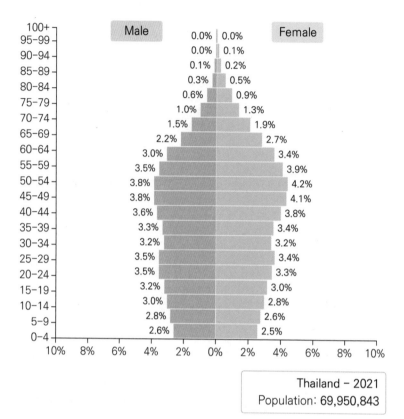

출처: PopulationPyramid.net

영국은 다른 유럽 국가들에 비해서 인구 구조가 상당히 안정적이다.
2021년 출산율이 1.75로 낮은 편이지만 이민자가 들어와서 인구는 증가하고
있고 2019년 인구성장률은 0.6%였다.

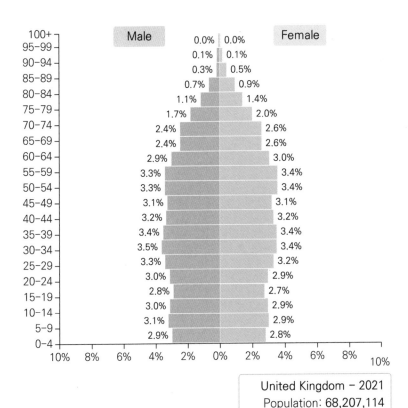

그림 내 텍스트:

	Male			Female

100+ 0.0% | 0.0%
95-99 0.1% | 0.1%
90-94 0.3% | 0.5%
85-89 0.7% | 0.9%
80-84 1.1% | 1.4%
75-79 1.7% | 2.0%
70-74 2.4% | 2.6%
65-69 2.4% | 2.6%
60-64 2.9% | 3.0%
55-59 3.3% | 3.4%
50-54 3.3% | 3.4%
45-49 3.1% | 3.1%
40-44 3.2% | 3.2%
35-39 3.4% | 3.4%
30-34 3.5% | 3.4%
25-29 3.3% | 3.2%
20-24 3.0% | 2.9%
15-19 2.8% | 2.7%
10-14 3.0% | 2.9%
5-9 3.1% | 2.9%
0-4 2.9% | 2.8%

10% 8% 6% 4% 2% 0% 2% 4% 6% 8% 10%

United Kingdom – 2021
Population: 68,207,114

출처: PopulationPyramid.net

다음 도표는 영국의 이민자 숫자인데, immigration은 영국으로 들어오는 인구 숫자이고 emigration은 영국에서 다른 나라로 떠나는 인구 숫자이다. Net migration은 immigration 숫자에서 emigration 숫자를 뺀 숫자인데 증가하는 것을 볼 수 있다.

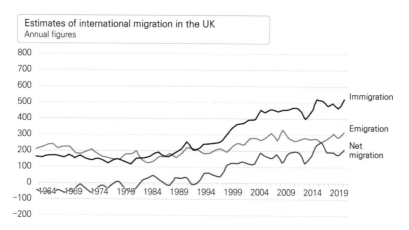

우즈베키스탄 여성이 한국으로 시집온 경우를 종종 본다. 이 나라의 출산율도 하강 추세인데, 다행히 2021년 출산율은 2.357로 높은 편이다.

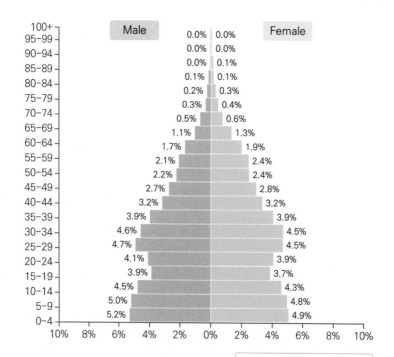

출처: PopulationPyramid.net

베트남의 2021년도 출산율은 2.034명으로 출산율이 줄고 있는 것은 여느 나라와 다르지 않다. 최근에 중국 다음으로 한국에 시집을 많이 온 나라로 사람들은 착하고 순한 편이고 열심히 살려고 한다.

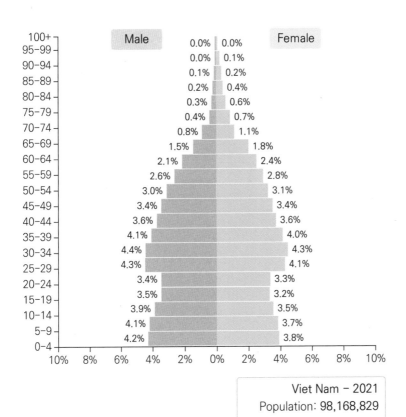

출처: PopulationPyramid.net

러시아의 출산율은 2021년 1.823명인데 최근 10년 동안 출산율이 증가하긴 했지만 대체로 하락세이다. 특이한 점은 추운 나라라서 그런지 남자들의 알코올 문제가 심각하다. 술로 인해서 남자가 단명하는 경우가 많다. 그래서 러시아 여자들이 술을 마시지 않는 남자를 선호할 정도이고, 러시아 남자보다는 외국인과의 결혼을 선호한다는 말도 들린다. 소련의 붕괴로 경제가 엉

망이 되었지만, 아직도 기초과학 분야와 무기 분야에서는 막강하다. 서울 거
리에도 한국 남자와 결혼한 러시아 여자가 종종 보인다.

── 외국인들은 과연 한국으로 이민을 오고 싶어하는가?

한국이 나라순으로 GDP를 보면 2020년 세계에서 12위 정도를 하고 있
고, 명목상 GDP는 30위 정도를 하고 있다. 전 세계 나라 숫자가 200개 정도
이니 한국이 덩치에 비해서는 엄청나게 잘하고 있고, 세계에서도 한국 하면

잘사는 나라로 인식을 하고 있다. 그것을 피부로 느낄 수 있는 것은 서울 거리에 돌아다니는 외국인의 비중을 보면 단적으로 알 수 있는데 돈벌이 기회가 많기 때문에 한국에 오는 것이다. 이젠 서울 거리에서 외국인을 만났을 때, 한국말 못할 것으로 생각해서 그 사람 얘기를 하면 얼굴 붉어질 경우가 많다. 2-3년 전에 지하철에서 어떤 아주머니가 흑인을 보고 "저 껌둥이는 어디서 와서 저렇게 까매?"라고 하는 얘기를 듣고 내 얼굴이 화끈거린 적이 있다. 그 흑인의 얼굴도 화끈거렸고 그 흑인은 다음 역에서 조용히 내렸다. 얼굴에 송골송골 땀이 맺혔었는데 그 말을 다 알아들었기 때문에 불편한 자리를 빨리 뜨고 싶었을 것이다. 내려야 할 역이 아니라 그 자리를 피하고 싶어서 내렸을 것이다. 한국에 사는 외국인들 중에는 한국말을 하는 정도가 아니라 아주 잘해서 모든 말을 다 알아들을 뿐만 아니라 상당히 깊은 대화까지 할 수 있는 외국인이 상당히 많다. 한류 때문에도 한국에 대한 이미지가 상당히 좋아져서 한국으로 오는 외국인들도 많다. 한국 드라마가 외국인의 심금을 울리고 있고, 한국 노래가 외국인들의 마음을 위로하고 있다. 위지 동이전에 우리 조상들은 가무를 좋아했다고 적혀 있는데, 한류가 갑자기 나타난 게 아니라 오랫동안 내재되어 있는 것이 지금은 시기와 때가 맞아서 퍼지고 있는 것이다. 70-80년대 우리 한국이 가난해서 해외에 일자리를 구하러 간 것처럼 우리 한국 주위에 못 사는 나라에서 일하러 오는 외국 노동자도 많다. 동남 아시아인들도 많고 중앙 아시아인들도 많이 들어온다. 한국에 외국인이 그만큼 많고 한국어를 잘하는 외국인이 많다는 얘기는, 한국에서 먹고살 만한 일이 많다는 방증이다.

실제로 한국은 정말 살기 좋은 나라다. 기후도 좋고, 삼면이 바다로 둘러싸여 있고, 겨울엔 눈도 오고, 여름엔 해수욕도 할 수 있다. 하와이에 여행 갔을 때 가이드에게 물어봤다. 하와이가 기후도 좋고 해서 살기 좋겠다고. 처음 2-3년은 너무 좋단다. 그러나 4-5년 지나면 지겨워지기 시작하는데 변화가 없어서랜다. 덥기도 하고 꽃도 피고 낙엽도 지고 눈도 와야 변화가 있는데 1년 내내 똑같은 기후이니 지겨울 만도 하다. 추운 겨울도 한국의 자랑스러운 온돌 때문에 크게 춥지 않게 겨울을 보낼 수 있다. 수돗물도 깨끗한 편이며 음식도 다양하고 또 맛있다. 반찬을 더 달라고 해도 추가 비용 없이 잘도 준다. 호주에서도 한국 바비큐는 유명하다. 돈도 잘 벌어서 집에는 TV, 휴대폰 등 없는 전자기기가 없으며, 옷 공장이 많아서 좋은 제품을 싸게 살 수 있다. 인터넷이 빠른 것은 세계적으로도 유명하다. 저렴하고 훌륭한 의료체계에다 의료보험료도 싸다. 본인이 건강해서 의료보험을 못 쓰고 의료보험료만 부담한다고 푸념하는 사람을 봤다. 만약 그렇다면 그 사람은 아프면 된다. 아프라고 저주를 할 수는 없지만, 그런 생각이면 아프면 되는 것 아닌가? 또 치안이 굉장히 좋아서 안전하다. 카페에 휴대폰을 두고 가도 훔쳐 가는 사람이 없다. 택배를 집 앞에 그냥 놔둬도 가져가는 사람이 없다. 서울의 전철은 하나의 교통카드로 노선에 관계없이 사용하고 또 환승도 편하며 또 깨끗하기도 할뿐더러 요금도 싸다. 물가도 다른 선진국에 비해서 많이 싸다. 특히 일본과 비교하면 너무 싼데, 일본 택시비가 너무 비싼 것은 잘 알려져 있다. 해외로 여행 가는 것도 쉽다. 인천공항이 싱가포르 창이 공항과 1등 자리를 놓고 싸울 정도로 운영도 잘되고 있고 또 갈 수 있는 나라, 여행지도 많다. 또 친구 사귀기도 너무 좋다. 우리 한국 사람은 하루 이틀이면 친구가 된다. 일본에 오래 살았던 친구 얘기가, 일본인은 친구 사귀기가 힘든 게, 예의를 너무 차리고 또 속마음을 잘 드러내지 않아서 가까워지기가 힘들다고 한다. 그렇게 된 이유가 행동을 잘못하면 사무라이 칼에 죽으니, 그 칼에 안 죽으려고 국민성이 그렇게 되었다는 말에 웃은 적이 있다. 우리 한국은 그런 것이 없다. 소개하면서 나이를 물어봐서 나이가 많으면 바로 형이며 오빠며 언니이며 누나이다. 빨리빨리 문화로 일 처리도 빠르다. 유럽에서 살 만하다는 독일도 공공행정이 너무 느리다고 하는데, 한국에서는 몇 분만에 해결된다. 호주도 지금은 많이 빨라졌지만 이전에는 속이 터졌다. 근데 지금은 엄청 빠르다. 발전하고 있다는 방증이다. 6개월 전에 전화 단자함이 깨져서 전화선이 밖으로 노출되어서 신고하니 전화 회사에서 사진을 보내 달라고 해서 이메일로 보냈다. 전화한 시간이 오후 4시쯤이었는데, 다음 날

아침 8시쯤에 나가니 벌써 세 사람이 작업하고 있었다. 전화선이 단순히 벗겨진 게 아니라, 전화 단자함이 노출되었던 문제라 내가 생각하기엔 작업 준비하고 사람 보내기엔 며칠은 걸리겠다고 생각했는데 다음 날 새벽에 사람을 보내서 바로 처리하고 있었던 것이다. 또 한국은 또 한국인에게는 특히 살기 좋은 나라이다. 무엇보다도 한국말을 사용해서 하고 싶은 말 다 하며 살 수 있다. 같은 한국말을 사용한다는 것이 얼마나 큰 축복인지 모른다. 한국말로 속에 있는 모든 의사를 다 표현할 수가 있다. 영어를 좀 하는 사람들도 병원에 가면 자기가 겪는 증세를 마음대로 표현 못 한다. 욱신거린다, 따끔거린다, 쑤신다, 뻐근하다 등 이런 말을 영어로 어떻게 표현할 수 있나? 이런 영어 단어가 없는 듯하다.

외국인도 그렇게 생각할까? 북유럽에서 기름이 펑펑 나는 노르웨이나 땅만 파면 지하자원이 그득한 호주 같은 나라에서 살지 않는 한 한국은 살기 좋은 나라이다. 캐나다는 다 좋은데 너무 추우며, 미국도 다 좋은데, 병원비가 너무너무 비싸고, 또 총이 너무 많아서 잘못하면 총 맞아 죽는다. 남미의 여러 나라들은 가난도 가난이지만 살인도 너무 많고 정치가 불안해서 언제 죽을지 모른다. 일본도 괜찮은데, 후쿠시마 사고로 방사능이 얼마나 많은지 모른다. 또 지진 및 쓰나미 등 자연재해가 너무 잦아서 불안해서 못 산다. 중국은 공산주의에다 오염이 너무 심하다. 베트남도 공산주의에다 공해가 너무 심하며 또 너무 가난하다. 싱가포르도 살기는 좋은데 너무 덥고 또 너무 비좁다. 택시로 한쪽 끝에서 반대 끝까지 30분 만에 간다. 또 국민을 부자로 만드는 나라이긴 하지만, 북한을 제외하고 자식에게 정권을 물려주는 나라는 싱가포르가 유일할 것이다. 현재 수상인 리센룽이 또 자식에게 정권을 물려주기 위해서 작업을 하고 있다고 하는데 이 점에서는 북한과 다르지 않다. 그리고 나쁜 독재도 아니고 국민을 잘살게 하는 나라이긴 하지만 그래도 독재는 독재이다. 독일도 살기 좋은 나라인데, 이젠 난민들이 너무 많이 들어와 범죄율이 증가하고 있다. 프랑스도 괜찮은데 치안도 그렇게 좋지도 않고, 지하철에서 화장실 냄새가 너무 난다. 역무원들에게 왜 이렇게 화장실 냄새가 많이 나냐고 물어보니 노숙인들이 자면서 볼일을 봐서 그렇단다. 스페인도 기후도 좋고 괜찮은데 해 먹고살 게 없다. 이런 나라와 비교하니 한국은 정말 살기 좋은 나라이다. 요즘은 해외에 살다가 한국으로 귀환하는 역이민이 늘고 있다. 나이가 들어서 고향 생각도 나고 또 가족도 있고 해서 오는 경우도 많겠지만, 한국이 이전과 달리 잘살고 또 의료혜택 등 복지 혜택도 좋다. 나도 한국에 가고 싶다. 특히 남해나 통영에서 살고 싶다. 이제는 애들도 다 키워서 한국 가는 것에 대해서 부담이 없다.

여기서 한국인이 해외로 이민 가는 이유가 뭔지 한번 살펴보자. 크게 선진국으로 이민 가는 부류와 중후진국으로 이민 가는 두 가지 부류가 있다. 대표적인 나라가 호주, 캐나다, 뉴질랜드 및 미국이다. 이민 간 사람들 얘기를 들어보면, 깨끗한 공기를 찾아서 이민 갔다는 사람도 있고, 사교육도 안 시킬 수 없고, 또 너무 국·영·수 중심의 교육 때문이라고도 하고, 경쟁이 너무 심한 서울의 삶이 너무 힘들어서라고 하는 사람도 있다. 다 이해가 되는 부분이고 또 어느 정도 맞는 얘기이기도 하다. 그 대신 속에 있는 하고 싶은 말을 다 못하는 언어의 제한, 한정된 일자리, 오래 살아도 항상 이방인 같은 느낌, 주류 사회에 끼기가 힘든 문화적인 갈등 등 여러 가지 한계도 있다. 100% 좋은 게 없듯이 장단이 있다. 자녀들 교육만 생각한다면 영어로 교육을 하니 분명 장점이 크다. 영어만 잘하면 어디 가나 굶어 죽을 일은 없다. 조금만 똑똑하면 얼마든지 세계에서 주도적인 일을 할 수 있다. 기회도 엄청 많다.

이민 가는 사람들이 흔히 실수하는 것이 영어를 잘하려고 노력은 하는데, 충분한 노력을 하지 않는다는 것이다. 일반적인 영어로는 제대로 된 직장을 갖기가 힘들다. 돈을 쓰기 위한 영어와 돈을 벌기 위한 영어에는 엄청난 차이가 있다. 돈을 쓰기 위한 영어는, 예를 들어서 해외에 여행을 가거나 해서 사용하는 영어, 그 사람이 주가 되어 영어를 이어가고 또 간단한 영어만 하면 되지만, 돈을 벌기 위한 영어는 내가 주가 되어서 이끌어 가야 할뿐더러 상당한 수준의 영어를 요구한다. 마찬가지로 관광객으로 그 사회를 바라보

194

는 관점과 거기서 살아가면서 그 사회를 바라보는 관점에는 커다란 차이가 있다. 막연하게 여행을 가서 바라보는 사회는 낭만적이고 아름답지만, 그 안에서 살아가면서 느끼는 삶의 무게는 한국과 별반 다르지 않다. 호주도 이젠 연봉 체제로 가다 보니 일하는 시간도 길어지고 또 스트레스도 제법 받는 편이다. 물론 한국보다는 적지만. 그렇다고 하더라도 한국인이 해외로 이민 가는 것에 대해서 나쁜 시각을 갖고 있지는 않다. 다양한 경험을 하고 또 자녀들은 잘 적응하므로 나중에 분명히 국익에 엄청난 도움이 된다. 그래서 많은 한국인이 해외로 나가는 것에 대해서 나는 상당히 긍정적으로 본다. 특히 젊은 사람들이 해외로 나가는 것에는 상당히 호의적이다. 내가 존경하는 김우중 씨가 쓴 책처럼, 세계는 넓고 할 일도 많다. 정말 많다. 이런 좋은 시대에 공무원이 되려고 노력하는 젊은이들이 한심한 이유다. 또 영어를 배운다고 영어권에 유학을 가는 분들이 많은데 이분들에게 한마디 드리자면, 영어 배우기 가장 좋은 장소는 한국이다. 그 이유는 한국어와 영어의 차이점을 가장 잘 아는 사람들이 한국어를 잘하면서 영어도 잘하는 사람들인데 그런 분들이 한국에는 많기 때문이다. 미국에서 1년 걸릴 실력이 한국에서는 2−3개월에 끝낼 수 있다. 그렇다고 영어권 나라에 가지 말라는 얘기는 전혀 아닌 게, 어느 정도 영어 실력이 되었을 때, 즉 영어를 꽤 잘한다고 생각이 들었을 때 가면 된다. 현지에서 배운 영어 실력을 마음껏 자랑해 보고 또 현지에서만 배울 수 있는 영어가 따로 있기 때문이다. 예를 들어, I will do it과 I'll do it의 차이점을 보면, 문법적으로는 I'll do it은 I will do it의 줄임말이고 같은 뜻이지만, 실제 뜻은 많은 차이가 있다. I'll do it은 "할게"의 뜻이지만, I will do it은 "꼭 할게" 정도의 뜻이다. 또 해외로 영어를 배우러 간다면 한국에서 생각하지 못한 일이 발생한다. 돈을 벌어야 하니 일도 해야 하고, 집도 구해야 하고 음식도 해 먹어야 하며, 교통비도 생각해야 한다. 실제로 영어를 배우기 위해서 사용할 수 있는 시간이 한국에 비해서 많지가 않다. 그래서 많은 사람들이 돈만 벌다가 돌아가기에 10년을 살아도 영어를 못하는 사람들이 너무 많다.

한국에 들어온 사람들을 분류해 보면, 선진국에서 온 사람들은 다국적 기업에 근무하는 사람이 많아 보이고, 그다음으로 한국인과 결혼으로 온 사람인 것 같다. 대표적으로 미국이나 일본 및 유럽인들이 여기에 속한다. 개발도상국이나 개발 중인 나라에서 온 사람들은 한국의 중소기업에서 소위 3D 업종에 근무하는 사람들도 많고, 국제결혼으로 중국이나 요즘은 베트남에서 들어온 사람이 많은 것 같다. 외국인의 비자를 보면 크게 두 가지로 나뉜다. 하나는 영주 비자나 시민권을 받은 사람이고 나머지는 비즈니스 비자 또는 업무 관련 비자이다. 시민권을 받은 사람은 정식 한국인이 되었으니 한국인과 다름이 없어야 하고 차별도 없어야 한다. 영주 비자를 받은 사람은 아직 국적은 외국이지만 한국에 영주할 수 있는 비자를 받은 사람이다. 즉 살인이나 기타 심각한 범죄를 저지르지 않는 이상 영주할 수 있는 권한을 가진 사람인데 곧 한국인이 될 가능성이 많은 사람이니 이 사람들도 한국인과 다름이 없어야 하고 차별도 없어야 한다. 그 외에 비즈니스 비자나 업무 관련 비자로 머무르는 사람들은 일과 관련해서 잠시 혹은 몇 년을 한국에 살고 있거나 살 계획을 갖고 온 사람들이다. 이 사람들도 한국인과 결혼을 하거나 아니면 다른 이유로 영주권과 시민권을 받을 수 있으며, 설사 그렇지 않다고 하더라도 같은 인간이니 한국인과 동일하게 대접을 받아야 한다. 다만 한국인이 아니라 외국인이기 때문에 한국인으로서만 가질 수 있는 고유의 권한, 예를 들어, 선거권이나 피선거권, 또는 복지혜택 등은 받지를 못한다. 그러나 이 사람들이 출국을 한다고 하더라도 자국에서 한국에서의 경험을 친구나 가족들에게 얼마든지 전파할 수 있으니 한국에 대한 좋은 이미지를 남기는 것이 중요하다.

우리 한국인이 생각하는 한국인의 기준은 한국인처럼 생기고 한국어를 말하고 한국에서 태어난 사람으로 하는 경향이 짙다. 반대로 말하면 한국인처럼 안 생기고 한국어를 잘 못 하고 한국에서 태어나지 않으면 한국인이 아니다. 그런데 이런 사람인데 한국인인 경우가 점차 늘어가고 있다. 베트남에서 태어나서 한국으로 결혼을 해서 아기를 두 명 낳았는데 시민권을 받아서 한국인이 된 것이다. 한국인처럼 생기지도 않고 한국에서 태어나지도 않았으며 한국말도 잘 못 하는데 엄연한 한국인인 것이다. 법적으로 한국인의 기준은 한국 시민권을 갖고 있으면 한국인이고, 한국인처럼 생기고 한국에서 태어났으며 한국말도 잘하는데 시민권이 없으면 한국인이 아니다. 대표적으로 군대 간다고 하고서 가지 않아서 국민의 지탄을 받아 아직도 한국에 올 수 없는 유승준, 아니 스티브 유 같은 사람이다.

미국의 체제가 이렇다. 한국에서 태어나고 한국말도 잘하며 전형적인 한국인처럼 생겼는데 미국에서 시민권을 받아서 미국인이 되었다. 이 사람은 한국인이 아니라 미국인이다. 아직 한국은 65세까지 이중국적이 허용되지 않아서 65세 이하는 하나의 국적만 택할 수 있다. 한국 아니면 미국이기 때문에 미국 시민권을 택하면 한국 국적을 포기해야 하는데 그러니 더더욱 미국인인 것이다. 우리 한국도 이런 시스템을 따라가야 하며 또 따라갈 것이다. 외모와 태어난 곳이 한국인의 기준이 아니라 어느 나라의 시민권을 갖고 있으며 어느 나라의 여권을 갖고 있는가가 한국인의 기준이 되어야 한다. 일본에서 태어나서 한국말을 잘 못 해도, 우즈베키스탄에서 태어나 한국인처럼 생기지 않았어도 한국의 시민권만 갖고 있으면 한국인인 것이다. 그래서 앞으로 우리 한국인들은 외국인으로 보이는 모든 사람을 이미 한국인이거나 한국인이 될 가능성이 높다는 것을 가정하고 대할 필요가 있다. 미국에서 약 10년 전에 한국인 이민 2세가 대학교에서 총으로 사람을 15명 정도 죽인 일이 있었다. 미국 총영사는 물론 많은 한국 지도자들이 미국의 사회에 무릎을 꿇었다, 죄송하다고. 그러나 미국인 입장에서는 그게 한국이 사과할 일이 전혀 아니다. 그 사람은 이민 2세이니 엄연히 미국인이고 미국에서 발생한 일이니 미국인의 일이지 한국과는 별로 관련이 없는 일이라는 입장이었다. 이런 일들이 한국에서도 앞으로 얼마든지 생길 수 있는 일이다. 베트남 출신 사람이 한국 시민권을 취득하면 완전한 한국인인데 이 사람이 돈 문제로 한국인을 죽인다고 하면, 우리 한국 사회에서는 베트남 출신들을 비난할 가능성이 크다. 그러나 그 사람은 한국인인 이상 최소한 표면적으로는 베트남 사람을 비난하거나 힐책하면 안 된다. 우리 한국 사회가 그 사람을 그렇게 만든 것에 대한 책임을 져야 한다. 왜냐면 그 사람의 베트남 출신이 문제가 아니라 우리 한국 사회가 그렇게 만들었을 가능성이 크기 때문이다. 비록 우리 사회가 책임이 아니라고 해도 한국인인 이상 우리가 책임을 져야 한다.

우리 한국이 먹고 살 만하긴 한가 보다. 다들 살고 싶어 하는 미국에서도 한국으로 이민을 오고, 캐나다, 영국 및 독일에서도 온다. 미국의 친구 얘기로는 의료보험이 없으면 이 하나 뽑는 데도 몇십만 원이 든다고 한다. 맹장염 수술을 하면 몇백만 원이 들며, 웬만한 수술은 몇천만 원이랜다. 의료보험이 있어도 다 지원되는 게 아니기 때문에 웬만한 수술로는 파산할 정도란다. 캐나다에 있는 친구 얘기로는 치과 치료는 공짜인데 한두 달은 기본이고 6개월 이상도 기다려야 한단다. 웬만한 수술은 기다리다 죽는단다. 이거 어디서 많이 들어본 말 아닌가? 우리 윗집 동네인 북한에서 온 사람에게 자주 듣는 말이다. 병원 치료도 다 공짜인데 맹장염 수술하려고 하면 그 흔한 마취제도 없어서 마취도 하지 않고 그냥 배를 쨌단다. 캐나다나 북한이나 별로 차이가 느껴지지 않는다. 이탈리아에 있는 친구 얘기로는 실력 있는 의사들은 돈이 되는 영국이나 독일 및 프랑스로 다 이사를 가서 실력 있는 의사가 부족하다고 한다. 우리 한국은 의료비도 많이 안 들고 의료 질도 아주 좋다. 실력이 있으면 돈도 벌 수 있는 기회도 많다. 그래서 선진국에서도 물론이려니와 중진국이나 개발도상국에서도 한국으로의 이민이 호의적이다. 동남아에서 한국으로 시집을 많이 오는 데 한국이 살기 좋기 때문이다. 그래서 한국 정부가 어떤 정책을 펴는가에 따라서 이민하고 싶어 하는 사람이 너무 많아서 걱정일 것 같다. 이런 이유로 우리나라가 이민 문호를 열면 이민 오겠다는 사람들 엄청 많을 것이다.

—— 그럼 어떤 나라로부터 이민을 받을 것인가?

첫 번째 기준은 한국에 도움이 되는 사람과 한국이 필요로 하는 사람을 먼저 받으면 된다. 호주의 경우처럼 인력 부족 직업군을 매년 발표를 해서 가산점을 줄 수도 있고, 아주 예외적인 경우이겠지만, 한국이 필요로 하는 기술을 가진 사람들을 선별해서 먼저 이민 의사를 타진해 볼 수도 있다.

두 번째 기준은 한국인과 비슷한 사람이면 좋은데, 생긴 것도 그렇고 생각도 비슷하면 좋다. 이유는 적응이 빠르고 사회적 갈등을 겪을 일이 적기 때문이다. 아무리 한국이 필요로 하는 기술을 갖고 있어도 이슬람 극단주의자라고 하면 곤란하기 때문이다. 또 일본인은 겉으로 보기에 한국인과 똑같이 생겨서 한국 사회에 동화되기가 아주 쉽다. 발음만 제대로 한다면 일본인인지 아닌지 알기가 어렵다. 우스갯소리로 중국에서 한국이 욕을 먹으면 한국 사람이 자기는 일본 사람이라고 얘기하고, 일본이 욕먹을 때는 일본 사람이 자기는 한국 사람이라고 한다고 하는데, 그만큼 서로가 구별하기가 힘들다. 아기가 생겼을 경우에도 그 아기는 완벽한 한국인이 된다. 백인 미국인이 한국으로 이민을 온다면, 시민권이 있어서 한국인은 맞지만, 시력이 많이 떨어지는 누가 보더라도 토종 한국인이 아니란 것을 쉽게 알 수 있다. 아기들도 토종 한국인과 결혼을 해도 쉽게 구별이 된다. 이제는 많이 없어졌지만 아직도 외국인에 대한 편견과 선입견이 있고, 외국인이면 다른 시선을 주게 된다. 이런 것들이 외국인들에게는 부담으로 작용한다. 미국의 기업들이 지금은 싱가포르에 아시아 본사를 두지만 이전에는 호주 시드니에 많이 뒀었는데, 그 첫 번째 이유가 같은 영어를 사용해서 언어에 문제가 없었고, 두 번째로 같은 백인 위주라 동화되기가 쉬워서였다. 지금은 싱가포르가 하도 서양화와 선진화가 되어서 많은 기업들이 싱가포르에 본사를 둔다. 이것을 기준으로 순위를 매겨보면, 가장 좋은 사람은 일본인, 중국인, 중앙아시아인, 동남아시아인, 인도인, 유럽인, 중동인, 남미인 그리고 마지막으로 아프리카인순이다.

2007년 현재, 대부분의 국제결혼을 보면 한국인 남자와 외국인 여자가 결혼하는 비율이 전체 국제결혼의 90% 정도이다. 그러나 앞으로는 한국 여성과 외국 남성과의 결혼이 점점 늘어날 것이다. 왜냐면 한국 여성의 인기가 서구권에도 늘고 있기 때문이다. 2007년 여성 결혼이민자의 국적을 보면 중국, 베트남, 일본, 필리핀, 미국, 몽골, 태국, 캄보디아 및 기타순이다. 2020년 9월 30일 현재, 한국인 남녀 포함해서 국민의 배우자 국적별 현황을 보면 2007년과 크게 차이가 나지 않는다. 13년 동안 출신 국적에 있어서는 큰 변화는 없다. 출신 국적을 보면 전 세계 거의 모든 국가 출신들이 한국인과 결혼을 하고 있고 한국이 정말 다문화 사회가 되어가는 것을 볼 수 있다. 한국은 정식 이민 정책이 없음으로 아직 대부분 결혼을 통해서 한국 국적을 취하게 되는데, 만약에 이민의 문호를 열면 어떻게 될까?

전 국	합 계	비 율(%)
총합계	165,976	100.0000%
베트남	43,314	26.0965%
중국	37,366	22.5129%
한국계 중국인(조선족)	22,725	13.6917%
일본	14,370	8.6579%
필리핀	11,612	6.9962%
타이	5,686	3.4258%
캄보디아	4,604	2.7739%
미국	4,134	2.4907%
우즈베키스탄	2,516	1.5159%
몽골	2,436	1.4677%
러시아(연방)	1,600	0.9640%
타이완	1,427	0.8598%
캐나다	1,361	0.8200%

전 국	합 계	비 율(%)
영국	1,099	0.6621%
인도네시아	971	0.5850%
파키스탄	967	0.5826%
네팔	835	0.5031%
프랑스	619	0.3729%
홍콩	530	0.3193%
라오스	504	0.3037%
키르기즈	487	0.2934%
오스트레일리아	450	0.2711%
카자흐스탄	393	0.2368%
방글라데시	356	0.2145%
스리랑카	345	0.2079%
독일	330	0.1988%
모로코	266	0.1603%
말레이시아	257	0.1548%
뉴질랜드	253	0.1524%
터키	233	0.1404%
미얀마	231	0.1392%
인도	223	0.1344%
브라질	197	0.1187%
남아프리카공화국	168	0.1012%
나이지리아	164	0.0988%
우크라이나	163	0.0982%
멕시코	162	0.0976%
아일랜드	157	0.0946%
싱가포르	154	0.0928%
이탈리아	153	0.0922%

출산율은 종합예술, 아니면
인구 증가는 이민밖에 답이 없다.

전 국	합 계	비 율(%)
스페인	146	0.0880%
한국계 러시아인	132	0.0795%
이란	129	0.0777%
페루	118	0.0711%
이집트	99	0.0596%
폴란드	97	0.0584%
네덜란드	82	0.0494%
콜롬비아	71	0.0428%
스웨덴	71	0.0428%
스위스	55	0.0331%
루마니아	53	0.0319%
벨기에	51	0.0307%
벨로루시	47	0.0283%
헝가리	41	0.0247%
핀란드	35	0.0211%
튀니지	34	0.0205%
아르헨티나	32	0.0193%
알제리	31	0.0187%
오스트리아	30	0.0181%
칠레	28	0.0169%
노르웨이	27	0.0163%
체코	26	0.0157%
영국 외지민	25	0.0151%
불가리아	25	0.0151%
에콰도르	24	0.0145%
이스라엘	23	0.0139%
에티오피아	23	0.0139%

전 국	합 계	비 율(%)
덴마크	23	0.0139%
베네수엘라	21	0.0127%
그리스	21	0.0127%
가나	21	0.0127%
포르투갈	20	0.0120%
파라과이	20	0.0120%
볼리비아	18	0.0108%
무국적	18	0.0108%
우간다	16	0.0096%
시리아	16	0.0096%
카메룬	15	0.0090%
예멘공화국	15	0.0090%
리투아니아	15	0.0090%
마카오	14	0.0084%
몰도바	13	0.0078%
코스타리카	12	0.0072%
케냐	12	0.0072%
슬로베니아	12	0.0072%
라트비아	12	0.0072%
요르단	11	0.0066%
니카라과	11	0.0066%
탄자니아	10	0.0060%
크로아티아	10	0.0060%
알바니아	10	0.0060%
세르비아	10	0.0060%
투르크메니스탄	9	0.0054%
쿠바	9	0.0054%

출산율은 종합예술, 아니면 ——————————————
인구 증가는 이민밖에 답이 없다.

전 국	합 계	비 율(%)
엘살바도르	9	0.0054%
도미니카공화국	9	0.0054%
과테말라	9	0.0054%
이라크	8	0.0048%
우루과이	8	0.0048%
타지키스탄	7	0.0042%
온두라스	7	0.0042%
아프가니스탄	7	0.0042%
아제르바이잔	7	0.0042%
세네갈	7	0.0042%
말리	7	0.0042%
레바논	7	0.0042%
피지	5	0.0030%
코트디부아르	5	0.0030%
슬로바크	5	0.0030%
부탄	5	0.0030%
마다가스카르	5	0.0030%
앙골라	4	0.0024%
아르메니아	4	0.0024%
수단	4	0.0024%
사우디아라비아	4	0.0024%
마케도니아	4	0.0024%
라이베리아	4	0.0024%
팔레스타인	3	0.0018%
파나마	3	0.0018%
콩고민주공화국	3	0.0018%
조지아	3	0.0018%

전 국	합 계	비 율(%)
자메이카	3	0.0018%
아이슬란드	3	0.0018%
부르키나파소	3	0.0018%
모잠비크	3	0.0018%
리비아	3	0.0018%
기니	3	0.0018%
팔라우	2	0.0012%
차드	2	0.0012%
잠비아	2	0.0012%
에스토니아	2	0.0012%
시에라리온	2	0.0012%
보츠와나	2	0.0012%
니제르	2	0.0012%
홍콩 거주 난민	1	0.0006%
토고	1	0.0006%
키프로스	1	0.0006%
쿠웨이트	1	0.0006%
콩고	1	0.0006%
코소보	1	0.0006%
코모로	1	0.0006%
짐바브웨	1	0.0006%
에리트레아	1	0.0006%
수리남	1	0.0006%
솔로몬군도	1	0.0006%
세인트크리스토퍼네비스	1	0.0006%
세인트루시아	1	0.0006%
브루나이	1	0.0006%

전 국	합 계	비 율(%)
부룬디	1	0.0006%
보스니아-헤르체고비나	1	0.0006%
벨리즈	1	0.0006%
베냉	1	0.0006%
미등록 국가	1	0.0006%
몰타	1	0.0006%
몰디브	1	0.0006%
르완다	1	0.0006%
룩셈부르크	1	0.0006%
기니비사우	1	0.0006%

출처: 법무부

　　국가별 특징을 살펴보자. 일본인을 살펴보면 한국인과 가장 유사하다는 것에 이의를 다는 분들은 별로 없을 것이다. 고구려, 백제 및 신라인들이 가서 세운 나라이니 한국의 역사도 많이 살아있고, 말과 글자도 대부분 삼국에서 유래했으니 많이 유사하다. 또 하나 좋은 점은 일본이 망한다고들 하지만, 아직도 첨단소재 부분에서는 일본의 기술 수준은 세계 최고이다. 이분들이 이민을 오면 기술도 같이 온다. 어떤 한국인은 일본인이 한국에 이민 올까?라고 의문을 품는데, 일본에서의 삶이 많이 어려워졌고 또 지진 및 쓰나미 등의 자연재해가 잦아서 일본이 이제는 더 살기 좋은 곳이라고 보기도 힘들다. 또 요즘은 한류의 인기 여파로 젊은 일본인들이 한국을 좋아해서 이민 오고 싶어 하는 분들도 많다. 또 일본은 여성의 권리가 선진국 중에서는 거의 최하이다. 그래서 한국으로 오면 일본보다 나은 대접을 받을 가능성이 아주 크다. 또 일본에는 재일교포도 엄청 많다. 한국인 또는 북한인으로 살기가 불편하고 다소 어려움도 있을 뿐만 아니라 아무래도 차별이 있어서 귀화에서 사는 한국 동포도 많다. 연예계는 물론이고 기업계에서도 한국계의 일본인이 엄청 많다. 이런 분들도 일본 경제가 더 어려워지면 한국으로 이민을 올 가능성도 크다. 어떤 분들은 반일 또는 극일해야 하는데 무슨 일본인을 받아들이냐고 반문할지도 모르겠지만, 일본의 군국주의와 일본의 정부가 문제이지 일본 국민의 대부분은 착하고 정직하다. 일본은 정치체제도 민주주의라 생각이 비슷하며, 종교도 불교, 유교 또는 일본 고유의 종교라 종교상으로 갈등이 발생할 가능성도 아주 적다.

다음은 중앙아시아에 많이 살고 있는 흔히 고려인이라고 하는 사람들이다. 몇 세대를 거쳐오면서 혼혈도 없지는 않지만 DNA상으로는 거의 100% 한국인이다. 우리는 먹고 사느라고 바빠서 까맣게 잊고 있었지만 이 고려인들은 한국의 발전을 그대로 보고 있었고 또 속으로 응원했었다. 왕이 멍청하고 지도자가 머리가 나빠서 백성들이 고생하고 또 뿔뿔이 흩어졌지만, 이런 수많은 부정적인 것 중에도 굳이 긍정적인 것을 찾으려면 없는 것도 아니다. 약 50만 정도로 추정되는 고려인 중 8만 정도가 국내에서 거주하고 있는 것으로 보이는데, 나머지 40만 이상의 고려인들 중 젊은 사람들을 우선으로 받아들일 필요가 있다. 이 사람들은 러시아 말도 잘하는 사람들이 많아 향후 시베리아를 한국 땅으로 만들려고 했을 때 상당히 많은 도움이 될 수 있다. 다행인 것은 여기 사는 많은 고려인들이 한국이 잘살아서 한국으로 오고 싶어 한다고 한다. 몽골도 우리와 공통부분이 많은데, 역사도 그렇고 민족의 뿌리도 우리와 한 뿌리라는 주장이 있다. 다 같은 우랄 알타이어를 사용하며 생김새도 한국인과 거의 같다. 1990년대 초에 서울에 있는 몽골대사관에 갔다가 거기에 근무하는 모든 몽골인이 한국인과 너무 흡사해 놀랐던 기억이 있다. 요즘에 우즈베키스탄 등에서도 결혼을 통해서 한국에 오는 이민자가 많은 것 같다. 그 외의 우즈베키스탄 등 스탄으로 끝나는 여러 나라들도 유목민의 후손이라 같은 유목민의 후손인 우리 한국인과도 관련이 좀 있고 인구 구성도 좋아서 젊은 사람들이 많다. 그러나 여기도 하나 문제점은 종교가 이슬람이 많다는 것이다. 여기 이슬람은 중동의 이슬람과는 조금 달라서 극단주의는 적은 것 같아 큰 문제점은 아니라고 보지만, 종교의 갈등이 생길 수 있다.

북한에서 탈출한 사람들도 우리가 더 포용해야 한다. 북한에서 온 사람을 가난하게 여겨 조금 무시하는 사람들이 가끔 보인다. 우리와 그들의 차이는 우리는 부모가 남한에서 태어나서 자란 사람들이고 그들은 북한에서 태어나고 자란 사람들뿐이다. 말과 얼굴 생김새와 생활 습관이 똑같은 한민족이다. 어른이 애들을 이해해야 하듯이, 부자인 남한 사람이 북한 사람을 더 이해해야 하고 더 품을 수 있어야 한다. 알고 보면 불쌍한 사람들이다. 우리 한국인의 나쁜 특징 중의 하나가 자꾸 분열을 조장한다. 어떤 단체를 가더라도 편 가르기가 있다. 그래서 그 사람들끼리만 어울린다. 북한 출신 사람도 마찬가지이다. 같은 말과 같은 역사를 가진 같은 민족이다. 그러니 잘사는 우리가 더 보듬어야 한다.

그다음은 중국인인데, 역사도 많이 공유하고 생긴 것도 비슷하며, 특히 만주인과 몽골인들과는 생각도 매우 비슷하다. 그리고 연변에는 한국말을 할 수 있는 많은 조선족이 있다. 위의 도표에서 한국계 중국인이라고 표시된 13.7%의 사람들이다. 최근에 조선족에 대해서 부정적인 이미지가 생기는 것은 바람직한 방향은 아니다. 정체성으로 봤을 때는 중국인에 가깝다고 할 수도 있겠지만, 한국에 정착 후 한국을 영주할 수 있는 곳으로 생각할 수 있도록 한국 정부나 한국인이 잘해 줄 필요가 있다. 한국말을 할 수 있다는 한 가지만으로도 적응이 상당히 빠를 수 있다. 이분들은 독립운동을 한 분들의 후손도 많고, 일제를 피해서 조선의 땅이었던 간도에서 살다가 남북의 분단과 일본의 간도협약으로 중국 땅이 되어서 중국인이 된 것뿐이다. 그러니 우리 한국인이 잘 포용해야 한다고 본다. 단 중국인의 한 가지 문제는, 아직 공산주의 체제라 자유와 시장경제에 덜 익숙하고, 정부가 일당 독재 체제라 중국 정부가 원하는 방향으로 중국인을 이민시킬 수 있고, 또 그 이민자에 한국 정부에 반하는 이민자가 섞여 있을 수가 있다는 것이다. 극단적으로는 스파이를 심어서 한국에게 혼란을 줄 수도 있다.

또 중국인의 특징은 중국인끼리 뭉치는 경향이 있다. 대표적으로 차이나타운은 대부분의 선진국의 큰 도시에는 하나씩 있다. 샌프란시스코에도 있고 시드니에도 있고 동경에도 있다. 그러나 한국엔 없었지만 요즘 인천에 조그맣게 성장하고 있는 것 같다. 서울에도 대림동이나 가리봉동에 중국인 입주가 많고 부동산도 중국인 구매가 늘어나고 있다고 신문에 나온다. 문제는 이 중국 사람들이 단합해서 주위 한국인을 몰아낼 수도 있고 또 이게 이 사람들이 전 세계에 차이나타운을 건설한 방법이다. 예를 들어, 가리봉동에 중국인의 부동산 구매가 증가하고 있는데, 먼저 한 사람이 어떤 건물을 사면 친척이나 친구 등 마음 맞는 사람끼리 돈을 모아서 그 건물 주위를 또 산다. 그리고 비슷한 가게를 열어서 제품을 아주 싸게 팔아서 주위 가게를 망하게 한다. 불법으로 들어온 중국인 등을 고용해 인건비를 최대한으로 아껴서 싸게 팔기 때문에 그래도 이익은 있다. 그 주위 가게가 망하면 또 친척이나 친구들을 동원해서 그 건물을 산다. 이런 식으로 확대를 하다가 모두 중국인으로 상권이 형성되면 그때부터는 제품 가격을 올린다. 소비자는 대안이 적으니 울며 겨자 먹기식으로 비싼 제품을 살 수밖에 없다. 이런 식으로 장사를 하니 공정한 경쟁을 주장하는 한국인들과는 많이 안 맞다. 그래서 중국인의 비중을 최소한으로 줄이는 것이 좋다. 같은 중국인이라 하더라도 대만인이나 홍콩인들은 이런 문제가 적으니 부담이 적다.

동남아시아는 화교의 세력이 막강하다. 중국인의 해외 이주 역사에 대해서 잠깐 살펴보자. 청나라 시대에 만주인이 중국을 차지함에 따라 본토 중국인인 한족에 대한 차별이 시작되었다. 절이 싫으면 중이 떠나는 게 최선인 것처럼 이때부터 한족은 다른 나라로 살살 떠나가기 시작했는데, 청나라 말기에 서양의 침략과 마약 등의 문제로 경제가 급격히 어려워서 먹고살기가 더 힘들어졌다. 특히 동남부 지역의 중국인들이 많이 떠났는데, 홍콩과 그 주변 지역인 광동성, 대만 맞은편에 있는 복건성, 마카오 밑 부분에 있는 해남성 사람들이다. 이 사람들이 주로 간 곳은 태국, 말레이시아, 인도네시아 및 필리핀이다. 싱가포르의 이광요 수상도 중국계 말레이시아인이었는데, 그 당시 중국인의 인구가 70% 정도 되었던 지금의 싱가포르 지역을 중국인 때문에 골치가 아팠던 말레이시아 정부가 반강제적으로 독립을 시킨 것이 지금의 싱가포르이다.

태국으로 간 중국인은 현지 태국인과 거의 동화가 되었는데, 태국 왕실도 중국의 소수족인 타이족이 몽골의 침을 피해 남쪽으로 더 남하하면서 만든 나라가 태국이라 뿌리가 중국인이고, 또 생김새도 중국과 비슷해서 동화되기도 쉬웠다. 그러나 말레이시아나 인도네시아 같은 이슬람 국가에서는 동화가 힘든 게, 종교도 다르고 식습관 및 생활 습관도 다를뿐더러 입는 옷부터도 당장 구별이 가능하기에 동화가 쉽지 않았다. 베트남은 지금도 중국과 중국인을 극도로 싫어하는데 1975년 공산 통일이 되기 전에는 화교가 많이 살았지만, 통일 후에는 베트남 정부가 화교를 보트 피플이란 형태로 반강제로 추방을 시켜서 이젠 거의 화교 문화가 없다고 보면 된다. 그 보트 피플이 미국도 많이 갔고 호주에도 많이 왔다. 그래서 그때 호주에 온 베트남인들 대부분이 화교이다. 아래 그림은 동남아의 화교가 얼마나 많은 재산을 차지하고 있는지 잘 보여준다.

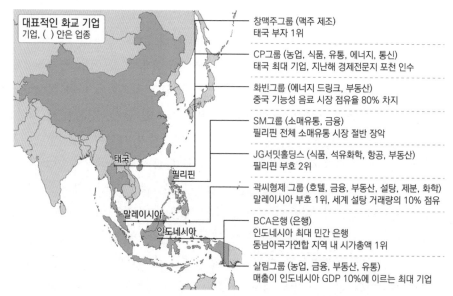

출처: 한국경제 신문 (https://www.hankyung.com/international/article/2019072856401)

중국계가 거의 80%인 싱가포르가 국가 재산의 80% 이상이 화교가 장악하고 있다는 것은 두말할 필요가 없고, 말레이시아도 30% 정도의 중국인들이 70% 정도의 재산을 소유하고 있어서 본토 말레이계 사람들과 갈등을 지금도 겪고 있다. 대표적으로 중국계의 대학교 입학은 제한이 많고 또 들어가기도 힘들다. 태국도 10% 정도의 화교가 80% 이상의 재산을 소유하고 있다. 인도네시아는 더 가관인데 10%도 안 되는 중국계가 70% 정도의 재산을 소유하고 있고 필리핀도 이에 못지않게, 5% 이하의 중국계가 50% 이상의 재산을 소유하고 있다. 만약 한국에도 많은 중국인들이 들어온다고 하면 동남아에서 보는 것처럼 유사한 사태가 발생할 수 있으니 중국인들의 이민에 많은 고민이 필요하다.

동남아시아인은 요즘 한류 때문에 한국으로 이민 오고 싶어 하는 사람이 많은 것 같다. 베트남, 태국 및 캄보디아 등에서도 결혼을 통해서 많이 들어오는 것 같은데, 불교가 대표 종교라서 우리 한국인과 생각과 사상에 유사성이 많다. 동남아시아인의 인성을 보면, 악의가 없는 선한 사람들이 많은 것 같다. 인구수도 상당히 많으며, 인구 구성도 젊은 사람들이 많아서 받아들이기 좋은 인구 구조이다. 인도네시아와 말레이시아도 인구수도 많고 젊은 사람이 많아서 너무 좋은데, 무슬림이 많아서 종교적인 갈등의 소지가 있다. 필리핀인들은 영어도 잘하고 젊은 인구가 많지만, 동남아시아인들 중에서 가장 피해야 할 사람들이다. 중산층의 절대 부족으로 빈곤층이 50%가 넘는데, 그런 이유인지 아니면 스페인 식민지하에서 오랫동안 억압된 삶을 살아서 그런지 사람들이 간사하고 비열하며 남에게 들러붙어서 놀고먹는 것을 좋아하는 사람들이 굉장히 많다. 정말 필리핀 사람은 이민을 받지 말아야 하는 사람들이다. 지금까지 여러 나라에 살고 있는 필리핀 사람을 겪어봤는데, 아직까지 좋은 필리핀 사람을 본 적이 없다. 어느 나라 사람이나 좋은 사람도 있고 나쁜 사람도 있기 나름인데 필리핀 사람은 하나같이 인성이 나쁘고 별로 상종하고 싶지 않은 사람들밖에 없었다.

최근에 급격히 늘고 있는 베트남을 먼저 살펴보자. 정치체제는 공산주의

이다. 일부 한국인이 베트남이 무슨 공산주의냐고 항변할지 모르지만, 겉으로는 공산주의가 맞다. 특이한 점은 중국에게 시달렸다는 점에서 우리 한국과 역사가 비슷하다. 평균 연령이 29살이라 젊은 노동력이 풍부하고 또 인건비가 낮아서 많은 한국기업들이 진출해 있다. 인구도 9천만 명 이상으로 세계에서 14위 정도이다. 그러나 정치체계가 공산주의이다 보니, 모든 공산주의 나라의 공통점인 부패가 엄청나서 뇌물이 없으면 일이 진행이 안 된다. 생산성이 기준이 되는 업무가 아니라 뇌물이 기준이 되는 업무 구조이다. 최근 외국인의 많은 투자로 인해 겉으로는 많은 성장을 한 것처럼 보이지만, 싼 인건비를 위주로 한 경제성장이다 보니 인건비가 오르면 언제든지 다른 나라로 빠져나갈 수 있어서 불안정한 성장이다. 기초 산업이 전무하다시피 해서 기술력은 거의 없으니 외국인들이 빠져나가면 경제가 어려워질 수 있다. 기초 인프라도 너무 열악한데 대표적으로 전기도 충분하지가 않다. 도로 사정도 나쁜데, 단적인 예로, 대표적인 관광지인 하롱베이를 하노이에서 가면 3시간이 걸린다. 거리가 180km 정도이니 고속도로가 있다면 그 절반 시간인 한 시간 반 정도면 도착할 수 있는 거리이다. 베트남의 최대 관광지인 하롱베이 가는 고속도로를 돈이 없어서 못 짓는다. 한국에 대해서는 쌀딩크 박항서 감독이나 많은 한국 기업체의 진출로 한국인에 대해서 우호적이고 한국을 좋아하는 편이다. 더워서 그런지 아침 일찍 일어나서 일하기 시작하며 또 일찍 일어나서 그런지 점심 식사 후에 낮잠을 자는 사람들도 많다. 동남아에서 가장 일 잘하는 사람들인데 특히 여자가 잘한다. 남자들은 게으르고 낮에도 술 마시고 빈둥대는 사람들도 많다. 이런 남자와 비교되는 한국 남자는 책임감이 있어서 베트남 여자들이 더 좋아한다. 단점으로는, 거짓말을 잘하는데 눈도 깜짝 안 하고 아주 태연스럽게 잘도 한다. 자존심도 상당히 강한데 특별히 강할 이유를 찾지를 못하겠다. 시간도 잘 안 지키는 편이다. 그리고 우리 한국인이 워낙 빨리 일을 처리해서 그렇기도 하지만 일 처리가 좀 늦다. 마지막으로 일의 끝마무리가 꼼꼼하지 않다. 더운 나라라서 그런지 일을 대충하는 성격이 좀 있고 꼼꼼하고 깔끔하게 일을 마무리 못

하는 부분이 조금 아쉽다. 베트남의 중부지역인 후에라는 도시에 있는 궁궐을 둘러봐도 호치민시나 하노이시에 있는 요즘 건물을 봐도 꼼꼼하게 마무리를 못 해 뭔가 3% 정도 부족한 느낌이다.

캄보디아란 나라도 조금 더 자세히 살펴볼 필요가 있다. 한때는 찬란한 문화를 이뤘던 크메르 왕국이란 나라가 있었고, 또 이 시대에 건축한 앙코르 와트라는 힌두교 사원이 있는데, 지금도 일 년에 2−3백만이 넘는 관광객이 방문하는 세계적인 관광지이다. 그 당시의 인구수도 최대 백만 명이 살 정도였다고 하니 그 당시 기준으로 볼 때 엄청난 크기의 도시였다. 그 당시 런던 인구가 10만 정도였다고 하는데 거의 10배나 큰 대규모 도시였다. 그 규모도 물론 대단하지만 예술성도 탁월하다. 이 사원의 특징은 땅이 습한 열대 몬순 지역에 건축이 되었다는 것이다. 근데 이 지역의 땅은 열대 몬순 지역의 특징인 우기와 건기의 강수량 차이로 우기에는 땅이 팽창하고 건기에는 땅이 수축한다. 이런 늪지에 이런 큰 건축물을 짓는 것은 거의 불가능에 가깝다. 실제로 건축 초기에 이런 문제로 붕괴가 되어서 사람들이 죽기도 했지만, 그 후에 그걸 고려한 설계로 건축 후 거의 천년이란 세월이 흘렀지만 아직도 건재하다. 물론 관리가 되지 않다 보니 나무가 자라면서 일부 사원을 붕괴시키고 있지만, 비로 인한 땅의 수축과 팽창이 붕괴를 시키는 것은 아니다. 1973년에 시작해서 3년 동안 폴 포트라는 악명 높은 공산주의자가 거의 모든 지식인 170만 명 정도를 처형하는 바람에 나라 운영에 꼭 필요한 인재가 부족해 국가 운영이 아직도 어렵다. 2014년도 문맹률이 19.47%였다고 하니 우리 한국이 1% 미만인 것과 비교하면 너무나 참담하다. 일 인당 GDP도 2020년에 USD 1,200 정도라고 하니 최빈국에 속해 있다. 최근에 캄보디아에서 한국으로 시집오는 여자가 많은데, 가난이 주된 이유일 것이다. 캄보디아는 모계 사회이고, 여성 인구의 90% 이상이 힌두이즘 성격이 강한 불교를 믿는다. 생활 형편과 사는 모습은 우리의 60−70년대 상황과 비슷하다. 역사적으로도 중국의 영향을 많이 받아서 문화와 풍습이 우리 한국과 비슷해서 어른을 우대하고 가족 간의 유대감도 좋다. 음식도 매우 비슷한데, 쌀, 국수,

야채, 닭고기 및 돼지고기도 즐겨 먹는다. 천성이 착해서 가정에 충실하지만 남자의 술 문제나 바람으로 인해서 이혼도 증가하고 있다. 모계사회이다 보니 여성과 엄마의 역할이 절대적이며 또 여성의 성격도 강한 편이다. 신랑감도 엄마가 선택하면 순순히 따른다. 한국에 시집을 오는 여자의 경우 나이 차이가 제법 되지만 큰 문제는 아니고, 친정 엄마는 젊은 사람보다는 나이 차가 있더라도 경제적으로 안정적인 신랑을 더 좋아한다. 한국의 시골에 시집을 오더라도 캄보디아보다는 생활 여건과 돈 벌기가 훨씬 쉬워서 시골 노총각도 크게 주저하지 않는다. 짜증 나는 부분은 시간을 잘 안 지키고 잘못했어도 미안하다는 얘기를 안 한다. 또 감사하다는 말도 잘 안 한다. 속으론 감사한 데 말을 안 하는 건지 아니면 감사 자체를 안 하는 건지 모르겠지만 이 말을 안 한다. 한국에 살면서 시간 안 지키고 미안하다는 말과 감사하다는 말을 안 하면 이상한 사람 취급받을 테니 한국으로 오면 자연스럽게 배울 것이다. 그래도 우리 한국의 60-70년대 사람들이 순수했던 것처럼 사람들 자체는 많이 순수한 편이다.

타이라고 불리는 태국에서도 한국으로 시집을 좀 온다. 정치체제는 입헌군주제로 왕의 위치는 절대적이다. 본래 타이족은 중국의 소수민족으로서 한때는 티베트와 월남 사이에 있던 대리국이란 나라를 통치하던 민족이다. 이 대리국에서는 대리석이 많이 났는데 우리가 흔히 대리석이라고 하는 말이 여기서 나왔다. 쿠빌라이가 침입해옴에 따라 몽골족의 침입을 피해 탈출을 했고, 중국에서는 란창강이라고 하는 메콩강을 따라 남쪽으로 도망을 가서 지금의 태국 북부에 정착했다. 탈출을 이끌던 지도자 멩라이가 이 지역에 란나왕조를 건국했는데 이 왕조가 태국의 시초이다. 지금 태국 왕가는 석유화학 등 알짜 기업도 많이 소유하고 있는데 태국 GDP의 10% 정도가 왕실에서 나온다고 한다. 인구구성은 75%가 타이족이며 중국계도 15% 정도이다. 태국은 동남아 국가 중에서 서구열강에 식민지가 되지 않은 유일한 나라로, 이에 대한 자부심과 우수한 문화에 대한 자긍심이 대단하다. 그러나 태국이 강한 나라여서 또는 왕국이 통치를 잘해서 식민지가 안 되었다기보다는 베트남에서 시작해서 서쪽으로 식민지를 진행하던 프랑스와 인도에서 시작해서 동쪽으로 식민지를 진행하던 영국이 중간에서 만난 지역이 태국이었다. 서로 식민지화하겠다고 싸움을 했으면 둘 사이에는 전쟁이 불가피했을 테고 그 소모적인 전쟁을 둘 다 피하려고 완충지 같은 역할을 할 수 있도록 내버려 둔 이유가 크다. 실제로 이전에는 태국의 영토가 더 컸었는데, 동쪽으로는 프랑스에게 야금야금 먹혔었고, 밑으로는 영국에게 야금야금 먹혔었기 때문에 영토가 줄어들었다. 태국의 왕도 식민지가 되지 않으려고 의회 같은 조직을 뿔뿔이 흩어버렸다는 얘기도 있는데 태국 왕은 우리 한국의 고종처럼 멍청하지는 않았나 보다. 관광산업이 전체 GDP의 20%나 될 정도로 상당한 비중을 차지한다. 코로나로 인해서 최근에 경제가 아주 어렵다는 소리가 들린다. 다른 동남아 국가와 마찬가지로 싼 인건비를 활용하기 위해 일본이 먼저 진출해서 일본기업이 많다. 그래서 일본 회사에 취업도 많이 하며, 겸손하고 예의 바르며 조용한 일본을 좋아한다. 사람들은 매우 착한 편이고, 거절을 잘 못 하며 말다툼을 별로 좋아하지 않는다. 말도 조용히 하는 편이며 예의도 바른편이고 또 낙천적이다. 외국 관광객들이 하도 많으니 외국인에 대해서도 호의적이다. 한류의 영향도 있고 또 한국이 잘사니 한국을 좋아하는 편이나, 자기들보다 못사는 나라에서 온 라오스, 캄보디아, 베트남 및 미얀마 사람들은 많이 무시하는 편이다. 골든 트라이앵글이 있어서 마약으로 위험한 면도 있다. 빈부 차이도 동남아 대부분이 그렇듯이 상당히 큰데, 상위 1%가 70%의 부를 갖고 있다고 한다.

동남아의 대부분 나라가 그렇듯이 부자 층에 중국계가 상당히 많은데 태국 상장 기업 100개 중 46개가 화교계라고 한다. 정치인 중에서도 중국계가 상당히 많은데, 태국의 현대화를 이끈 탁신 친나왓과 그의 여동생 잉락 친나왓 총리도 중국계이다. 또한 이 중국계 사람들도 대부분 자신을 태국인으로 생각한다고 한다. 상속세도 없어서 돈이 자녀들에게 그대로 상속된다. 미국에서 대학을 졸업한 의사가 많아서인지 의료수준이 상당히 높다. 호주에서도 태국으로 성형수술을 하러 많이 가는데, 비용은 저렴한 데 비해 수준은 높기 때문이다. 결혼과 관련하여 특이한 점은 신솟이라고 불리는 돈인데, 신랑이 신부의 부모에게 드리는 돈이다. 한국에서는 대부분 딸을 잘 키워준 것에 대한 보답으로 보거나 아니면 신부를 사오는 돈으로 생각하는데 실제로는 그런 것은 아니다. 신부가 결혼 전에는 돈을 벌어서 부모에게 월급의 일부를 지원하는데, 시집가고 나면 그 돈이 없으니 그 대신 미리 돈을 지불하는 것이고 또 딸이 이혼을 한다면 이혼 후에는 먹고 살기가 힘드니 미리 돈을 저축해 놓는다고 생각하면 된다. 요즘은 안 받는 신붓집도 많고 또 돈이 적니 마니, 신랑집도 더는 못 준다고 하면서 싸우기도 한다. 서민들은 이 신솟이 부담스러우니 이런 것 없이, 대충 같이 사는 경우도 흔하다. 태국 남자들이 다소 책임감이 없어서 여자들이 외국인을 선호하는 경향이 있다. 그래서 여자들은 신랑의 나이가 많고 적음을 떠나 외국인과의 결혼도 많다. 실제로 방콕에는 미국이나 유럽에서 온 나이 많은 할아버지와 결혼한 여성들도 많이 보인다. 최근에 서울에서 태국 여자의 불법체류가 많이 증가한다고 하는데, 서울에서 타이마사지 하는 곳에서 일하면 한 달 치 월급이 태국 1년 치 연봉이라고 하니 그런 이유가 클 것이다.

필리핀은 16세기부터 스페인의 식민지가 되어서 동남아 국가 중 식민지배가 가장 긴 나라이다. 1898년에 미국과 스페인 간의 전쟁에서 미국이 승리하면서 이때부터 1946년까지는 미국의 식민지였는데 식민지 기간을 모두 합하면 총 350년 정도가 되고 이 오랫동안의 식민지배 때문인지는 몰라도 동남아에서 가장 간사하고 가장 사악한 사람들이다. 필리핀 사람과 결혼을 생각하는 분들은 다시 생각하시라고 강력히 추천해 드리고 싶다. 정말 다행인 것은 최근에 우리 한국인이 필리핀 사람과 결혼하는 경우가 급격히 줄었다. 우리 한국인이 이 사람들이 어떤 사람들인지 많이 안 것 같다. 도움 되는 사람은 아첨이라고 생각될 정도로 잘하지만 도움이 안 된다 싶으면 얼굴을 확 바꿔서 사람을 대한다. 겉으로 보기엔 동양인처럼 보이지만 이름과 성을 보면 스페인계 이름이 상당히 많다. 조상 중에 스페인 사람이 많았다고 자랑처럼 얘기하는 사람도 많다.

이 도표에서 아직 비중은 크지 않지만, 이민 문호가 개발이 된다면 상당히 늘어날 나라가 있다. 인도인인데 다들 아는 것처럼 절대 인구수에 있어서 중국에 지지 않은 인구 대국이다. 영어도 잘하는 사람들이 많아서 이런 사람들은 영어로 의사소통에 문제가 없다. 인도인이 수학적으로 머리가 좋은 것은 유명하다. 우리가 지금 사용하고 있는 아라비아 숫자도 실제로는 인도인이 개발한 숫자이다. 실크로드를 통해서 아라비아 상인들이 사용하다 보니 서양인들에게 아라비아 숫자로 알려져서 그렇지 개발은 인도인들이 했다. 지금도 미국에서 대기업의 CEO 중에는 인도인들이 많다. Microsoft와 Google의 사장도 인도인이다. 장사 수완도 좋으며 사람들이 악하지는 않다. 그러나 사람이 잘아서 잔머리를 굴리거나 작은 이익에 사람을 성가시게 하는 경우가 많다. 1불 아끼려고 사람 속을 뒤집어 놓는 경우도 있다. 아마 가난한 생활을 오래 해서 그런 것 아닌가 싶다. 이민이 열린다면 인도인들의 이민이 상당히 많아질 것으로 본다. 인도 나라 자체는 가난하지만 부자들의 숫자는 엄청 많다.

인도하면 당장 떠오르는 것이 카스트 제도이다. 영어로는 caste이고 어원은 스페인어로 casta인데, 인종, 혈통, 종족 및 품종의 뜻이다. 산스크리트어로는 Varna라고 하는데, 색깔이라는 뜻이다. 다시 말해서 caste는 피부색을 기준으로 정해졌다. 인도인 하면 흑인은 아니지만 까무잡잡한 사람으로 떠올리는데, 북쪽으로 갈수록 백인과 생김새가 크게 다르지 않다. 몇천 년 전에 아리아인(요즘 말로 하면 인도-이란인)이 요즘의 이라크 근처에서 남하를 하면서 인도의 북쪽에 자리를 차지하게 되면서, 본래 거기에 살고 있던 드라비다인(Dravidian, 우리가 흔히 인도인이라고 생각하는 까무잡잡한 사람들)이 밑으로 밀려났다. 그래서 남쪽으로 가면서 피부가 더 검어진다. 본래 caste의 출발이 그랬던 것처럼 지금도 피부 색깔 때문에 차별 아닌 차별이 많다. 미백 화장품이 인기가 있으며 피부가 하얀 사람이 인기가 있고, 피부가 하얗지 않으면 유명하기도 힘들고 미인대회도 나가지도 못할뿐더러 나가더라도 당선되기도 힘들다. 은근히 피부 색깔에 대한 차별이 많다. 다음 도표는 caste 별로 인종을 표시한 것인데 피부가 검은색이 주로 최하층이다. 아버지의 신분과 직업이 세습되는 카스트는 정부도 없애야 하는 것을 알고 있지만 그게 하루아침에 될 리가 없다. 중하층민들은 이 카스트에 대한 불만이 다소 있어서 이민에 대해서 많이 우호적이다.

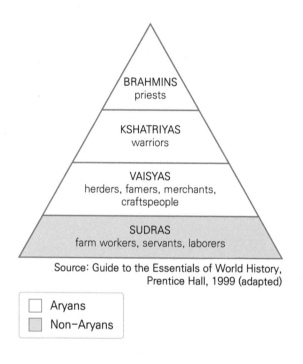

Source: Guide to the Essentials of World History,
Prentice Hall, 1999 (adapted)

미국인들이 2.5% 정도로 비중이 상당히 크다. 미국기업도 많이 진출해 있고, 또 주한 미군이 주둔해 있어서 그 이유도 있을 것이다. 미국인은 다들 잘 알기 때문에 굳이 따로 말을 할 필요는 없을 것 같고, 유럽인은 나라별로 다들 특색이 있다. 영국은 0.7% 정도의 비중인데 적지 않은 비중이다. 흔히 영국 하면 신사의 나라라고 하는데, 신사적인 면이 많은 것은 사실이다. 우리 한국인은 불합리하거나 억울하면 화부터 내는데 영국인은 화를 잘 내지 않는다. 그 대신 논리적으로 하나씩 설득을 하려고 한다. 이것은 우리 한국인이 배워야 할 점이다. 화를 내면 화를 내는 사람이 일단 진 것이기 때문이다. 화가 났으니 논리적인 설득도 힘들어진다. 억울하고 분통이 터져 일단 눈물부터 보인다. 이런 식으로는 논리적인 싸움이 되지 않는다. 울분을 참고 논리적으로 풀어가야 한다. 영국은 아직도 계급이 존재해서 귀족계급 및 하층 계급이 존재한다. 심지어 발음으로 귀족인지 하층 계급인지 구별이 될 정도이다. 여왕의 권한과 재력 및 세계에 미치는 영향력도 막강하다. 가끔 왕정 체제를 폐지하고 공화제로 가야 하는 게 아닌가 하고 많은 영국인이 의견을 제시하지만 아직도 많은 영국인들이 현 체제를 유지하기를 바라고 있다. 막연한 향수도 있겠지만 실제로 여왕이 세계에서 벌어들이는 돈과 영향력을 무시할 수 없기 때문이다. 그러나 지금의 영국은 해가 지지 않는 이전의 영국과는 매우 다르다. 영국에서 남은 산업은 금융산업이 유일한 듯한데, 아직도 pound의 위력은 무시 못 하며 금융 분야에서의 비중이 국제적으로 아직 25% 정도가 된다. 서비스업이나 조금 있을까 제조업은 거의 망했다고 봐도 무방하다. 젊은이들의 실업률도 점점 증가 추세에 있다. 작년 말을 기준으로 브렉시트도 했으니 그 파급 효과를 조금 두고 볼 일이다.

영국인의 특징은, 날씨가 안 좋아서 그런지 일광욕을 좋아한다. 특히 겨울엔 해만 보이면 일광욕을 한다. 작은 일에 사과도 잘하는 편이라 I am sorry를 달고 산다. 진짜로 사과를 해야 하는 경우에도 잘하는 편이다. 억지를 부리거나 우기는 것도 별로 없다. 날씨가 좋지 않아서 그런지 날씨에 대해선 아주 길게 얘기도 잘한다. 녹차나 홍차를 좋아해서 위기 시에도 습관적으로 손은 차를 타고 있다. 줄서기를 잘해서 모든 일에 줄을 선다. 그러나 급한 경우엔 새치기도 잘한다. 냉소적이고 풍자적이며 무미건조하고 재미없는 농담을 잘한다. 생활 습관은 상당히 보수적이다. 30년 이상 된 옷도 잘 입고 다닌다. 문제가 없으면 새로 고치거나 바꿀 생각을 안 한다. 영어로 no issue, no fix라고 한다. 산업혁명이 영국에서 시작되었는데, 미국의 기초도 거의 영국의 제도에서 빌려왔다.

독일 사람들도 서울에서 종종 보이는데, 완벽과 정밀에 집착하는 사람들이다. 실수를 잘 인정하지 않으며 농담도 별로 없다. 너무 성실히 그리고 열심히 일하며 모든 일에 최선을 다한다. 그러나 성격적으로는 착하고 순하다. 나치에 대한 선입감으로 독일인들이 상당히 강할 것으로 생각되지만, 막상 만나보면 참 순하다. 30년 이상 호주에 살면서 악한 독일인을 만나본 적이 없다. 남녀 둘 다 착하지만 특히 남자가 더 착하다. 독일은 남자보다 여자가 더 강하다. 상당히 정직한 편이며 또 성실하다. 독일 차 폭스바겐에서 디젤 사건이 생겼을 때 나는 적지 않은 충격을 받았다. 그렇게 정직하던 독일 사람들이 그런 사기를 치다니. 처음엔 믿을 수가 없었다. 뭔가 잘못되었겠지? 라는 생각을 했었다. 그런데 사실이었다. 독일인도 변하고 있는 걸까?

이탈리아 사람들도 심심치 않게 보인다. 같은 반도에 사는 사람들이라 한국인과 비슷한 기질이 있다고 하는데, 어느 정도 수긍이 간다. 성격은 다소 화끈한 편이며 대부분 외향적이라 친구 사귀기가 좋다. 특징은 말을 할 때 손짓과 몸짓을 많이 한다. 말할 때 큰 소리로 얘기하는 경향이 있으며 다소 시끄럽고 소란스럽다. 미수다에서 유명해진 크리스티나가 대표적이다. 그 사람만 시끄러운 게 아니라 대부분의 이탈리아인이 다 시끄럽다. 기후가 좋아서 음식이 다양하지만 파스타와 피자를 아주 자주 먹는다. 매일 먹거나 심지어는 하루에 두 끼로 먹는 사람도 많다. 당연하다고 생각할지 모르겠지만, 우리가 김치를 매일 먹는 것과는 다르다. 한국인 중에서 된장을 혹은 불고기를 매일 먹는 사람은 거의 없다. 잘생긴 사람들이 많고 고급 패션 브랜드가 많기도 하고 옷도 잘 입고 해서 사람들이 세련되어 보인다. 잘생기고 예쁜 남녀가 더 세련되어 보인다. 서울의 한국인들도 옷을 잘 입는 편이긴 하지만 다소 개성이 부족하고 다소 일률적이다. 그러나 이탈리아인들은 남의 시선을 신경 쓰지 않고, 내가 좋으면 좋은 것이다. 그래서 개성이 넘친다. 남자들 중에는 마마보이가 많은데, 엄마와 아주 사이 좋게 지내기 때문이다. 이것도 우리와 비슷하다. 대부분의 유럽인과는 달리 독립도 결혼하고 나서야 이뤄진다. 사랑도 정열적으로 하는데, 이것 때문에 이탈리아인이 바람둥이로 알려진 것 같다. 그러나 실제로는 바람둥이가 다른 나라와 비교해서 특별히 많은 것 같지는 않다.

프랑스 엔지니어들이 한국에 KTX 관련하여 좀 들어온 것 같다. 0.37%로 적지 않은 비중이다. 프랑스인의 특징은 상대방이 기분 나빠도 신경을 안 쓸 정도로 솔직하고 또 상당히 독립적이다. 토론하는 것을 좋아하며 질문도 또 잘한다. 역사적으로 우수한 수학자도 많을 정도로 수학을 잘하는 편이다. 성격은 꼼꼼하며 디테일에 신경을 쓴다. 말을 할 때 풍자적인 비유도 잘 쓰고 자기의 슬픔이나 괴로운 심정을 잘 드러내지 않고 항상 행복한 모습을 보이려고 한다. 그러나 남녀 관계에서는 우리가 이해하기 힘든 부분도 많다. 동거 비율도 상당히 높고, 미혼모도 아주 흔하다. 현재의 대통령도 부인이 고등학교 시절 선생이었다고 하는데, 우리 상식으로는 이해하기가 쉽지 않다. 정치적으로는 민주주의 체제는 맞지만 사회주의적인 요소도 제법 된다. 유럽에서 가장 사회적인 요소가 많은 나라가 프랑스이다.

스페인 사람은 서울에 별로 보이지 않는 것 같지만 가끔은 만나게 된다. 유럽인 대부분이 영어를 잘하는 편이지만, 스페인은 예외이다. 아마 유럽인 중에서는 영어 수준이 최하가 아닐까 한다. 그 이유로는 영화를 볼 때도 자막을 쓰지 않고 목소리로 더빙을 하기 때문이라고 하는데, 일리 있는 말이다. 술도 잘 마시고 음식도 좋아하며 즐겨서 그런지 술과 음식을 즐길 수 있는 바(Bar)가 어디 가나 엄청 많다. 가족 중심적인데 친구나 친척과는 물론이며 심지어 잘 모르는 사람과도 키스, 포옹 등 애정 표현을 너무 잘한다. 유럽의 다른 나라들과는 달리 늦게 자고 늦게 일어나며 점심도 엄청 늦게 먹는다. 밤 10시에 친구들과 만나서 게임을 하는 경우도 아주 흔하다. 그래서 그런지 사람들이 느릿느릿하다. 급한 게 없으며 유유자적이다. 공짜도 엄청 좋아하는데 공짜라고 하면 필요하거나 아니거나 상관없이 줄을 길게 선다. 축구를 엄청 좋아해서 축구가 거의 생활의 전부이다. 경제적으로는 관광 산업이 유일한 산업으로 생각될 정도로 제조업도 별로 없고 서비스업도 변변하지 않았다. 식민지 개발 시대에는 남미에서 들어온 금과 은이 너무 풍부해서 심지어는 개도 금전을 물고 다녔다고 할 정도이니 열심히 일해야 할 이유가 없어졌다. 그래서 경쟁력이 있는 산업이 별로 없다. 기후가 좋고 맑은 닐이 대부분이라 북유럽에서 여행을 많이 온다.

　우리나라 여성이 유럽 여성을 보면서 한국 남자를 타박하는 경우를 종종 본다. 여성을 우대하는 문화를 보면서 한국 남자도 그래야 한다고 좀 배우라고 한다. 차 문도 열어주고 엘리베이터에서 여성에게 양보하는 것을 보면서 부러워한다. 틀린 것은 아니다. 실제로 유럽문화는 여성을 상당히 대우해주고 우선시해준다. 이건 우리 한국 남자가 배워야 할 점이고 실제로 많이 배우고 있다. 그러나 너무 그런 쪽만 보는 것이 아닌가 하는 생각은 종종 한다. 서양 여성이 얼마나 독립적이고 강한 것은 보지 못하는 것이다. 한국 남자들 만큼이나 건강한 체구와 덩치도 있지만, 속마음도 상당히 강하다. 금전적인 면에 있어서도 상당히 독립적이고 또 돈도 잘 번다. 아직도 서구권에서는 결혼을 하면 여성의 대부분 남성의 성을 따른다. 물론 이제는 그런 추세가 덜하긴 하다. 그러나 대부분의 여성은 결혼하면서 성을 바꾸고, 재혼하면 또 성을 바꾸고 삼혼을 하면 또 성을 바꾼다. 성을 바꾸는 것인 그렇게 대수롭지 않은 일일 수도 있지만 실제로 여간 성가신 게 아니다. 성을 바꾸면 이름이 완전히 달라지니, 여권도 바꿔야 하고, 운전면허증도 바꿔야 한다. 웬만한 신청서에 결혼 전 이름이 뭔지 이름은 몇 번 바꿨는지도 다 기록을 해야 한다. 내 주위에는 4번 결혼한 여자가 있는데, 이름 바꾼 것을 무슨 성경의 마태복음에 나오는 누가 누구를 낳고 하는 식으로 자랑을 한다. 또 서양의 결혼식을 우리도 따라서 한국인도 대부분 서양식 결혼을 한다. 이 결혼식을 자세히 보면 참 웃긴다. 신부의 아버지가 신부를 예식장에 데리고 들어가서 신랑에게 넘기는 예식이 핵심이다. 이걸 쉽게 얘기하면 신부 아버지가 지금까지 키웠으니 앞으로는 신랑이 이 여자를 책임지고 데리고 살라는 말이다. 우리 한국은 결혼 후에도 신부가 신랑의 이름으로 바꾸지 않는다. 전통 혼례에서 우리는 같이 들어와 평등하게 맞절을 하지 아버지가 딸을 넘기는 그런 식은 없다. 우리가 더 여자를 위하는 건지도 모르겠다. 한국 여성은 평등을 주장하면서도 여남 차별이 제법 있다. 맛있는 걸 먹을 때는 남자가 쪼잔하게 먹는 것 같고 그러냐? 혹은 남자가 힘든 물건으로 끙끙대면 남자가 그걸 갖고 그러냐? 남자가 울면 남자가 울긴? 이런 식으로 핀잔을 준다. 아니 남자도 울 수 있고, 남자도 힘들면 힘들고, 남자도 맛있는 것은 먹고 싶지? 꼭 여자만 그런가?

동유럽인들이 가끔씩 보이는데, 소련이 붕괴하기 전에 소련의 지배하에 있어서 많이 궁핍하게 살았다. 가난해서 먹는 것도 충분하지 못했다. 지금도 동유럽 국가의 대부분의 나라가 그렇게 잘살지는 못한다. 요즘 폴란드가 빠른 성장을 하고 있는데, 미국이 러시아를 견제하기 위해서 경제적으로 키우고 있고 많은 지원을 해서 그렇다. 사람들은 순박하고 악한 사람들은 아닌 것 같다. 하도 오랫동안 공산체제 및 소련의 억압하에서 자라고 생활을 해서 그런지 얼굴에 어둠이 다소 있고 밝지가 못하다. 중동인들과 남미인 및 아프리카인들은 큰 비중이 아니어서 특별히 다룰 필요는 없다고 보는데, 한국인과 외모, 문화 및 종교가 너무 많이 달라서 가급적 이민자를 받지 않는 것도 나쁘지 않을 것 같다.

위에서 언급한 나라에서 이민자를 받으면 인구의 증가는 물론이려니와 나라 경제에도 많이 도움이 된다. 내가 살고 있는 호주에서도 이 나라 출신들이 본국과 무역 등을 통해서 호주의 국익에 기여하는 바가 엄청나다. 자식들은 2개 국어 구사가 원활해서 비즈니스하는 데도 전혀 문제가 없다. 지금도 한국의 지방에서는 2개 국어를 구사하는 이민 2세들이 많이 자라고 있다. 이런 자녀들이 자라서 사회에 진출한다면 국익에 상당히 도움이 될 것이다.

—— 어떤 기준으로 이민을 받을 것인가?

미국도 아주 좋은 이민의 나라로서 손색이 없지만 호주도 아주 좋고 성공적인 이민의 나라이다. 1960년대까지만 하더라도 땅은 넓은데 사람이 부족해서 이민을 받아왔었는데, 소위 백호주의라고 하는 백인들만 이민을 받았다. 가급적 영국에서 영어를 잘하는 사람을 받으려고 했지만 사람이 부족

하다 보니 나중엔 그리스, 이탈리아 등 기타 유럽국가에서 받았으며 심지어
는 동구 사람들도 받았다. 1980년대부터 이런 사람도 부족하고, 또 호주가
국제화됨과 동시에 호주의 위치도 유럽이 아닌 아시아 근처에 위치함에 따
라 아시아인들의 이민이 경제에 도움이 된다고 생각을 해서 아시아인들도
많이 받기 시작하면서 훨씬 다양한 다문화 사회로 점점 옮겨왔다. 한국인들
이 호주 하면 백호주의를 떠올리는 사람이 많은데, 이런 말을 하는 것은 한
국하면 아직도 소를 통해서 농사를 짓는 것을 떠올리는 것과 같다. 한국을
소개하는 사람이 아직도 한국이 소를 데리고 농사를 짓는다고 하면 기분 나
쁘듯이 호주는 이제 백인의 나라가 아니다. 백호주의가 정책적으로는 완전
히 사라졌으며 실제로 시드니 시내에는 아시아 사람이 더 많아 보인다. 물론
변두리로 가면 거의 백인 영국계 호주인들이다. 2016년 인구조사에서 16.3%
가 아시아 출신 혹은 후손으로 조사가 되었다. 이 숫자는 중동 출신의 인구
는 포함하지 않는데, 중동 출신 인구를 포함하면 20%가 넘어가지 않을까 한
다. 아시아인의 비중이 6%도 되지 않는 미국에 비하면 상당히 많은 아시아
인들이 이민해서 살고 있다. 호주는 대부분의 한국인들이 섬나라라고 생각
하지만, 섬나라라고 하기엔 너무 큰데, 한반도의 35배 정도의 크기라고 하니
한개의 대륙이 거의 한 나라가 되었다고 해도 과언이 아니다. 바다로 둘러싸
여 섬나라가 아닌데 섬나라처럼 살고 있는 우리 한국과 비슷하게 비행기와
배만 막으면 사실상 입국이 불가능해서 출입국 관리도 용이하다. 정부의 청
렴도에 있어서도 호주 정부가 미국 정부보다 훨씬 깨끗하고 부정부패가 없
는 편이다. 단적인 예를 들면, 내가 유학할 때인 1990년대 초만 하더라도, 담
배 한 갑에 2불 정도였다. 그러나 30년이 지난 지금 20개비 한 갑에 35불 정
도이다. 기름값이 1리터에 50센트 하던 것이 지금은 1불에서 1불 50센트 정
도 하니 정부가 세금을 얼마나 많이 올렸는지 이해가 갈 것이다. 담배 세금
을 올린 이유는 건강에도 안 좋으니 담배 소비를 줄이겠다는 정부의 강력한
의지 때문이다. 물론 담배회사의 엄청난 로비가 있었던 것은 두말할 필요가
없다. 그러나 정부는 눈 깜짝하지 않고 국민의 건강을 생각해서 가격을 올렸

다. 흡연율이 준 것은 두말하면 잔소리이다. 그래서 호주의 정직하고 깨끗한 이민 정책은 한국에 많은 도움을 줄 수 있다.

인종차별이 전혀 없다고는 말할 수 없으나, 최소한 영국계 호주인과 본래 호주인은 인종차별이 거의 없다. 한국인들이 겪는 인종차별은 그 외의 출신들이다. 예를 들면 백인이지만 한국보다 훨씬 못사는 나라에서 온 사람들, 예를 들어, 남아프리카라든지 터키라든지 남아메리카라든지 그런 데서 온 사람들 말이다. 정말 같잖지도 않다. 그리고 만약에 한국인이 인종차별을 느낀다면, 첫 번째, 직업이 하층의 직업일 가능성이 많고, 두 번째, 영어를 잘 못 하며, 세 번째, 이상하게 행동해서 한마디 했는데, 자기가 이상한 행동을 한 것은 모르고, 그걸 인종차별이라고 느끼는 것이다. 내가 아는 사람이 인종차별을 느꼈다고 하길래 어떤 상황이냐고 물어보니, 1층에서 엘리베이터를 타려고 기다리고 있는데, 안에서 나오는 사람이 길 좀 비키라고 하면서 욕을 하더라고 한다. 어디에 서 있었는데? 라고 물어보니 엘리베이터 문이 열리는 그 중간에 서 있었단다. 그럼 당연히 욕하지! 라고 한 대 싸 줬다. 서울 사람들도 많이 그러는 것을 봤는데, 엘리베이터를 기다릴 때는 먼저 탄 사람이 내릴 수 있도록 엘리베이터에서 나오는 입구는 비워놔야 한다. 그런데 나오지도 못하도록 중간에 길을 막고 있으니 비키라고 욕할 만도 하지 않은가? 이것처럼 대부분이 자기 잘못이다. 말 나온 김에 하나만 더하자, 빌딩을 들어갈 때 문을 열고 들어갔으면 뒤에 오는 사람을 생각해서 문을 잡아주는 것은 상식 아닌가? 그런데 이런 상식이 서울에는 안 보인다.

우리 한국인도 동남아인이나 아프리카인에 대한 차별이 상당하다. 서양에서 겪는 것보다 더하면 더했지 덜하지는 않을 듯하다. 미국이나 유럽인들에게는 거의 없거나 오히려 한국인보다 더 우대해주는데, 그 외의 지역에서 온 사람들에게는 차별이 많이 있다. 대부분의 한국인이 일본인에게도 잘하지만, 역사적 앙금이 있어서 어떤 분들은, 특히 하층민들, 조금 차별을 한다. 철없는 애들은 학교에서 왜놈이라고 부르기도 하지만, 그런 추세는 많이 줄어들었다. 특히 동남아에서 온 사람들을 보면서 한국보다 못사는 나라에서 왔다고 무시를 하고 또 잘난 척하며 주변에서 부정적인 얘기를 하거나 TV를 통해서 그 나라의 실정을 보게 됨에 따라 국적은 한국이라 한국인이 되었지만 이런 사회에 완벽히 동화하는 데 힘들어하는 분들이 있다. 또 대부분 돈 때문에 결혼을 했다고 생각을 해서 불쌍하게 여기는 경우도 많고, 돈만 벌면 도망가거나 본국으로 돌아갈 것이라는 편견도 많아서 고충이 있다. 특히 흑인에 대한 편견은 이에 비할 바도 아니다. 깜둥이 등으로 부르기도 하며 동남아 사람들보다 더 깔보는 등 흑인에 대한 차별이 상당하다. 이런 차별을 완전히 없앨 수는 없지만, 최대한 줄일 필요가 있고, 법적인 정비뿐만 아니라 인종차별을 줄일 수 있는 체계적인 교육이 필요하다. 어릴 때 학교에서부터 다문화 사회를 교육하고 피부색에 따라서 혹은 출신지에 따라서 차별하지 않는 교육이 절대적으로 필요하다. 대표적으로 몽골의 칭기스칸이 인류 역사상 가장 큰 나라를 만들 수 있었던 가장 근본적인 이유도 출신과 관계없이 능력에 따라 사람을 썼던 것이 가장 크다. 우리 한국보다 두 배나 잘사는 싱가포르의 리콴유도 능력주의, 실용주의 및 부패 없는 국가 경영이란 세 가지 기준으로 지금의 싱가포르를 만들었다. 사람을 등용할 때 가장 중요한 것이 출신이 아닌 능력이다. 우리 한국이 필요한 것은 확실한 국가관을 가진 칭기스칸 같은 지도자, 리콴유 같은 지도자이다.

점수제로 평가하자

한국 통계청에서는 인구통계와 고용률/실업률 등을 주기적으로 발표를 한다. 호주의 경우를 예로 들면, 정부에서 정기적으로 부족직업군을 발표해 올해는 어떤 직업군들이 부족하니 그 직업군에 있는 사람들은 이민을 신청하라고 독려한다. 예를 들어 회계사가 부족해서 15년 전에는 회계사로 영주권을 받은 사람이 많으며 10년 전에는 요리사가 부족 직업군이라 많은 유학생들이 요리를 공부해서 영주권을 받은 사례가 많다.

호주의 이민 점수제

호주에서 이민을 받는 기준을 큰 틀에서 평가하면, 얼마나 빨리, 얼마나 많이, 얼마나 오랫동안 호주 정부에 세금을 낼 수 있나를 기준으로 한다고 보면 된다. 즉, 호주에 오자마자 바로 직업을 가져서 세금을 바로 낼 수 있나? 또 연봉이 높은 직업을 가지면 세금도 많아지니 얼마나 많은 세금을 낼 수 있으며, 또 30살의 젊은 사람이 50세의 중년보다는 훨씬 더 오랫동안 세금을 낼 수 있으니 30대를 선호하는 것이다. 반대로 얘기하면 그 사람에게 사용되는 세금은 최소한으로 하고 그 사람에게 받는 세금은 최대한으로 하는 것이 기준이 된다. 초기 이민자는 이민 초기에 적응하기 위해서 교육이 필요할 수 있으며, 또 일을 구할 때까지는 실업자 수당을 받아야 할 수도 있으니 가급적 빨리 직장을 구할 수 있는 사람을 선호한다. 또 대학 졸업자도 고졸보다 연봉이 높을 가능성이 크니 대졸자를 선호하며, 또 젊으면 젊을수록 더 오랫동안 세금을 낼 수 있으니 선호한다. 또 나이가 많은 사람은 나이가 들면 의료비 등의 명목으로 세금이 많이 빠져나갈 수 있으니 나이가 많은 사람은 아예 이민을 신청할 수도 없게 만들어 놨다.

호주에는 여러 가지 비자로 이민을 올 수 있지만 아래는 가장 보편적인 개인 자격으로 신청하는 독립 기술 이민 비자인데 크게 네 가지로 분류가 가능하다. 첫 번째는 일반 기술 이민인데 학력, 나이, 경력, 교육 수준, 기술 및 영어 등으로 평가를 해서 점수를 산정하고 일정 점수 이상의 사람을 받는 방법인데 가장 보편적인 방법이고 또 대부분의 이민자가 이런 방식으로 들어온다. 두 번째는 고용주가 지명 혹은 추천을 하는 방식인데, 대기업이든 중소기업이든 그 기업에서 필요로 하는 인력을 후원해서 들어오는 방식으로, 그 회사가 필요로 하는 특별한 기술을 갖고 있어서 그 사람이 꼭 필요한 기업이 후원을 하는데 비중은 크지 않다. 그다음은 비즈니스 기술 이민인데, 본국이나 해외에서 사업이 잘되어서 호주에서도 잘될 가능성이 높거나 전망이 좋은 사업을 경영하는 기업가에게 호주에서 정착 후 그 사업을 할 수 있도록 영주권을 주는 방식인데 이 비중도 적다. 마지막으로 특출한 기술을 가진 사람을 받는 것인데, 예를 들면 성장이 많이 기대되는 특허를 가진 사람에게 주는 방식인데 이 비중도 크지 않다.

호주 이민의 대부분을 차지하는 일반기술 이민에 대해서 자세히 알아보도록 하자. 위에서 간단히 얘기한 것처럼, 나이, 경력, 교육 수준, 기술 및 영어 수준 등을 점수로 매겨서 그해의 지원자 수에 따라 일정 점수 이상의 사람에게 영주권을 준다. 나이가 가장 중요해서 최대 30점, 영어는 최대 20점, 경력도 최대 20점, 교육도 최대 20점이다. 나이는 대체로 젊으면 젊을수록 좋지만 너무 젊으면 대학이나 직업교육센터에 다녀야 하므로 오히려 점수가 줄어든다. 가장 높은 점수대는 25살부터 33살까지인데, 25살이면 대학도 졸업했고 2-3년의 경력도 있을 것이다. 33살은 경력이 최대 10년도 될 수 있는데 이 정도면 어느 정도 매니저의 경험도 있을 것이기 때문이다. 46살부터는 아예 신청 자체가 불가능한데, 일할 날도 얼마 안 남았는데, 퇴직하면 세금이 더 들어가고 또 의료비도 많이 들기 때문이다. 영어는 3가지로 점수를 주는데, 대부분이 20점을 받는데 그 이유가 영어를 잘못하면 직장을 구하는 것이 상당히 힘들기 때문이고, 또 대부분 신청자가 영어를 기본적으로 잘하는 사람들이기 때문이다.

경력은 길면 길수록 좋은데, 당연히 호주 내에서의 경력이 밖에서의 경력보다는 더 높은 점수를 받는다. 나이는 젊으면 젊을수록 좋고, 경력은 길수록 좋은데, 나이가 33살이고 호주에서 경력이 8년이면 최대의 점수를 받도록 설계가 되었다. 즉, 나이도 젊어서 세금 낼 기간이 길고, 직장 경험도 어느 정도 있어서 직장도 쉽게 구할 그런 사람들에게 영주권을 우선하여 주도록 기획이 되었다. 학력은 학사나 석사는 같은 15점이며 박사가 20점이다. 학사와 석사가 같은 15점인 이유로는 호주에서는 아직은 학사가 대부분이고 석사가 많지 않기도 하지만 석사를 요구하는 직장도 많지 않기 때문이다. 박사도 20점이지만 연구 분야나 특이한 직업이 아니고서는 박사를 요구하는 직장도 적은 편이다. 그 외의 자격증 등은 10점으로 동일한데, 만약에 부족한 직업군이라고 하면 어렵지 않게 받는 경우를 종종 보는데, 대표적으로 최근에 요리사가 부족직업군으로 포함되는 바람에 요리사 자격증으로 받은 사람이 많았다. 요리사는 호주에서는 Tafe(한국의 전문대학정도)에서 2년 정도면 요리사 자격을 딸 수 있다.

아래는 호주의 이민점수 기준 도표인데 모든 사항은 신청일을 기준으로 점수를 책정한다.

Overview

Points criteria are assessed at the time of invitation.

Age

Age	Points
at least 18 but less than 25 years	25
at least 25 but less than 33 years	30
at least 33 but less than 40 years	25
at least 40 but less than 45 years	15

English language skills

English	Points
Competent English	0
Proficient English	10
Superior English	20

Skilled employment experience
Overseas skilled employment - (outside Australia)

Number of years	Points
Less than 3 years	0
At least 3 but less than 5 years	5
At least 5 but less than 8 years	10
At least 8 years	15

Australian skilled employment - (in Australia)

Number of years	Points
Less than 1 year	0
At least 1 but less than 3 years	5
At least 3 but less than 5 years	10
At least 5 but less than 8 years	15
At least 8 years	20

Educational qualifications

Requirement	Points
A Doctorate from an Australian educational institution or a Doctorate from another educational institution, that is of a recognised standard.	20
At least a Bachelor degree from an Australian educational institution or at least a Bachelor qualification, form another educational institution, that is of a recognised standard.	15
A diploma or trade qualification from an Australian educational institution.	10

230

| Attained a qualification or award recognised by the relevant assessing authority for your nominated skilled occupation as being suitable for that occupation. | 10 |

For points based migration you will receive points for your highest qualification only.

미국의 이민 점수제

미국의 경우도 별반 다르지 않은데 아래는 일반 기술 신청 이민 비자이다. 나이는 26-30살이 점수가 가장 높고, 교육에 대해서는 학사, 석사, 박사에 따라서 점수가 다 다른 것을 볼 수가 있다. 영어는 최소 상위 40% 이내에 들어야지 점수가 주어지는데 그 밑에는 아예 점수가 전혀 없다. 호주와 다른 특이점은 노벨상 수상자나 올림픽 등에서 1등을 한 사람들에 대해서 가산점을 주는데, 각각 25점과 15점으로 상당히 크다. Job offer를 이미 받은 것도 많은 가산점을 주고, 또 미국에서 투자하고 적극적으로 그 회사를 운영하거나 경영하는 데 참여를 해도 가산점을 주는데, 기업가 정신을 높게 평가하는 미국다운 점이다.

Age

The age requirement divides groups of people depending on their age and assigns points to them as below.

Age	Points
0 to 17	Not allowed to apply
18 to 21	6 points
22 to 25	8 points
26 to 30	10 points
31 to 35	8 points

36 to 40	6 points
41 to 45	4 points
46 to 50	2 points
51+	0 points

Education

The education points are distributed based on the highest educational degree which the applicant has, whether it is a foreign or a U.S degree.

Highest Educational Degree	Points
U.S high school diploma or equivalent	1 point
Foreign Bachelor's Degree	5 points
U.S Bachelor's Degree	6 points
Foreign Master's Degree in STEM	7 points
U.S Master's Degree in STEM	8 points
Foreign Professional Degree or Doctorate Degree in STEM	10 points
U.S Professional Degree or Doctorate Degree in STEM	13 points

For those with foreign degrees, the Director of U.S Citizenship and Immigration Services and the Secretary of Education will compile a list of institutions that meet accreditation standards of institutions in the U.S. Only those institutions in the list will be recognized as valid degrees for Merit Based Immigration.

English Language

The applicant must also prove that they are proficient in English and the better they score on the proficiency tests, the higher their decile ranking. The points are then distributed based on the decile ranking with higher deciles getting more points.

English Language Rank in Deciles	Points
1st through 5th Deciles	0 points
6th through 7th Deciles	6 points
8th Deciles	10 points
9th Deciles	11 points
10th Deciles	12 points

Extraordinary Achievements

The RAISE Act will also give extra points to those who have an extraordinary achievement. The achievements that fall into this category are only a Nobel Laureate or an Olympic Gold Medal winner. The points awarded are very high and those who have one of these achievements will pass the 30 points threshold much easier than those who do not.

Achievement	Points
Nobel Laureate or comparable recognition in a field of scientific or social scientific study	25 points
Olympic medal or 1st place in an international sporting event in which the majority of the best athletes in an Olympic sport were represented in the past 8 years before submitting the application	15 points

Job Offer

Those who have a valid job offer from a U.S employer will also get more points. If you do not have a job offer, then you will get 0 points, but if you do then the points depend on the compensation that you are getting. The compensation is based on the U.S median household income of the U.S state where you will be working as determined by the U.S Secretary of Labor.

Job Offer Compensation	Points
At least 150% of the median household income in the State in which the applicant will be employed and less than 200% of such median household income.	5 points
At least 200% of the median household income in the State in which the applicant will be employed and less than 300% of such median household income.	8 points
At least 300% of the median household income in the State in which the applicant will be employed.	13 points

Investment and Management of a New Commercial Enterprise

The amount of investment that will be made in the U.S economy by opening a new commercial enterprise and the time in which the investor/applicant will manage it will also give points towards a Merit Based visa.

Investment	Points
Investing the equivalent of $1,350,000 in a new commercial enterprise in the U.S and maintain such investment for at least 3 years. Play an active role in the management of that commercial enterprise as the applicant's primary occupation.	6 points
Investing the equivalent of $1,800,000 in a new commercial enterprise in the U.S and maintain such investment for at least 3 years. Play an active role in the management of that commercial enterprise as the applicant's primary occupation.	12 points

If you invest in the U.S economy and get the merit based visa, the U.S immigration officials will check up on you continuously to ensure that you are maintaining the investment. If you do not maintain the investment or your management role based on the conditions above, then you will lose the Merit Based visa.

234

캐나다의 이민 점수제

아래는 캐나다의 점수 시스템인데 다소 복잡하게 보이지만 방식은 호주와 거의 비슷하다. 특이한 점은 배우자에 대해서도 평가를 해서 점수에 포함한다는 점이다.

이민 방법에는 크게 두 가지, Federal Skilled Worker Program과 Comprehensive Ranking System이 있는데 둘 다 비슷하다. 여기서는 Federal Skill worker Program을 예로 들어보자.

호주와 비슷하게 언어능력, 나이, 경력, 학력, job offer 및 적응력 총 6요소를 보는데, 최소 67점 이상이 되어야 신청할 수 있다.

1. Language skills(maximum 28 points)

First official language(maximum 24 points)

Check the table below and add the points that match your skill level:

	Points			
First official language	Speaking	Listening	Reading	Writing
CLB level 9 or higher	6	6	6	6
CLB level 8	5	5	5	5
CLB level 7	4	4	4	4
Below CLB level 7	Not eligible to apply	Not eligible to apply	Not eligible to apply	Not eligible to apply

Second official language (maximum 4 points)

You can get 4 points only if you have a score of at least CLB 5 in each of the 4 language abilities.

Second official language	Points
At least CLB 5 in all of the 4 abilities	4
CLB 4 or less in any of the 4 abilities	0

비고: CLB: Canadian Language Benchmarks

2. Education(maximum 25 points)

학력은 아주 자세하고 세세하게 분류를 해서 점수를 주는데, 전공, 기간, 학위 내용 및 분야에 따라서 점수가 다르고, 너무 많아서 다 열거하기는 힘들고 아래는 그 일부만 소개한다.

Assessment result (Canadian equivalency)	Level of education for Express Entry profile	Federal Skilled Workers Program factor points
Applied Bachelor's Degree	Bachelor's degree or other programs (three or more years) at a university, college, trade or technical school, or other institute	21
Applied Bachelor's degree with a focus in [area of concentration]	Bachelor's degree or other programs (three or more years) at a university, college, trade or technical school, or other institute	21
Associate Degree	Two-year degree, diploma or certificate from a program at a university, college, trade or technical school, or other institute	19

Associate of [Arts/Science] degree	Two-year degree, diploma or certificate from a program at a university, college, trade or technical school, or other institute	19
Bachelor of Laws	Professional degree needed to practice in a licensed profession	23
Bachelor of Science in Pharmacy degree	Professional degree needed to practice in a licensed profession	23
Bachelor of Technology degree with a focus in [area of concentration]	Bachelor's degree or other programs (three or more years) at a university, college, trade or technical school, or other institute	21
Bachelor's Degree	Bachelor's degree or other programs (three or more years) at a university, college, trade or technical school, or other institute	21
Bachelor's degree (four years)	Bachelor's degree or other programs (three or more years) at a university, college, trade or technical school, or other institute	21
Bachelor's degree (three years)	Bachelor's degree or other programs (three or more years) at a university, college, trade or technical school, or other institute	21

3. Work experience(maximum 15 points)

경력도 호주와 비슷하다.

Experience	Maximum 15 points
1 year	9

2-3 years	11
4-5 years	13
6 or more years	15

4. Age(maximum 12 points)

호주나 미국과는 달리 한창 공부할 시기인 18살부터도 최고의 점수를 준다. 캐나다는 이 연령대가 많이 필요할 수도 있을 것이고, 또 필요하면 대학 등에서 공부하는 것도 지원하겠다는 의도가 크다.

Age	Points
Under 18	0
18-35	12
36	11
37	10
38	9
39	8
40	7
41	6
42	5
43	4
44	3
45	2
46	1
47 and older	0

그 외에도 Arranged employment in Canada (maximum 10 points)라고 해서 job offer가 있으면 최대 10점을 주며, Adaptability (maximum 10 points)

라고 해서 적응성을 보는데 최대 10점을 준다.

한국의 이민 점수제 예시

그럼 한국은 어떤 점수제를 도입하면 좋을까? 호주나 미국이나 캐나다나
다 장단점이 있다. 그 나라의 필요에 따라서 추가한 부분이 보인다. 미국은
기업가 정신의 나라답게 노벨상 받은 사람에게 많은 점수를 주고 있고, 캐나
다는 배우자에 대해서도 점수를 줘서 종합평가를 한다. 호주가 제일 간단해
보이는데, 주기적으로 부족직업군을 발표해서 노동력을 보충한다. 한국도 마
찬가지로 한국 사정에 맞게 점수제를 도입하고 가산점은 연도에 따라, 또 직
업 부족군에 따라, 또 필요 연령에 따라 조정하면서 시행하면 된다.

위의 기준을 근거로 2021년 이후 향후 10년간 한국으로 이민을 하기 위
한 점수평가 기준을 아래와 같이 만들어 봤다.

분류	신청자 점수	최대 점수 (100점)	배우자 점수	최대 점수 (100점)
나이	만 23세-만 33세만 해당	25점	자녀수 3명 이상: 25점 2명: 20점 1명: 10점	25점
한국어 능력 (TOPIK)	Level 6 : 25점 Level 5: 20점 Level 4: 15점 Level 3 이하 : 0점	25점	Level 6: 25점 Level 5: 20점 Level 4: 15점 Level 3 이하 : 0점	25점
영어 능력 (TOEFL-Internet Based Score)	118-120 : 20점 115-117: 15점 110-114: 10점 113 미만: 0점	20점	118-120 20점 115-117: 15점 110-114: 10점 113 미만: 0점	20점

분류	신청자 점수	최대 점수 (100점)	배우자 점수	최대 점수 (100점)
경력	3-5년: 15점 2-3년: 10점 1-2년: 7점 1년 이하: 5점	15점	3-5년: 15점 2-3년: 10점 1-2년: 7점 1년 이하: 5점	15점
학위/자격증	박사 이상 및 기업이 절대 적으로 필요로 하는 기술 소유자: 15점 석학사: 13점 기타 자격: 10점	15점	박사 이상 및 기업이 절대적으로 필요로 하 는 기술 소유자: 15점 석학사: 13점 기타 자격: 10점	15점

비고: 독신인 경우 신청자를 100%로 점수를 산정, 기혼인 경우는 신청자 80% 및 배우자 20%를 기준으로
합산해서 산정. 기혼자의 신청자는 여자/남자 둘 다 가능.

　예를 들어보자. 일본에서 태어난 30살의 학사 미혼남이라고 가정하자. 한
국어 능력은 level 5이고 영어 실력은 111이며 직장 경력은 4년이다. 이걸
기준으로 점수를 계산해보면, 나이에서는 25점, 한국어는 20점, 영어는 10
점, 경력은 15점, 그리고 학위는 13점으로 총점은 83점이다. 또 다른 예를
들어보자. 인도에서 태어난 29살의 기혼남인데, 자녀가 2명 있다. 제약분야
의 박사 학위를 갖고 있고, 경력은 3년이다. 한국어 능력은 level 4이고 영어
능력은 118이다. 아내의 직업은 자녀가 아직 어려서 집에서 아기를 키우고
있으나, 대졸자이며 결혼 전에 2년 동안 같은 제약회사에 다녔다. 한국어 능
력은 level 3이지만 영어는 잘해서 119이다. 먼저 남편의 점수는, 나이가 25
점, 한국어가 15점, 영어능력이 20점, 직장경력이 10점, 학위가 15점으로 총
점은 85점이다. 아내의 점수는 자녀는 20점, 한국어는 0점, 영어는 20점, 경
력이 7점, 학위가 13점으로 총점은 60점이다. 신청자의 비중이 80%이고 배
우자의 점수가 20%이니, 남편 68점($=85 \times 0.8$) + 아내 12점($=60 \times 0.2$) = 80점
이 총점이다. 일본인은 83점인데, 인도인은 80점이니 한 명만 이민을 받아야
한다고 가정을 하면 일본인을 받으면 된다.

위의 기준은 영주권을 받기 위한 기준이다. 자격이 되어서 영주권을 신청하면, 먼저 영주권을 주며 5년 후에 시민권을 신청할 수 있다는데 5년 중 최소한 4년 이상을 한국에 체류해야 시민권 신청이 가능하게끔 만들면 된다. 영주권과 시민권의 차이는 영주권은 말 그대로 영원히 거주할 수 있는 권리이고, 시민권은 그 나라의 시민이 되었다는 표시이다. 베트남인이 한국 영주권을 받았다는 얘기는 시민권은 베트남이지만 한국에 영주할 수 있는 권리가 있다는 말이고, 베트남인이 한국 시민권을 받았다는 얘기는 이젠 더는 베트남인이 아니고 한국인이란 말이다. 아직 한국은 만 65세가 되기 전에는 이중국적이 허용되지 않기 때문에 동시에 베트남인과 한국인이 될 수는 없다. 베트남 사람이 한국인이 된다면 그때는 베트남 국적을 포기해야 한다. 만약에 만 66세의 베트남인이 한국 시민권을 받았다고 가정하면 그 사람은 베트남인과 한국인이 동시에 될 수도 있다. 만 65세가 되면 이중국적이 가능한데, 이 사람은 한국 여권을 만들 수도 있고, 또 외국에 나가면 한국인으로서 한국 대사관에서 보호받을 수 있다. 5년 중 최소한 4년 이상을 한국에서 체류해야 한국 시민권을 신청할 수 있는 이유는, 영주권을 줬는데 베트남에서 대부분 살면 영주권을 준 이유가 없어지기 때문이다. 한국에서 살면서 한국 경제에 기여도 하고 세금도 한국에서 내도록 영주권을 줬는데, 베트남에서 살면 한국 경제에 기여한다기보다는 베트남 경제에 더 기여를 하기 때문이다. 물론 예외적인 경우도 있는데, 예를 들어 외무부에 취직했는데, 그 외무부 직원으로서 베트남에 장기 출장을 가 있었다든지, 또는 미국에 있는 엄마가 암에 걸려서 2년 동안 엄마를 돌봐야 했었다든지 하는 이유로 해외에 가 있었다면 얼마든지 예외적인 경우는 제외할 수 있다.

우리 한국인이 흔히 하는 말 중의 하나가, 우리 한국인은 단일 민족이고 다른 나라를 쳐들어간 적이 없다고 하는 말이다. 고구려는 밥을 먹고 하는 일이 다른 나라 쳐들어가는 것이었으니 다른 나라를 쳐들어간 적이 없다는 말은 고구려가 우리나라가 아니라는 말이다. 우리 한국인이 단일 민족이었다는 터무니없는 거짓말이다. 을지문덕이 고구려의 위대한 장수라는 것은 초등학생도 잘 알 텐데, 을지는 몽골에서 아주 흔한 이름이니 몽골 민족일 가능성이 크다. 만주나 압록강/두만강 근처에서는 여진족, 말갈족, 돌궐족 및 만주족 등 여러 민족이 섞여 있어서 다양한 민족이 혼재했고, 백제 말기에 중국의 한족 병사 2-3만 명이 전라도 지역에 3-4년 거주했을 때 한족의 씨가 한국인에게 많이 뿌려졌고, 임진왜란/정묘왜란 등 왜군의 침입 때 7년 이상의 장기전으로 경상도에는 많은 일본인의 씨가 뿌려졌다. 그래서 전라도에는 한족의 인상이 강한 사람들이 다소 있고, 경상도에는 일본인 인상이 강한 사람들이 제법 있다. 강아지도 순수 혈통보다는 잡종 개가 더 튼튼하고 유전병이 없을 가능성이 훨씬 크다. 마찬가지로 사람도 근친결혼이 유전병을 물려줄 가능성이 크다고 하는데, 가능하면 최대한 유전적인 거리를 떨어뜨리는 것이 한국인의 유전학적인 건강에 훨씬 도움이 된다. 이러니 굳이 단일민족이라는 개념에 집착할 필요도 없다.

영어의 중요성에 대해서 한 번 더 강조를 하면, 한국 내에서의 발전도 그렇고 해외에서 들어오는 이민자들의 빠른 정착을 위해서도 영어의 공용화가 점점 더 필요해지고 있다. 다소 여유가 있는 집에서는 자녀들을 국제학교에 보내서 영어로 수업을 듣게 하는 경우가 많다. 근데 비용이 일반 가정에서는 엄두도 못 낼 정도로 비싸다. 그 대신 일반 가정에서는 영어학원에 보내서 영어를 배우게 하는데, 학교에서의 수업으로는 충분하지가 않기 때문이다. 2019년 사교육비로 들어간 비용이 총 21조라고 하는데, 그중에 영어 사교육비로 들어가는 비용이 적게는 30%에서 많게는 50% 정도 되지 않을까 본다. 그런데 문제는 이렇게 많은 비용을 쏟아붓고서도 영어를 말하고 듣는 데 서툰 학생들이 대부분이라는 것이다. 실생활에 필요한 영어를 배우는 게 아니라 시험을 위한 영어를 배우기 때문이다. 이렇게 많은 돈을 사교육비로 쓸게 아니라 아예 공교육에서 영어로 수업을 하는 게 훨씬 낫지 않을까? 한국어 및 영어를 공용어로 사용하고, 모든 수업은 영어로 진행을 하는 거다. 싱가포르처럼 학교에서는 영어를 사용하고 집에서는 한국어를 사용하면 영어도 잘하게 되고, 사교육비도 훨씬 줄고, 유학 가기도 쉽고, 한국으로 들어오는 이민자들도 적응하기 빠르고 좋은 점이 한두 가지가 아니다. 영어로 공교육을 하자고 하면 반대하는 사람들이 엄청 많을 것이다. 특히 제일 먼저 영어로 먹고사는 사람들의 반대가 엄청날 것이다. 그 사람들 밥그릇이 없어지니까. 두 번째로 학교 선생의 반대가 극심할 건데 영어로 수업은 거의 불가능하기 때문이다. 그다음은 정치인들일 텐데 자기 자식들은 거의 대부분 미국에서 공부하고 있다. 미국을 싫어하고 미국을 비판하면서도 자식들은 미국에서 공부하고 있는 것이 너무 이율배반적이다. 그다음은 성균관 유생일 텐데, 아직 고종 시대의 사상을 가지고 있는 분이라 영어로 수업을 하자고 하면 기절할 분들이다. 그러나 이분들을 설득해서 우리 한국민의 공감대를 형성할 필요가 있다.

—— 향후 40년 한국의 희망 인구 피라미드

아래 도표는 한국의 2021년 인구 피라미드이다.

인구수가 가장 많은 나이대는 아래 도표에서 보는 것처럼 50살인데 남녀 둘 다 45만 명 정도이다. 또 하나 고려해야 할 사항은 부족 인구를 채우는 것이 하루아침에 되지도 않고 또 할 수도 없다는 것이다. 한꺼번에 이민을 오면 가장 먼저 일자리가 준비가 안 되어 있고 또 그 많은 인구를 원활하게 지원할 인력도 부족하기 때문에 혼란스러울 가능성이 크다. 급한 연령대부터 먼저 받고 그 후에 매년 부족한 인구를 분석하고 나서 부족군을 서서히 채워가면 좋다.

출산율은 종합예술, 아니면
인구 증가는 이민밖에 답이 없다.

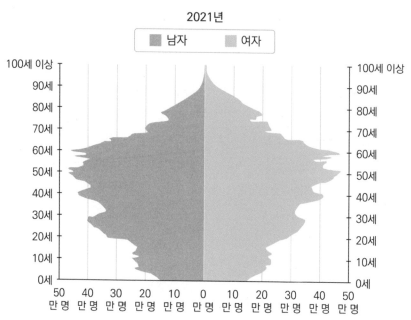

2021년

출처: 통계지리정보서비스

2021년도 합계정보

1999년 이전 데이터는 80세 이상, 2000년 이후 데이터는 100세 이상까지 있다.

총인구	51,821,669명
• 남자 인구	25,961,532명
• 여자 인구	25,860,137명
성비(여자 1백 명당)	100.4
평균연령	43.3세

가장 우선으로 받아야 할 연령대는 23살부터 33살 사이이다. 23살 정도면 대학을 졸업했을 것이고, 27살이면 2-3년 정도의 직장 경력도 있으며 33살 정도면 매니저로의 경험도 있다. 한국이 필요로 하는 가장 필요한 연령대이며 한국 인구의 허리가 될 수 있다. 0세부터 30세까지 인구수를 자세히 보면 남자가 여자보다 조금씩 많다. 지금은 여아를 선호하는 부모가 많지만 이때까지는 남아를 선호했기 때문으로 보이는데 이 인구 그래프를 기준으로 보면, 앞으로 30년 동안도 한국 남자와 외국 여자의 결혼이 많을 것이라고 예상하는 것은 어렵지 않다. 아니면 여자의 독립이민자 수를 늘리는 것을 고민해야 하고 이 연령대 여성들에게 가산점을 주는 것도 고려해 볼 수 있다. 그래야만 성비가 비슷해져서 한국 남자의 결혼이 어렵지 않을 것이기 때문이다. 만약에 이 연령대 여성의 이민이 많이 증가한다면 우리 사회가 미리 준비되어있어야 하는데, 결혼할 남자는 넘치고 있으니 크게 문제가 아니지만, 집도 어렵지 않게 구할 수 있어야 하고 직장도 빨리 구할 수 있도록 지원할 수 있어야 한다. 동시에 한국 사회에 빨리 적응할 수 있도록 언어교육 및 기타 교육도 준비가 되어있어야 하며 또 적응이 힘들거나 오래 걸리는 사람들을 위해서 상담직원도 준비가 되어있어야 한다. 부산에서 서울로 이사 가는 것도 작은 일이 아닌데, 나라를 바꿔서 이민하는 것은 두말할 필요 없이 준비도 많이 필요하고 또 많은 도움이 필요하기 때문이다.

아래는 우리가 원하는 2030년 인구 피라미드인데 이렇게 만들어야 한다. 아래 도표들은 남북한의 통일은 고려하지 않았다. 통일이 된다면 인구를 정밀하게 조사를 해서 이민자 수를 조절할 필요가 있다. 젊은 인구의 유입으로 사회가 활기차기 시작하며 아기와 어린이들이 많이 보인다. 아기 울음소리도 자주 들리며 학교에도 학생 수가 증가하기 시작한다. 슈퍼마켓에서도 애들이 증가하고 또 젊은 부부가 증가함에 따라 매출이 늘어나기 시작한다. 전통시장에도 아기를 데리고 시장을 보러 온 가정주부가 부쩍 늘어서 매출이 증가하고 있는 것을 실감한다. 저녁이나 주말에도 외식하는 부부가 늘어서 식당마다 매출이 늘고 있다.

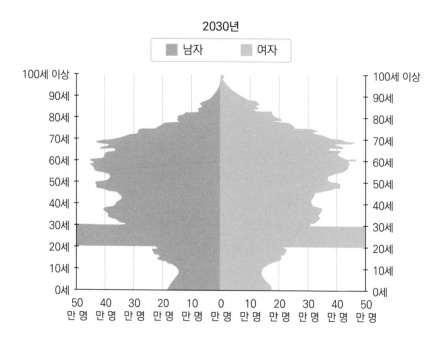

아래는 2040년 가상 및 희망 인구 피라미드이다. 20년 만에 이렇게 탈바꿈할 수 있고 또 그래야 한다. 어느 회사나 실력 있는 사람을 구하는 것이 어렵지 않다. 대기업은 물론이고 중소기업도 직원 구하는 것이 이전보다 아주 쉬워졌다. 사람이 없어서 공장을 놀리거나 문을 닫아야 하는 경우는 없다. 경제 인구의 허리인 20대에서 40대가 풍부하니 중산층도 늘어나기 시작한다. 어느 나라나 중산층이 늘어나야 경제가 살아나는데 중산층이 늘다 보니 경제가 살아나는 소리가 여기저기서 들린다. 자동차 판매도 늘고 있고, 아파트 구매에 대한 문의도 많이 늘었다. 서울 경기 등 수도권 지역도 인구가 늘고 있지만, 지방 소멸이라고 하던 전라도 강원도에도 인구가 유입되기 시작해서 젊은 사람들의 인구가 무척 늘었다.

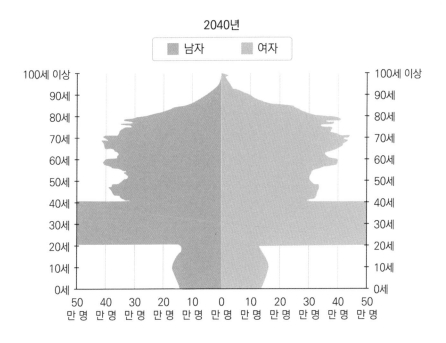

2040년

남자　　여자

100세 이상
90세
80세
70세
60세
50세
40세
30세
20세
10세
0세

50 40 30 20 10 0 10 20 30 40 50
만명 만명 만명 만명 만명 만명 만명 만명 만명 만명 만명

　아래는 2050년 가상 및 희망 인구 피라미드이다. 가장 왕성한 노동력인 20세부터 50세까지의 인구가 풍부하다. 대기업은 물론이고 중소기업도 노동력이 풍부하다. 직원도 쉽게 구할 수 있으며 또 직장도 쉽게 구할 수 있다. 일자리가 풍부해서 실업률도 유사 이래 최저이다. 고등학생 및 대학생들의 알바 자리도 풍부하다. 일본은 인구가 줄어서 나라가 망한다고 난리인데, 한국은 인구가 오히려 천만 명이 늘었다. 인구가 10년만 지나면 일본과 인구수가 거의 같아질 것 같다. 거리 어디에서나 활기가 넘친다. 가게들마다 장사가 잘되어서 바빠서 죽겠다고 난리이다. 슈퍼마켓은 물론이고 식당, 옷가게, 구둣가게들도 장사가 잘되어서 영업시간이 길어지다 보니 장사가 잘되어서 돈 많이 버는 것도 좋은데, 몸은 너무 피곤하다는 가게 주인이 많다. 그러다 보니 가게 주인이 직접 하지 않고 점장을 두는 가게가 늘고 있다.

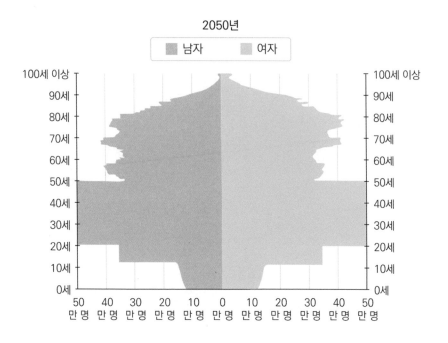

아래는 2060년 가상 및 희망 인구 피라미드이다. 올해 남북통일이 되어
서 한국의 인구가 1억이 넘었다. 1억 밑으로 떨어진 일본의 인구를 한국이
넘어섰다. 일본은 한국보다 인구가 줄었다고 신문에서 대서특필하고 있고,
방송국에서도 한국의 성공적인 이민 정책을 다루는 프로그램이 1주일째 방
송되고 있다. 한국의 훌륭한 이민정책을 배우겠다고 세계 여러 나라에서 참
관을 온다. 50세 이하 대부분의 한국인은 영어로 수업을 받아서 영어도 완벽
하게 하고 또 전 세계 나라로부터 이민을 받다 보니 현지어에 능숙한 한국
인이 많아서 완벽한 통역을 해낸다. 대부분의 국가와 FTA가 맺어져 있는 데
다 현지 사정에 밝은 한국인이 많아서 무역도 아주 활발하다. 극빈자 숫자도
엄청 줄어서 5%도 되지 않고, 중산층은 80%가 넘어가는데 이것은 세계에서
가장 많은 중산층이다. 작년에 출산율은 3.2명이 넘었다. 집 주위가 애들 울
음소리로 시끄러워 잠을 종종 깬다. 일 인당 GDP는 작년에 6만 불이었고
올해는 6만 5천을 넘길 것 같다는 재경부의 예상이다. 2021년에는 삼성 같

은 초일류 회사가 하나뿐이었는데, 이젠 엘지도 현대도 한화도 에스케이도 그 반열에 속한다. 하림이란 회사도 식료품 분야에서 초일류기업에 포함되었고, 네이버와 카카오도 구글과 경쟁하는 세계 초일류 기업에 포함되었다. 아모레도 화장품계에 초일류 기업이며, 미래에셋도 금융계에 골드만삭스와 쌍벽을 이루는데 초일류 기업이 된 지는 5년이 넘었다. 엔씨소프트도 게임소프트에서는 세계의 어떤 게임회사도 경쟁할 수 없는 독보적인 왕좌를 차지하고 있다. 그래서 한국은 총 10개의 초일류 대기업이 있는데 6만 불을 달성하게 된 이유가 이 대기업 때문이다.

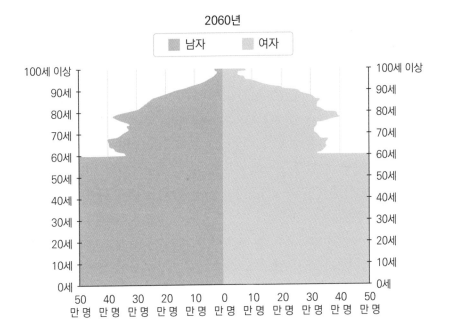

2060년

21

결혼과 출산을 다시 생각하면서

우리 대한민국은 지금 인구 문제로 중대한 기로에 서 있다. 정부도 이것을 알고 있어서 1년에 수조 원씩 써가면서 대응을 하고 있지만, 언 발에 오줌 누는 식이다. 한국에서 저출산 문제가 본격적으로 대두된 것은 2005년부터이다. 그 이후 저출산 문제에 투입한 예산은 약 150조 원이나 되는데, 그 결과는 정말로 참담하다. 지원 방법도 100가지 이상이라고 하는데, 실제 부부가 체감하는 지수는 얼마나 되는지 궁금하다. 어떤 지방에서는 아기 한 명 출산하면 한 명당 3천만 원을 지원한다고 하는데, 3천만 원이면 2년만 지나면 끝이 나는데, 아기를 2년만 키우면 되는 건가? 부부가 아기를 키우면서 느끼는 행복이 출산 후에 겪을 여러 가지 힘든 일보다 훨씬 크도록 체감할 수 있어야 한다. 다시 말해서, 아기를 낳아서 키우는 기쁨이 아기를 키움으로써 느끼는 힘든 일들보다 훨씬 커야만 애를 낳고 싶을 것이다. 육아부를 설립해서 임신부터 출산 및 학교 교육까지 일관되고 종합적인 관리가 이루어져야 한다. 그래서 임신 후 병원에서의 관리, 출산 비용 지원 및 육아 휴가, 집 근처에 믿을 수 있는 어린이집 및 유치원 등 아기를 키우기가 쉽게끔 일원화된 시스템이 만들어져야 한다. 어린이집에서의 질 좋고 맛있는 식사가 나오고, 양질의 교육 서비스가 행해져야 한다. 아기를 맡겨 놓으면 아기 걱정은 전혀 없이 일에 전념할 수 있도록 훌륭한 시스템이 만들어져야 한다. 그러면 출산율을 증가한다.

최근에 자주 회자되고 있는 인기 있는 영어 표현이 있다. Happy wife, Happy life. 마누라가 행복하면 인생이 행복하다는 말인데, happy wife, happy life, happy kids, more kids라고 주장하고 싶다. 아기를 낳고 키우고 사람으로 만드는 전적인 책임은 엄마에게 있다. 이 세상 어느 누구나 엄마를 너무 좋아한다. 여성의 멀티태스킹 능력은 탁월하다. 남자 아기보다 여자 아기가 말을 더 빨리하기 시작하며 발달도 여자애가 더 빠르다. 어느 학교나 여자의 우수생 비율이 훨씬 높으며, 여자의 지혜가 훨씬 깊다. 여자 말을 들으면 집안이 편하다. 그런데 안 듣는 남자가 많다. 훌륭한 지도자는 똑똑한 참모의 말을 듣는 것이다. 훌륭한 가장은 자기보다 더 똑똑한 아내의 말을 잘 들으면 된다. 바보 같아도 남자가 잘하는 것이 있는데 돈을 그래도 여자보다 잘 번다. 또 집중을 잘해서 여자들의 전유물인 요리 부문에서도 훌륭한 요리사는 대부분 남자이다. 대부분 남자들이 책임감이 있어서 자기 여자 굶기지 않고 끝까지 책임을 지려고 한다. 그러니 남자는 믿을 만한 사람들이다.

우리는 이미 다문화 사회로 접어들었다. 우리 한민족이 단일 민족이 아니듯이 다문화 사회를 지향하고 이민족에 대해서 좀 더 포용을 할 수 있는 문화가 만들어져야 한다. 가난한 나라에서 왔다고 차별하면 안 되고, 우리가 좀 잘산다고 교만해서도 안 된다. 불과 몇십 년 전만 하더라도 우리도 그들처럼 못 살았다. 우리가 가난해서 불쌍하게 보였던 것처럼 그들도 우리에게 불쌍하게 보일 수 있다. 우리가 한국전쟁 후에 유엔이나 미국의 지원을 받아서 살아왔던 것처럼 우리도 이젠 좀 더 베풀면서 살아야 한다. 원수를 사랑해서 용서하는 것이 아니라 내가 살려고 용서를 해야 하는 것처럼 내가 살기 위해서 우리가 변해야 한다. 변하지 않으면 우리가 죽는다. 지금도 시골에서는 본토 한국인이 다문화 자녀들에 의해서 역차별당한다는 말이 조금씩 들린다. 물론 많지는 않다. 그러나 이 자녀들이 한국인이면서 반한적인 마음을 갖도록 하면 안 된다. 이 자녀들이 크면 한국인으로서 당연히 선거권과 피선거권이 주어진다. 이때 이 사람들이 반한적인 행동을 하면 사회적인 문제가 될 수 있다. 그래서 우리가 변해야 하고 우리가 이 자녀들을 잘 보살펴야 한다. 다문화 자녀를 볼 때마다, 외국에서 이민 온 사람들을 볼 때마다, 나의 국민연금을 책임지실 분들, 이 한국의 미래를 책임지실 분들, 이 한국을 부강하게 하실 분들이라는 사랑스러운 눈으로 봐야 한다. 앞으로 차후 10년 동안은 큰 인구 감소를 못 느낄 것이라고 한다. 그런데 10년 후부터는 큰 폭의 감소가 있을 거라고 하면서 우리가 미래를 준비할 수 있는 시간은 앞으로 10년이라고 한다. 이 10년 동안에 우리는 인구 감소에 대한 전략과 계획을 내놓고 실행을 해야 한다. 출산율 증가를 위해 종합적인 정책을 내놔야 하고 실제 실행해서 인구를 증가시켜야 한다. 최대한으로 출산율을 증가시켜서 인구를 늘려야 한다. 만약 이렇게 해도 인구가 늘지 않는다면 이민의 문호를 개방해서 적극적으로 이민을 받아야 한다.

인구는 힘이고 국력이다. 그리고 인구는 증가해야 한다. 현재 남한에 5천2백만과 북한에 2천6백만, 합해서 총 8천만 정도의 인구가 한반도에 살고 있다. 만약에 한반도의 인구가 1억이 된다면 나쁜 것인가 아니면 좋은 것인가? 나쁜 면도 없지는 않겠지만, 이건 분명히 좋은 일이다. 만약 2억이 살면 어떻게 될까? 이것도 분명 좋은 일이다. 어떤 분들은 지금도 인구밀도가 높은데 2억이면 발 디딜 틈이 없는 것 아니냐 불평할 분들이 있을 것이다. 그러나 우리 한국이 5천만이라는 많은 인구 때문에 우리가 지금 이렇게 잘산다. 인구는 많으면 많을수록 규모의 경제가 가능해서 모든 제품에 원가가 내려간다. 5천만이란 인구를 시장으로 공장도 크게 지을 수 있었기 때문에 원가가 싸진 것이다. 대표적으로 호주는 그 넓은 땅에 2천2백만의 인구가 살아서 물가가 상당히 비싸다. 한국처럼 규모의 경제를 이룰 수 없기 때문이다. 남한은 2천만이 서울 경기 지역에 몰려서 산다. 부산 경남에 2천만 명 살고, 광주 전남에 2천만 명 살고, 대구 경북에 2천만 살고 강릉 강원에 2천만이 살면 1억이 된다. 만약 1억이 되면 어떤 문제가 생길까? 첫 번째 문제가 식량이 충분할까? 인데 쌀이 부족하면 태국이나 베트남에서 수입하면 된다. 닭고기가 부족하면 브라질 같은 남미에서 수입하면 된다. 싱가포르는 심지어 마실 물도 말레이시아에서 수입한다. 두 번째로 옷인데, 두말하면 잔소리로 옷이 부족할 일은 전혀 없다. 세 번째 집인데 도심을 중심으로 고층 아파트를 지으면 지금 집이 지어져 있는 지역만으로 충분히 1억 명이 살 아파트를 지을 수 있다. 땅이 부족하다는 얘기는 할 필요가 없다. 이번에는 그럼 어떤 좋은 일이 생길지 보자. 내수 시장이 2배로 증가하니 기업의 매출이 두 배로 는다. 규모의 경제가 더 커지니 제품 단가가 더 싸지고 이로 인해서 국제경쟁력이 더 향상되니 수출이 더 잘된다. 1억 인구의 나라면 미국 다음으로 막강하고 강력한 국가가 된다. 여기에다 통일을 하면 1억 3천만 명, 또 여기에다 1억 정도 되는 만주 지역을 한국 경제권으로 통합을 하면 2억 3천, 또 여기에다 땅이 너무 넓어서 통치와 관리가 너무 힘든 러시아의 시베리아 지역을 한국이 통합한다면 인구도 2억 5천이 넘을 것이고 땅덩어리도 엄청난 대국이다.

우리 한국이 물질적으로는 GDP가 3만 불이 넘어서 IMF에서도 한국을 선진국에 포함한다. 그러나 우리의 의식이 선진국인지는 조금 의문이 든다. 한 번씩 한국에 가면 아직도 횡단보도를 무시하고 달리는 차를 흔히 보며, 119차가 사이렌을 울리며 비켜 달라고 하는데도 무시하고 제 갈 길을 가는 차를 보면 아직은 선진국이 아니라는 생각이다. 마찬가지로 우리나라가 이민을 받아들일 만큼 의식수준이 선진국인가 하는 물음과 우리가 이민자를 받아들일 준비가 되어 있냐는 물음에 아직은 아니라는 생각이다. 그럼 우리가 언제쯤 준비가 될 것인가라는 물음에도 십 년은 더 걸릴 것 같다는 생각이다. 그런데 그쯤에는 이미 너무 늦다. 우리는 지금 당장부터 이민을 받아들여야 하기 때문에, 준비는 시행하면서 하고 또 시행착오도 겪으면서 할 수밖에 없다.

다행히 우리는 호주, 미국 및 캐나다 같은 이민 선배가 있다. 이 나라들이 겪어 왔던 시행착오를 배워서 준비하면 된다. 호주의 범죄율이 최근에 증가하고 있는 이유도 휘틀람 정부 때 아무나 받아들인 것이 큰 이유다. 우수하고 실력 있는 사람들이 범죄를 저지를 가능성은 적다. 그래서 엄격하게 선택해서 이민자를 받아들여야 한다. 시골의 농촌 남자가 한국 여자와 결혼을 할 수 없어서 할 수 없이 동남아의 여성과 결혼하는 지금의 양상으로는 좋은 이민자를 받을 수가 없다. 백호주의로 유명한 호주도 아주 성공적인 이민자의 나라인데 우리는 이 나라의 경험을 배워야 한다. 2천2백만인 호주의 현재 인구를 2배인 4천4백만으로 늘리는 것은 단 1년 만에도 할 수 있다. 지금도 호주로 이민 오겠다는 사람이 줄을 서고 있으니 그 사람들을 선택해서 받으면 되기 때문이다. 심지어 영국에서도 호주 이민은 많은 젊은이들의 희망이다. 한국도 이민의 문호를 열면 신청할 사람들이 엄청날 것이다. 이런 사람들 중에 실력과 능력을 기준으로 선택하면 된다. 이런 고급인력을 더 많이 받아들이기 위해선 영어의 공용화가 선행되어야 한다. 세계의 모든 능력 있고 실력 있는 사람들은 영어를 할 수 있고 또 영어를 사용하는 나라를 선호하기 때문이다.

자식을 낳는다는 것은 자신의 DNA를 자식을 통해서 남기는 것이고, 역사에 내가 살았었다는 증거를 남기는 것이다. 여자는 자신의 X염색체를 남기는 것이고 남자는 자신의 X와 Y염색체를 남기는 것인데 역사서에는 기록될 수 없는 이 기록들을 나의 자식을 통해서 남기는 것은 의미 있는 일이고 또 역사적인 일이다. 2차 세계 전쟁의 주범 히틀러와 임진왜란의 주범 도요토미 히데요시의 DNA는 전혀 기록이 없다. 히틀러는 불임이었다는 말이 있고, 도요토미 히데요시의 자손은 살해당하거나 후손 없이 병사했다고 한다. 왜냐면 그런 DNA는 인류 역사에 사라져야 하기 때문이다. 이 사람들은 남기고 싶어도 남길 수가 없었다. 그러나 우리는 남길 수 있다. 우리의 DNA는 많이 남기면 남길수록 좋다. 이 기록들은 손자 손녀들에게도 기록이 되며 100년 아니 천년이 지나도 기록이 된다. 다만 나의 비중이 줄어들 뿐이다.

요즘 한일 국가 간의 관계가 최악의 길로 가고 있다. 이유야 어찌 되었든 간에 반일과 극일하자는 사회적인 분위기가 있다. 이웃 나라끼리 사이좋게 지내는 것도 쉽지 않지만, 그렇다고 너무 원수처럼 살 필요도 없다. 과거를 보면 대부분의 전쟁이 중국과 일본하고만 했으니 역사의 앙금도 있어서 이웃 나라와 잘 지내는 것이 어렵다. 그러나 그럼에도 급하면 가장 도움이 되는 사람들이 내 주위에 있는 사람이다. 그러니 이웃과 친하게 지내는 것도 쉽지 않지만, 너무 관계를 악화시켜서도 안 된다. 그리고 원수를 갚는 것도 이렇게 저렴하게 갚지 말고 좀 고급스럽게 갚자. "가장 좋은 복수는 내가 잘 사는 것이다"라는 유대인의 말이 있다. 가장 좋은 복수는 내가 건강하고 행복하게 잘 먹고 잘사는 것이다. 이렇게 갚아야 다른 나라들도 우리 한국을 멋있는 나라로 생각하지 않을까? 우리 한국이 일본 보다 잘살면 일본은 우리에게 잘할 수밖에 없다. 우리가 잘 모르는 일본 문화중에 "갑" 문화가 있다. 그들보다 우수하면 머리를 숙이고 그들보다 못하면 무시하는 문화이다. 혐한이 이렇게 심한 것도 한국이 일본을 앞서려고 하니 그런 것도 있다. 우리가 확실히 잘살게 되면 우리에게 머리를 숙일 것이다.

우리 한국이 잘 먹고 잘살기 위해선 인구증가는 가장 기초적인 사항이고 가장 필수적인 사항이다. 경제적으로 부자 나라가 되기 위해선 인구 증가는 반드시 해야 하고, 기업이 성장하기 위해선 소비자가 필수적으로 증가해야 하고, 나의 국민연금이 안정적으로 운용이 되려면 젊은 사람의 인구가 절대적으로 필요하다. 나의 의료보험이 지속하기 위해선 젊고 건강한 사람들이 의료비를 많이 부담해 줘야 한다. 이것을 할 수 있는 사람은 여성뿐이다. 남자 100명 아니 남자 만 명을 데리고 와도 절대로 할 수 없는 일이다. 또 출산은 한 인생의 시작이다. 이 인생이 없으면 가족도 없고 친척도 없다. 사회도 없고 이 한국이라는 국가도 없다. 우리가 우리 부모에게 생일이라는 큰 신세를 졌듯이 이 신세를 우리도 갚아야 한다. 그런데 부모에게는 갚을 수 없으니 자식을 통해서 갚아야 한다. 이 큰 신세를 갚지 않고 염치 없는 사람으로 죽을 수는 없지 않은가? 갚는 김에 쫀쫀하게 한 배 두 배로 갚지 말고 세 배 네 배로 갚으면 더 축복받을 일이다. 자식은 축복이기 때문이다.

유사 이래로도 또 한국전쟁 이후로도 여자들은 국방의 의무가 전혀 없었다. 그러나 출산율이 이렇게 줄고 있는 추세이면 곧 여자도 군대 가야 할 가능성이 상당히 크다. 군대를 유지하기 위한 최소 군인수인 30만은커녕 그 반인 15만도 되지 않는 남아의 출산으로는 군대를 유지할 수가 없기 때문이다.

남자 여자 모두 군대에 가더라도 부족한 숫자이다. 군대를 유지할 수 없으면 북한에 의해 공산 통일이 될 가능성이 커진다. 영토 욕심이 많은 중국도, 섬 나라여서 육지에 관심이 많은 일본도, 부동항을 더 건설하고 싶은 러시아도 침략할 가능성도 있다. 20만도 안 되는 군대를 중국이나 러시아가 정복하는 것은 어렵지 않다. 전쟁이 발발하거나 나라가 위험해지면 남자들도 피해를 보지만 여자가 훨씬 더 피해를 본다. 남자는 전쟁터에서 싸우다 죽거나 자기 를 방어할 능력이 있는 편이지만, 여자는 육체적인 한계로 방어할 능력이 부 족한 데다 삶이 고달파지며 게다가 성폭력의 대상이 된다. 몽골이 침략한 지 역에서도 여자들은 성폭력의 대상이었으며, 백제가 망한 후에도 백제 지역 의 여성들은 성폭력의 대상이었다. 임진왜란 때도 경상도 지역의 여성은 성 폭력의 대상이었다. 우리는 이런 사태를 미연에 방지하는 것이 가장 좋다. 그 방법은 출산을 많이 해서 인구를 증가시키고 아울러 한국을 강대국으로 만드는 것이다. 그런데 이것을 할 수 있는 사람은 여자뿐이다. 나의 이기적 인 생각으로 혹은 지금의 생활이 좋아서 출산을 안 하는 것이 자기 자신을 위험에 빠뜨리는 그런 행동은 최대한 피해야 한다.

나도 여자가 군대에 가는 것을 바람직하게 보지는 않는다. 한 달 중에 7 일이나 불편한 날이 있고, 또 생리적인 구조로 자주 씻어야 하는 특성 때문 에 여자들이 군대에서 고생하는 것을 바라지는 않는다. 그러나 이 정도로 출 산율이 낮으면 여자도 군대 안 갈 수가 없다. 북한이 남침하도록 그대로 당 할 수는 없지 않은가? 그 대신 육아복무를 하면 이것은 크게 힘든 것도 아니 고 어려운 일도 아니다. 그리고 결혼 후에 출산하는 것은 축복이고 즐거운 일이다. 그 대신 국가에서 출산과 육아를 원활히 할 수 있도록 시스템을 만 들 것이고 또 만들어야 한다. 남편과 아내가 서로 도와서 가정을 키우는 것 처럼 국가 및 사회와 가정이 서로 도와서 출산율을 높여야 한다.

수소 두 개 (H_2)와 산소 하나(O)가 만나서 물(H_2O)이 된다. 이 수소와 산 소를 결합시키는 것은 전기 에너지이다. 즉 수소 두 개와 산소 하나가 전기 에너지를 통해서 하나로 묶여지면 그게 물이다. 물을 아무리 현미경으로 뚫어지게 처다보고 있어도 수소와 산소를 볼 수 없다. 완전히 융합해서 완전히 다른 물질로 태어났기 때문이다. 마찬가지로 결혼 전에는 각각 여자와 남자라는 독립된 개체로 존재했지만 결혼이란 것을 하면 완전히 다른 존재로 탈바꿈해야 한다. 여자와 남자가 아니라 아내와 남편이라는 완전히 다른 존재로 새로 태어나야 한다. 여자는 여자로 사는 것이 아니라 아내와 엄마라는 존재로 살아가야 하고, 남자는 남자로 사는 것이 아니라 남편과 아빠로 살아가야 한다. 여자는 남편을 존경하고 따르는 아내로 살아가야 하고 남자는 아내를 사랑하고 아내를 끝까지 책임지는 남편으로 살아가야 한다. 검은 머리가 파뿌리가 되도록 살겠다고 결혼 서약을 하지만, 파뿌리는커녕 시금치 뿌리도 되기 전에 이혼하는 사람들이 많다. 파뿌리가 될 때까지 같이 살겠다고 서약했으니 그래도 황혼 이혼은 이해가 된다. 1년도 안 되어서 이혼하는 건 뭔가? 앞으로 이런 분들은 이혼할 때 흰색으로 머리를 염색이나 하고 이혼하자. 그러면 최소한 양심이라도 있어 보인다. 또 애기가 있다면 최소한 고등학교 졸업할 때까지는 부모로서 최선을 다해서 키워야 한다. 그래서 최대한 이혼도 하면 안 된다. 아내와 남편으로서는 부족했지만 좋은 엄마와 좋은 아빠를 만들어 줘야 하니 이혼을 하면 나쁜 엄마와 나쁜 아빠가 되기 때문이다. 부부 사이가 좋지 않아도 자식 앞에서 아내와 남편을 욕하면 안 된다. 그러면 자식에게 좋은 엄마와 좋은 아빠를 주는 것이 아니기 때문이다. 아내가 남편 욕을 하면 자식의 입장에서는 나쁜 아빠가 되는데, 남편 욕을 한다는 것이 자식에게는 나쁜 아빠가 되기 때문이다. 나는 남편이 미워서 욕을 했지만 그 욕이 결과적으로 내 자식에게 나쁜 아빠를 주는 꼴이다. 그래서 이혼도 최대한 하지 말아야 하고 자식 앞에서는 서로를 헐뜯는 행동을 하면 안 된다. 자식에게는 최대한 좋은 엄마 좋은 아빠를 만들어 줘야 하기 때문이다.

전기 에너지가 수소와 산소를 묶듯이 사랑이라는 것이 아내와 남편을 하나로 묶는다. 사랑으로 묶여져야 하는 이 결혼이 조건으로 묶이니 이혼이 많은 것이다. 결혼은 사랑만으로 충분하다. 그래서 20대에 결혼하자. 다른 조건은 필요 없다. 우리의 욕심 때문에 다른 조건이 보이는 것이다. 혼자 사는 것보다 결혼하면 좋은 점이 너무나 많다. 젊으니 열심히 현명하게 살면 재산도 많이 쌓을 수 있다. 우리 사랑의 선물인 자녀도 축복이다. 기업에서 생산성 제고가 중요하듯이 자녀도 생산성을 높이자. 그래야 우리가 산다. 그래야 너와 내가 산다.

약력

88올림픽 이후에 바로 호주로 건너와 대학 졸업하고 한국에 돌아가 회사에 몇 년 근무하다가 다시 호주로 와서 미국 IT회사에 근무하고 있는, 딸 아들 하나씩 키운 지극히 평범한 50대 중반의 남자이다. 중간에 사업도 몇 번 하면서 잘 말아먹어 본 경험이 있어서 기업가의 어려움도 잘 알기에 기업가를 존경하는 사람이다. 존경하는 기업가는 재작년에 작고하신 대우의 김우중 회장이다. 호주는 대표적인 이민의 나라인데 지금도 이민 없이는 인구증가가 불가능하기에 좋은 사람을 이민 받기 위해서 정부차원에서 많은 노력을 기울인다. 호주에 오랫동안 살면서 이민의 장단점을 봐왔기 때문에 인구증가를 위해서 이민이 필수가 되어가는 한국에 도움이 되었으면 하는 바람이다.

출산율은 종합예술, 아니면 인구 증가는 이민밖에 답이 없다

초판발행	2021년 4월 30일
지은이	PAUL BAE
펴낸이	안종만·안상준
편 집	황정원
기획/마케팅	김한유
표지디자인	BEN STORY
제 작	고철민·조영환
펴낸곳	(주)**박영사**
	서울특별시 금천구 가산디지털2로 53, 210호(가산동, 한라시그마밸리)
	등록 1959. 3. 11. 제300-1959-1호(倫)
전 화	02)733-6771
f a x	02)736-4818
e-mail	pys@pybook.co.kr
homepage	www.pybook.co.kr
ISBN	979-11-303-1269-9 03300

* 파본은 구입하신 곳에서 교환해 드립니다. 본서의 무단복제행위를 금합니다.
* 저자와 협의하여 인지첩부를 생략합니다.

정 가   17,000원